主编 ◎ 任玉仪

汽车底盘构造与维修教程

中国劳动社会保障出版社

图书在版编目(CIP)数据

汽车底盘构造与维修教程/任玉仪主编. —北京：中国劳动社会保障出版社，2015

ISBN 978-7-5167-1821-6

Ⅰ. ①汽⋯　Ⅱ. ①任⋯　Ⅲ. ①汽车-底盘-结构②汽车-底盘-车辆修理　Ⅳ. ①U463.1②U472.41

中国版本图书馆 CIP 数据核字(2015)第 095298 号

中国劳动社会保障出版社出版发行

(北京市惠新东街 1 号　邮政编码：100029)

*

三河市华骏印务包装有限公司印刷装订　新华书店经销
787 毫米×1092 毫米　16 开本　13 印张　219 千字
2015 年 6 月第 1 版　2023 年 6 月第 9 次印刷

定价：25.00 元

营销中心电话：400-606-6496
出版社网址：http://www.class.com.cn
http://jg.class.com.cn

版权专有　　侵权必究

如有印装差错，请与本社联系调换：(010) 81211666
我社将与版权执法机关配合，大力打击盗印、销售和使用盗版图书活动，敬请广大读者协助举报，经查实将给予举报者奖励。
举报电话：(010) 64954652

教材编写委员会

顾问

林为群	原天津交通职业学院	教授
孙 爽	天津职业技术师范大学	教授
陈泽宇	广州铁路职业技术学院	教授
吴玄光	华南农业大学	副教授
阮少宁	广州丰田汽车特约维修有限公司	副总经理
漆 军	广东机电职业技术学院	教授

主　任：李宗国
副主任：翟恩民　陈林生
委　员：赵晓霞　庄　伟　伊晓浏　谢金富
　　　　毕翠丽　朱建玲　余东权　陈伟忠
　　　　钟祥爱　陈　龙　曾婉芬　吕强松
　　　　杨八妹　潘　毅　揭锡富　吴绍伟
　　　　任玉仪　胡军钢　瘐蕙敏　杨华春
　　　　田运芳　杨建政　罗　英　谢静匀
　　　　谭婉虹　刘小琳　唐晓霞　李　莉
　　　　林　琳　卫淑华　黄晓彬　吴　浩

本书主编：任玉仪

前 言

《汽车底盘构造与维修教程》是汽车底盘构造与维修一体化课程配套使用的教材，本书以汽车维修案例中典型工作任务为导向，基于工作过程，采用"学中做、做中学"的一体化教学模式编写，以典型工作任务引导和组织教学内容，建议在教学过程中配合本教材综合运用现场实训、案例引导和小组合作等多种教学方法，引导学生主动、全面地学习以完成课程目标要求。

本书作为一体化课程教材，在编写过程中注重理论与实践相结合，根据当前汽车维修企业的生产实际，以现代汽车底盘的传动系统、转向系统、制动系统和行驶系统四大组成部分为学习内容，系统地讲解、示范了汽车底盘各系统及部件总成的结构原理、拆检规程、装配和调整要领、相关工艺标准和技术要求以及常见故障的诊断和典型案例分析，具有较强的针对性，内容系统、连贯、完整，实用性强。

本书适应我国汽车技术发展和汽车维修行业的需求，符合国家职业标准的相关规定，符合汽车维修技术人员职业岗位要求，主要作为各类职业院校汽车类专业教材，也可供汽车维修从业人员、汽车驾驶人员、汽车运行管理人员以及汽车行业技术人员阅读参考。

本书的编写得到广州丰田汽车特约维修有限公司阮少宁、广州长宁汽车销售服务有限公司黎宗宇、广州汽车集团客车有限公司雷英彬等的大力支持，在此一并表示感谢。

  由于经验水平有限，书中难免存在不足和错误之处，恳请各位专家和读者批评指正。

编 者

目　录

CONTENTS

/001　**任务一　汽车底盘整体构造认知**

/001　【任务描述】
/001　【任务分析】
/001　　一、学习目标
/002　　二、工作过程与学习活动
/002　【相关资讯】
/002　　一、汽车底盘的结构组成
/003　　二、传动系统的总体认知
/008　　三、行驶系统的总体认知
/010　　四、制动系统的总体认知
/011　　五、转向系统的总体认知
/013　【任务准备】
/014　【任务实施】
/014　　一、操作规范与工具使用
/017　　二、就车辨认底盘各零部件总成
/021　【知识拓展】

/023　**任务二　离合器的检修**

/023　【任务描述】
/023　【任务分析】
/023　　一、学习目标

/024　二、工作过程与学习活动
/024　【相关资讯】
/024　一、离合器的安装位置
/024　二、离合器的功用
/024　三、离合器的结构及分类
/026　四、摩擦式离合器的结构
/027　五、离合器的工作原理
/030　六、膜片弹簧式离合器的结构、工作原理和优点
/032　七、离合器总成故障症状表
/033　【任务准备】
/034　【任务实施】
/034　一、离合器总成的拆卸
/034　二、离合器主要部件检查
/036　三、离合器踏板自由行程的调整
/037　【知识拓展】

/041　任务三　手动变速器的检修

/041　【任务描述】
/041　【任务分析】
/041　一、学习目标
/042　二、工作过程与学习活动
/042　【相关资讯】
/042　一、变速器的安装位置
/042　二、变速器的功用
/043　三、变速器的种类
/043　四、手动变速器的结构
/047　五、手动变速器变速原理
/050　六、同步器的工作原理
/051　七、手动变速器总成故障症状表
/052　【任务准备】

/053 【任务实施】
/053 一、手动变速器总成拆检
/065 二、手动变速器主要部件检查
/076 三、手动变速器总成装复
/094 四、手动变速器换挡拉索的调节
/096 【知识拓展】

/099 **任务四　驱动桥的检修**

/099 【任务描述】
/099 【任务分析】
/099 一、学习目标
/100 二、工作过程与学习活动
/100 【相关资讯】
/100 一、驱动桥的功用、组成及类型
/101 二、主减速器的功用及种类
/102 三、差速器的结构及工作原理
/105 四、半轴与桥壳
/106 【任务准备】
/107 【任务实施】
/107 一、差速器总成拆卸
/109 二、差速器分解
/110 三、主减速器、差速器检查
/112 四、主减速器、差速器装复
/113 【知识拓展】

/115 **任务五　转向系统的检修**

/115 【任务描述】
/115 【任务分析】
/115 一、学习目标

/116	二、工作过程与学习活动
/116	【相关资讯】
/116	一、转向系统的功用及类型
/119	二、转向器的作用与类型
/120	三、转向操纵机构的组成
/121	四、转向传动机构的功用
/122	五、动力转向系统的简单介绍
/124	六、转向系统故障症状表
/125	【任务准备】
/125	【任务实施】
/125	一、转向盘自由行程、转向力的检查
/126	二、齿轮齿条式方向机的拆解
/129	三、齿轮齿条式方向机的装复
/130	【知识拓展】

/133　任务六　制动系统的检修

/133	【任务描述】
/133	【任务分析】
/133	一、学习目标
/134	二、工作过程与学习活动
/134	【相关资讯】
/134	一、制动系统的功用及类型
/136	二、制动系统的结构组成
/137	三、制动系统的一般工作原理
/142	四、制动系统故障症状表
/143	【任务准备】
/144	【任务实施】
/144	一、制动液就车检查
/145	二、制动助力器就车检查
/146	三、前制动器（盘式制动器）的拆卸、拆解、检查与装复

/157　四、后制动器（鼓式制动器）的拆卸、拆解、检查与装复
/161　【知识拓展】

/165　任务七　行驶系统的检修

/165　【任务描述】
/165　【任务分析】
/165　一、学习目标
/166　二、工作过程与学习活动
/166　【相关资讯】
/166　一、行驶系统的功用及组成
/166　二、车架的认知
/169　三、悬架与车桥
/170　四、转向桥
/174　五、四轮定位检测技术
/175　六、车轮和轮胎
/177　七、行驶系统故障症状表
/179　【任务准备】
/179　【任务实施】
/179　一、检查轮胎和车轮系统
/181　二、前轮定位
/186　三、检测悬架系统主要零部件
/187　四、前桥的拆卸与装复
/193　【知识拓展】

任务一　汽车底盘整体构造认知

任务描述

　　汽车底盘构造认知是汽车维修和保养工作中最基础的工作任务，安全操作规范和工作现场管理是汽车维修人员必须遵循的规定，作为汽车修理厂的汽车维修学徒，要求跟随汽车维修技师就车识别汽车底盘各主要总成，熟悉修理车间安全操作规范和工作现场管理，养成良好的工作习惯。

任务分析

一、学习目标

1. 遵守安全操作规范，按章操作，并注重环保意识的养成。

2. 能准确叙述汽车底盘的基本组成与作用。
3. 能准确区分汽车底盘的几种主要布置方式。
4. 能准确识别汽车底盘的各主要总成。
5. 能正确地使用工具、量具和专用工具。

二、工作过程与学习活动

1. 相关资讯（底盘整体构造）
2. 任务准备（维修手册、学材、工具）
3. 任务实施（操作规范与工具使用、就车辨认底盘各总成部件）
4. 知识拓展（汽车内、外部附件认知）

相关资讯

底盘整体构造

一、汽车底盘的结构组成

汽车底盘的作用是支撑、安装汽车发动机及其各部件、总成，形成汽车的整体造型，并接受发动机的动力，使汽车产生运动，保证正常行驶。底盘由传动系统、行驶系统、制动系统和转向系统四部分组成，如图1—1所示。

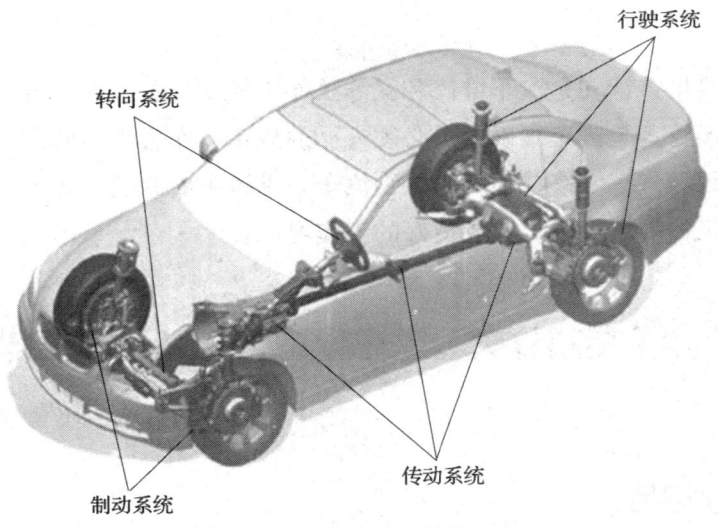

图1—1 汽车底盘的结构组成

二、传动系统的总体认知

发动机输出的动力要经过一系列的动力传递装置才能到达驱动轮。发动机到驱动轮之间的动力传递机构称为汽车的传动系统,主要由离合器、变速器、传动轴、主减速器、差速器以及半轴等部分组成,如图1—2所示。

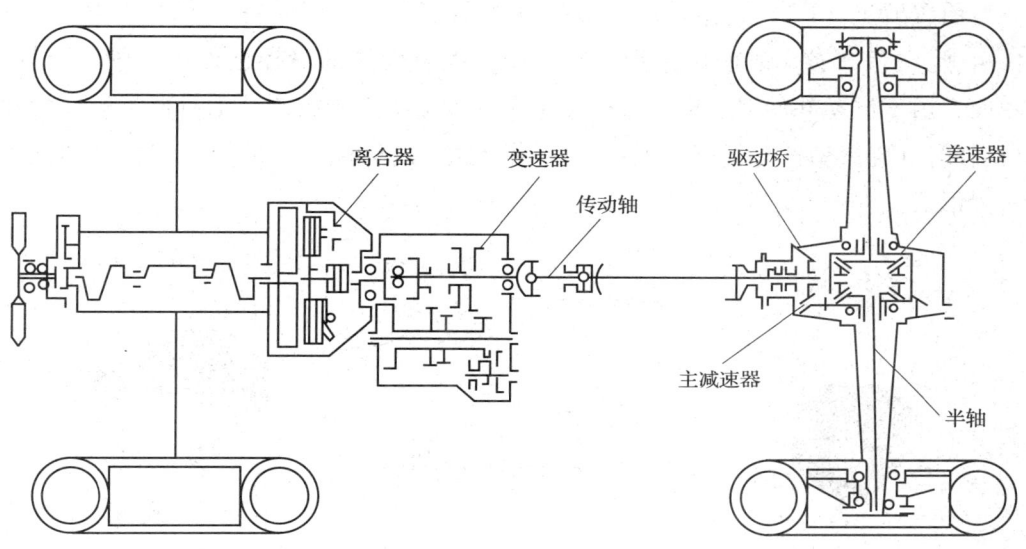

图1—2 传动系结构组成示意图

1. 汽车传动系统结构组成及动力传递路线

发动机输出的动力先经过离合器,由变速器变扭和变速后,经传动轴把动力传递到主减速器上,最后通过差速器和半轴把动力传递到驱动轮上。

汽车动力传递流程示意：

发动机→离合器→变速器→传动轴→主减速器→差速器→半轴→驱动轮

2. 汽车传动系统的类型

（1）按发动机位置及驱动形式分类。汽车传动系统的布置形式与发动机的位置及驱动形式有关,可以分为以下几种形式：发动机前置前轮驱动（FF）、发动机前置后轮驱动（FR）、发动机后置后轮驱动（RR）、发动机中置后轮驱动（MR）、全轮驱动（nWD）。

前置前驱（FF）是指发动机放置在车的前部,并采用前轮作为驱动轮,如图1—3所示。现在大部分轿车都采取这种布置方式。发动机布置在前部的汽车，整车的重心会集中在车身前段，车体会被前轮拉着走，所以前置前驱汽车的直线行驶稳定性非常好。由于发动机动力经过差速器后用半轴直接驱动前轮，前置前驱的车辆不需要经过传动轴，因此动力损耗较小。然而由于前轮同时负责驱动和转向，所以转向半径相对较大，容易出现转向不足的现象。

前置后驱（FR）是指发动机放置在车前部，并采用后轮作为驱动轮，如图1—4所示。FR整车的前后重量比较均衡，拥有较好的操控性能和行驶稳定性。然而，由于传动部件多、传动系统质量大，贯穿乘坐舱的传动轴占据了舱内的地台空间。FR汽车拥有较好的操控性、稳定性、制动性，高性能汽车多采用这种布置形式。

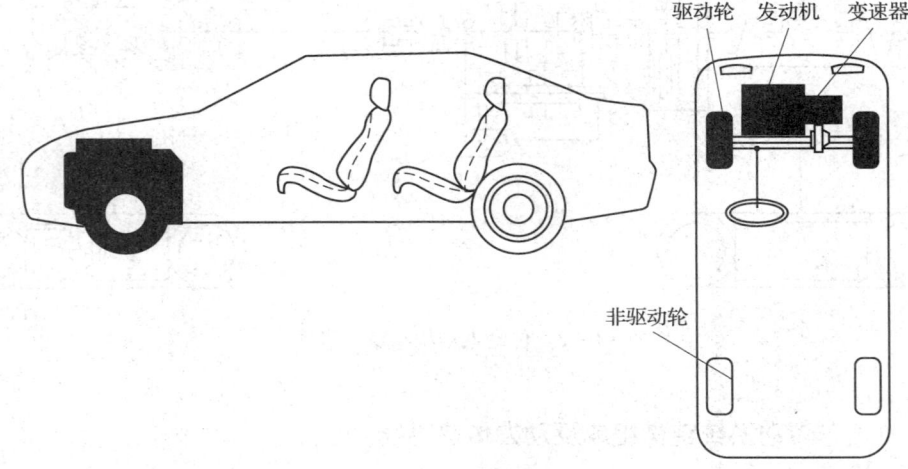

图1—3　前置前驱汽车示意图

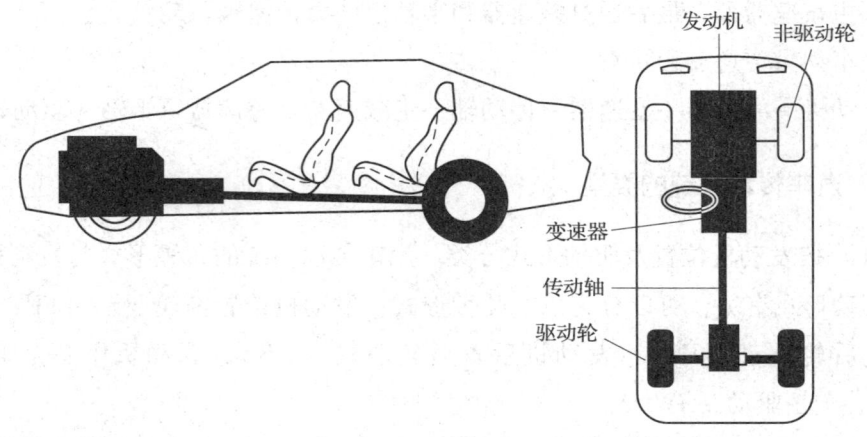

图1—4　前置后驱汽车示意图

后置后驱（RR）是指将发动机放置在后轴的后部，并采用后轮作为驱动轮，如图1—5所示。采用后置后驱布置形式的车辆，整车质量大部分集中在车辆后方，而且又是后轮驱动，所以起步、加速性能比其他布置形式的车辆好，目前大、中型客车多采用RR方式。后置后驱汽车的转弯性能比前置前驱和前置后驱汽车更加敏锐，但当后轮的抓地力达到极限时，会有打滑甩尾现象，不容易操控。

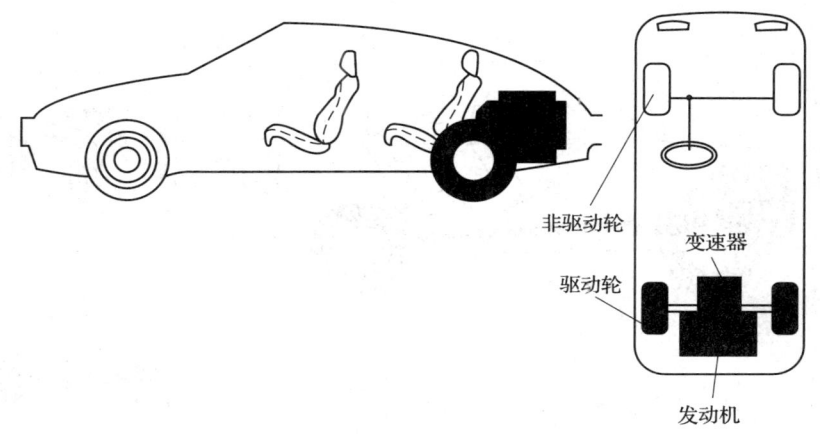

图1—5　后置后驱汽车示意图

中置后驱（MR）是指将发动机放置在驾乘室与后轴之间，并采用后轮作为驱动轮，如图1—6所示。发动机中置后轮驱动是赛车的主流驱动方式。将车中运动惯量最大的发动机置于车体中央，整车质量分布接近理想平衡，使得中置后驱汽车获得最佳运动性能的保障。由于发动机中置，中置后驱汽车车厢一般比较窄，通常只有两个座位，而且发动机离驾驶人员近，噪声也比较大。

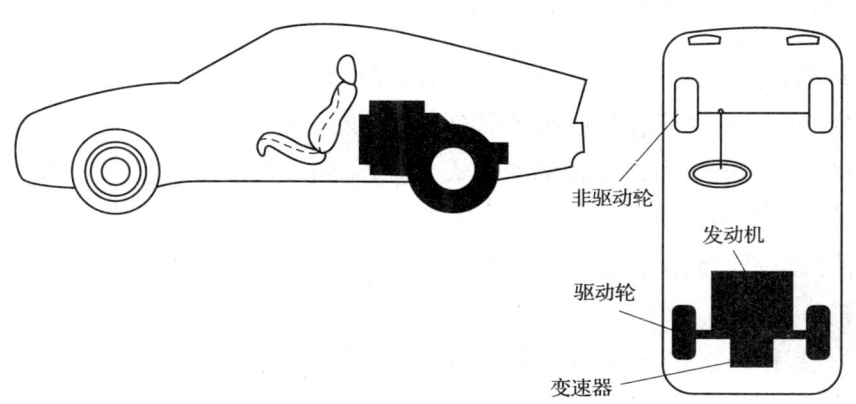

图1—6　中置后驱汽车示意图

在全轮驱动（nWD）布置形式中，最常见的是四轮驱动汽车，顾名思义就是采用四个车轮作为驱动轮，简称四驱（英文是4 Wheel Drive，简称4WD），如

图1—7所示。全轮驱动汽车有两大优势，一是提高通过性，二是提高主动安全性。以四轮驱动汽车为例，由于四个车轮都可以作为驱动轮，因此，在一些复杂路段出现前轮或后轮打滑时，另外两个轮子还可以继续驱动汽车行驶，不至于无法动弹。特别是在冰雪或湿滑路面上行驶时，能减少出现打滑现象，比一般的两驱车更稳定。

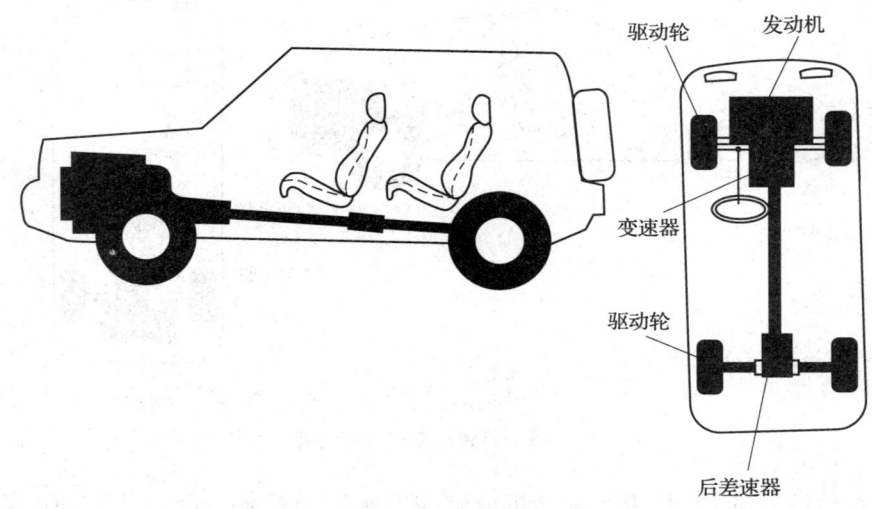

图1—7 四轮驱动汽车结构示意简图

（2）按照变速器的类型分类。可以分为手动变速器式传动系统和自动变速器式传动系统。

3. 汽车传动系统各主要总成的作用

（1）离合器。保证换挡平顺，必要时中断动力传动。

离合器位于发动机与变速器之间的飞轮壳内，被固定在飞轮的后平面上，另一端连接变速器的输入轴，典型摩擦式离合器结构如图1—8所示。离合器相当于一个动力接合和分离开关，可以传递或切断发动机向变速器输入的动力。主要是为了使汽车平稳起步，适时中断传动系统的动力以配合换挡，还可以防止传动系统过载。

（2）变速器。变速、降速增矩、变向、中断动力传动。

变速器又称为变速箱、波箱，图1—9所示为某品牌跑车六速手动变速器，变速器的作用主要表现在三方面：一是改变传动比，扩大驱动轮的转矩和转速的变化范围；二是在发动机转向不变的情况下，实现汽车倒退行驶；三是利用空挡，中断发动机动力传递，使得发动机可以起动和怠速。

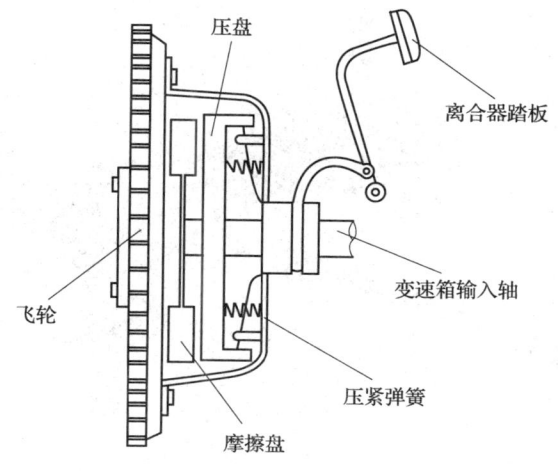

图1—8 摩擦式离合器结构简图

图1—9 某品牌跑车六速手动变速器

（3）万向传动装置。实现有夹角和相对位置经常发生变化的两轴之间的动力传动。万向传动装置主要由万向节、传动轴和中间支撑部件组成，如图1—10所示。

万向节的结构和人体四肢上的关节类似，它允许被连接的零件之间的夹角存在一定范围的变化，以适应转向和汽车运行时所产生的上下跳动所造成的角度变化，最终实现动力传递。

（4）主减速器。将动力传给差速器，并实现降速增矩、改变传动方向。

（5）差速器。将动力传给半轴，并允许左右半轴以不同的转速旋转。

（6）半轴。将差速器的动力传给驱动车轮。

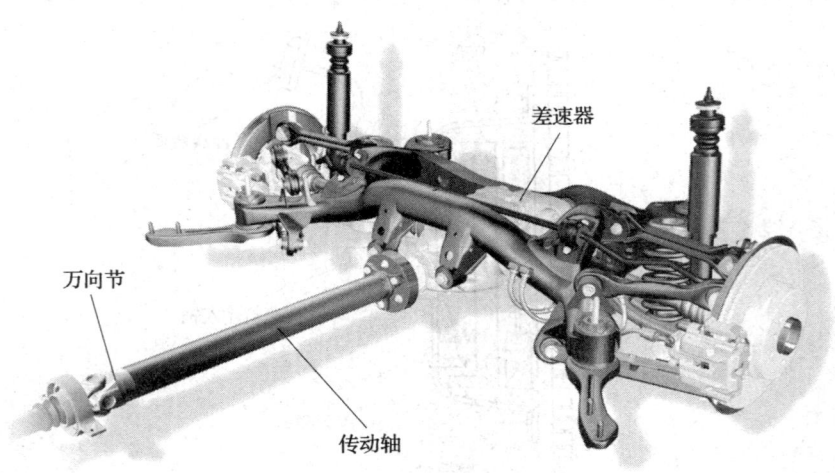

图1—10 万向节与传动轴

由主减速器、差速器、半轴和驱动桥壳共同构成的装置称为驱动桥，如图1—11所示。驱动桥的主要作用：一是将万向传动装置传来的发动机转矩通过主减速器、差速器、半轴等传到驱动车轮，实现降速增大转矩；二是通过主减速器圆锥齿轮副改变转矩的传递方向；三是通过差速器实现两侧车轮的差速作用，保证内、外侧车轮以不同转速转向；四是通过桥壳体和车轮实现承载及传力矩作用。

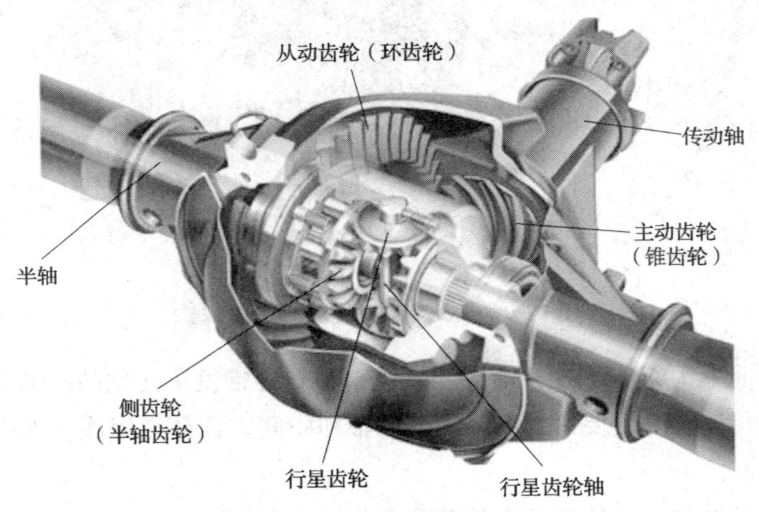

图1—11 驱动桥结构示意简图

三、行驶系统的总体认知

1. 汽车行驶系统结构组成 （见图1—12）

车架1是全车装配和支撑的基础，它将汽车的各相关总成连接成一个整体。

车轮 4 和 5 分别安装在驱动桥 3 和从动桥 6 上。

在车桥与车架之间又安装了弹性系统——前悬架 7 和后悬架 2 实现连接，目的是减少车辆在不平道路上行驶时车身所受到的冲击和振动。

2. 汽车行驶系统的作用

（1）车架。全车装配的基体，将整车有机地连接为整体，并承受汽车的载荷。

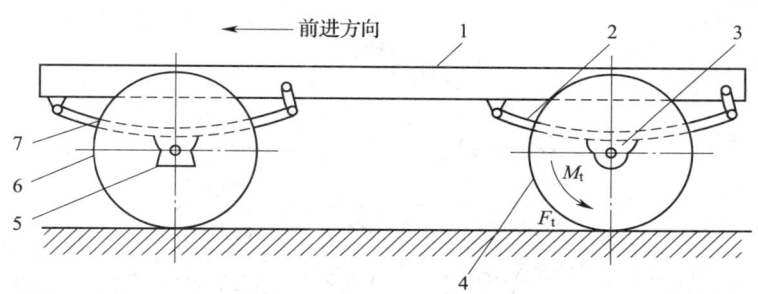

图 1—12　行驶系统结构示意图

1—车架　2—后悬架　3—驱动桥　4、6—车轮　5—从动桥　7—前悬架

（2）车桥。连接左右车轮，承受并传递由车轮传来的载荷。

（3）悬架（又称悬挂）。将汽车行驶过程中车轮产生的力和力矩传递到车架。并通过弹性元件、阻尼元件、导向杆系统衰减汽车的振动，提高车辆的操纵稳定性和平顺性，悬架在汽车上的位置如图 1—13 所示。

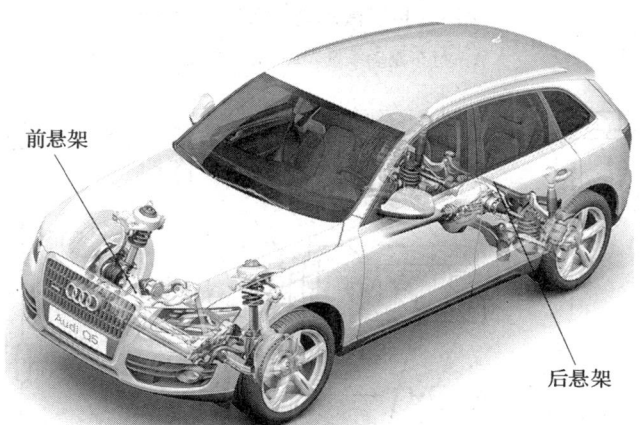

图 1—13　悬架在汽车上的位置

（4）车轮。支撑整车，连接车身与地面；缓冲路面冲击载荷；产生驱动力和制动力；汽车转弯时产生侧向抗力，并回正车轮；提高车辆的通过性。

四、制动系统的总体认知

1. 汽车制动系统组成

一般汽车制动系统应设有行车制动和驻车制动两套相互独立的制动装置,如图1—14所示。制动装置由制动器、制动传动装置组成,如图1—15、图1—16所示。

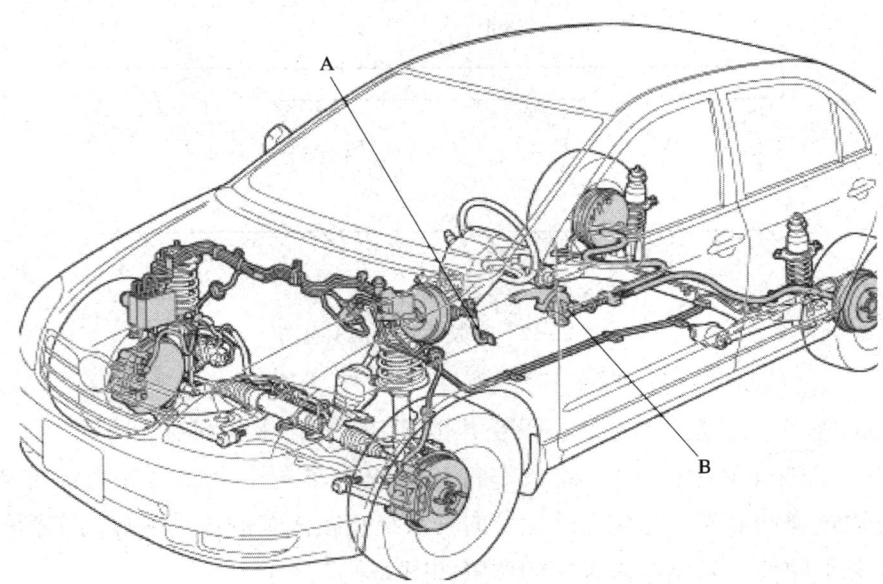

图1—14 汽车制动系统示意图

A—行车制动系统 B—驻车制动系统

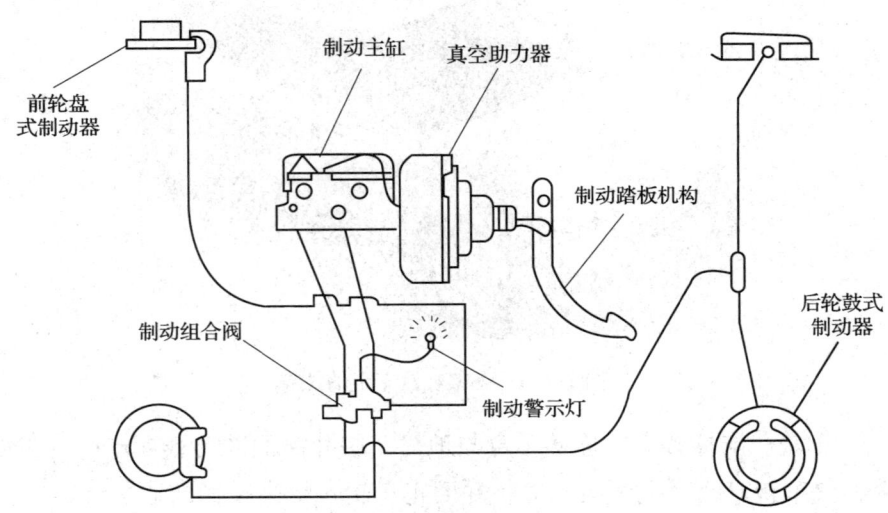

图1—15 液压制动系统结构示意图

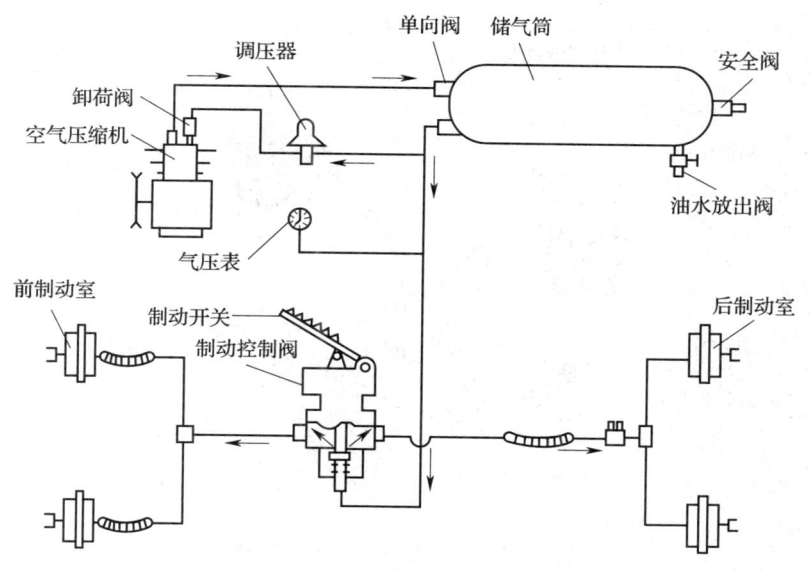

图1—16 气压制动系统结构示意图

2. 汽车制动系统的作用

汽车制动系统主要由供能装置、控制装置、传动装置和制动器等部分组成，其作用是使行驶中的汽车按照驾驶员的要求进行强制减速甚至停车，使已停驶的汽车在各种道路条件下（包括在坡道上）稳定驻车，使下坡行驶的汽车速度保持稳定。

五、转向系统的总体认知

1. 汽车转向系统组成

汽车转向系统是由转向操纵机构、转向器和转向传动机构三个基本部分组成的，如图1—17所示。

2. 汽车转向系统类型

机械转向系统和动力转向系统，如图1—18和图1—19所示。

3. 汽车转向系统作用

（1）转向操纵机构。驾驶员操纵转向器的工作机构，主要由转向盘、转向轴、转向管柱等组成。

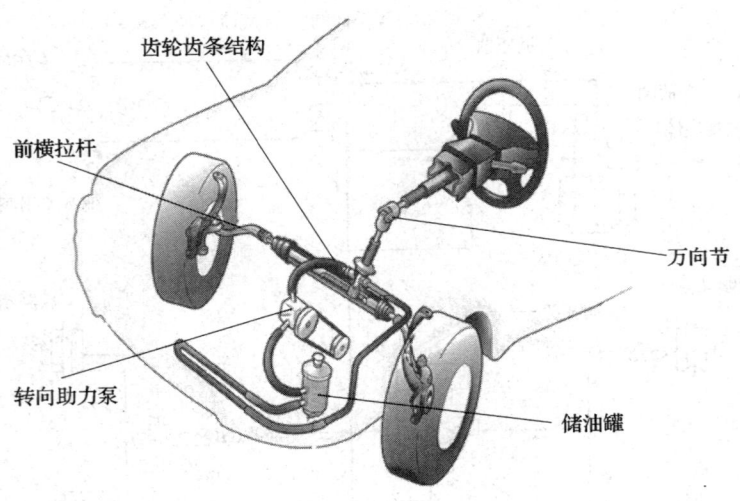

图 1—17　转向系统结构示意简图

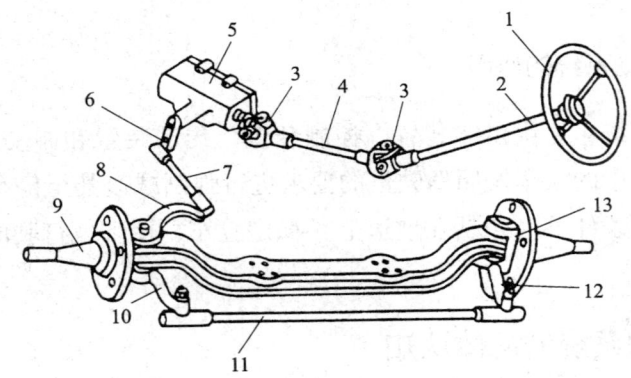

图 1—18　机械转向系统各零部件名称

1—转向盘　2—转向轴　3—转向万向节　4—转向传动轴
5—转向器　6—转向摇臂　7—转向直拉杆　8—转向节臂
9—左转向节　10、12—梯形臂　11—转向横拉杆　13—右转向节

（2）转向器（方向机）。将转向盘的转动变为转向摇臂的摆动或齿条的直线往复运动，并对转向操纵力进行放大的机构。

（3）转向传动机构。将转向器输出的力和方向传给车轮，并使左右车轮按照一定关系进行偏转的机构。

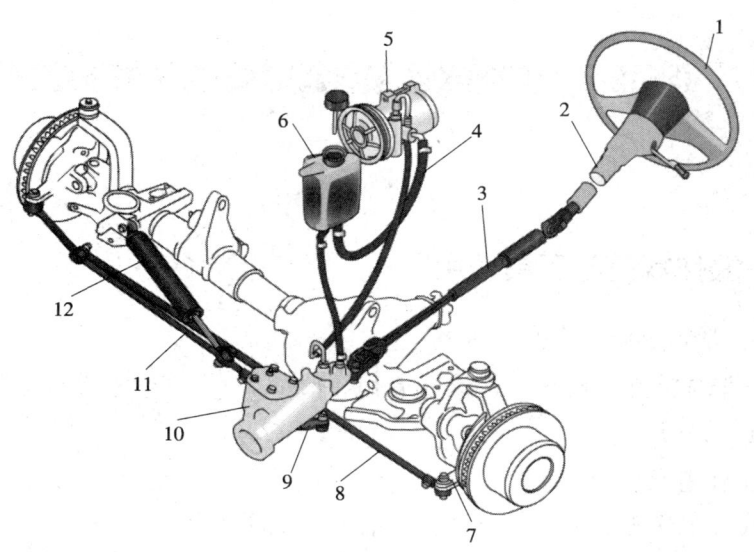

图1—19 动力转向系统各零部件名称

1—转向盘 2—转向轴 3—转向中间轴 4—转向油管 5—转向油泵 6—转向油罐 7—转向节臂
8—转向横拉杆 9—转向摇臂 10—整体式转向器 11—转向直拉杆 12—转向减振器

 **任务准备**

1. 雅力士（2NZ－FE）轿车底盘部分《维修手册》；
2. 《汽车底盘构造与维修》学材（工作页）；
3. 实训车型：雅力士（2NZ－FE）轿车；
4. 常用汽车维修工具一套；
5. 专用汽车维修工具一套；
6. 货架式工具车及常规工具；
7. 两立柱举升器1台；
8. 游标卡尺、百分表；
9. 零件小车；
10. 砂布、钢丝刷、棉纱等。

一、操作规范与工具使用

步骤1：学习维修安全操作规程。

"5S"管理规范：整理、整顿、清扫、清洁和自律，如图1—20所示。

（1）工作着装要求

工作服：工作服必须结实、清洁、合身，为防止工作时损坏汽车，不要暴露工作服的带子、纽扣和金属装饰物，为防止受伤或烧伤，不要裸露皮肤。

工作鞋：工作时要穿安全鞋，不能穿凉鞋或运动鞋，防止滑倒和被偶然掉落的物体砸伤。

工作手套：搬动重的物体或拆卸热的零部件时，建议戴上手套。使用砂轮机、钻孔机或操作旋转运动的工具时不能戴手套。

（2）车间内的工作安全。进行维修工作时，要保持油污、工具、零件不落地。

图1—20　"5S"

经常保持工作场所的清洁，工作完成后所有东西应放置整齐有序。

工具和零件不能随地乱放，应放在工具柜和零件车（工作台）上，以防他人踩到滑倒；磨削工具或零件时应戴好护目镜。

机油、燃油和润滑脂等液体撒落到地面时，应立即清除，以防自己和他人滑倒。

不要在开关、配电盘或容易产生电火花的物体附近使用可燃物，车间内不准吸烟，以免造成火灾。

擦过易燃液体的碎布丢弃时，应放置到带盖的金属容器内，不要将废机油或汽油倒入污水管系统，应收集在合适的容器内，以免引发火灾。

在燃油泄漏的车辆没有修好之前，不能起动发动机，修理燃油系统需要卸油时，先要断开蓄电池负极，以免引发火灾。

使用举升机举升车辆时，务必要确认车辆在举升机上支撑正确、牢固，升起后切忌摇晃车辆，以防止车辆跌落。

拔下插头时，不要拉电线，要拔插头本身；不要用湿手接触任何电气设备，不要让电缆处于潮湿、油污和炽热的环境中。

步骤2：学习工具使用的注意事项。

汽车修理要求使用各种工具和测量仪器。这些工具有特殊的使用方法，只有使用得当才能保证工作安全和准确。每件工具和测量仪器都有规定的操作程序。确保在工作部件上正确使用工具，用在工具上的力要恰当，工作姿势也要正确。要根据零件形状和工作场地选择适合的工具。工具和测量仪器要放在容易拿到的位置，使用后要放回原来的正确位置。工具使用后应清洗干净并在需要的位置涂油，以使工具处于完好状态。

步骤3：正确选择工具。

（1）根据工作的类型选择工具。汽车修理中常使用成套套筒扳手。如果由于工作空间限制不能使用成套套筒扳手，可选用梅花扳手或开口扳手。

选择工具的顺序：套筒扳手优先，梅花扳手其次，最后是开口扳手，如图1—21所示。

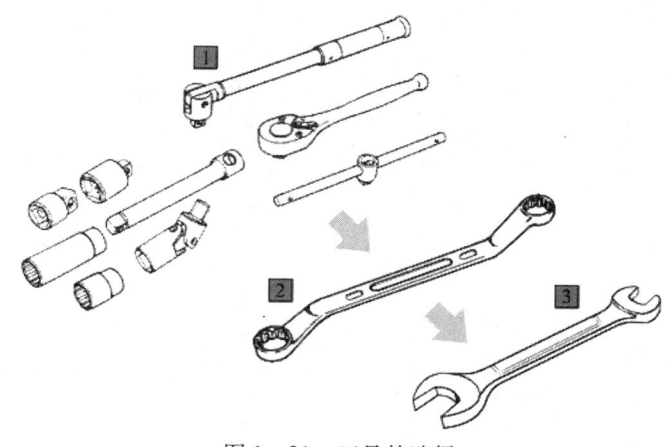

图1—21 工具的选择

（2）根据工作进行的速度选择工具。如图1—22所示，套筒扳手的用处在于它能旋转螺栓、螺母而不需要重新调整，可以迅速转动螺栓、螺母。套筒扳手可以根据所装的手柄以各种方式工作。

提示：

● 棘轮手柄适合在狭窄空间中使用。但由于棘轮的结构特点，它不可能获得很高的扭矩。

● 滑动手柄要求极大的工作空间，但它能提供最快的工作速度。

● 旋转手柄在调整好手柄后可以迅速工作。但因手柄很长，很难在狭窄空间使用。

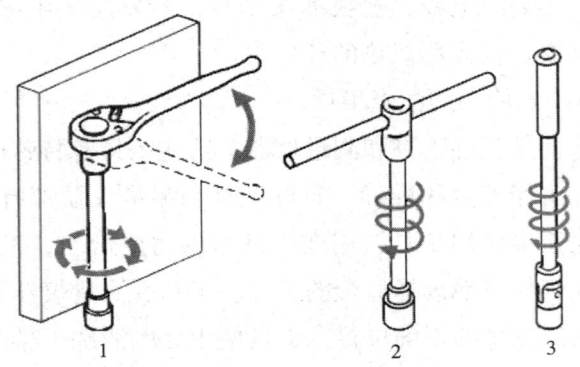

图1—22 工具的使用

（3）根据旋转扭矩的大小选用工具，如图1—23所示。如果最后拧紧或开始拧松螺栓、螺母需要大扭矩，应使用允许施加大力的扳手。

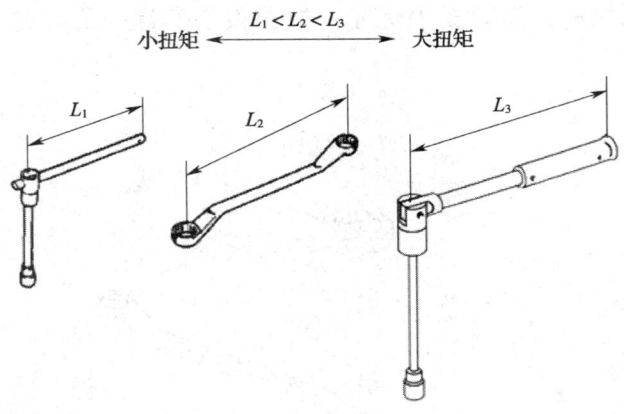

图1—23 工具的选用

提示：

可以施加的力的大小取决于扳手手柄的长度。手柄越长，用较小的力得到的扭矩越大。如果使用了超长手柄，就有扭矩过大的危险，螺栓有可能折断。

步骤4：安全使用工具。

（1）选择适当的工具，以便安全有效地工作。在拆卸螺栓和螺母时首先选用套筒扳手，若拆卸空间限制不能使用套筒扳手时，依次选用梅花扳手和开口扳手。一些零部件的拆卸需要使用专用工具，要特别注意正确地选用专用工具。

（2）工具要放在工具箱或工具架指定的位置上。

（3）随时保持工具的清洁。

（4）将工具交给他人时，要将把手朝向他人。

二、就车辨认底盘各零部件总成

步骤1：就车辨认传动系统各零部件的名称及安装位置，由离合器开始观察传动系统组成，即离合器、变速器、传动轴、主减速器、差速器等，如图1—24、图1—25所示。

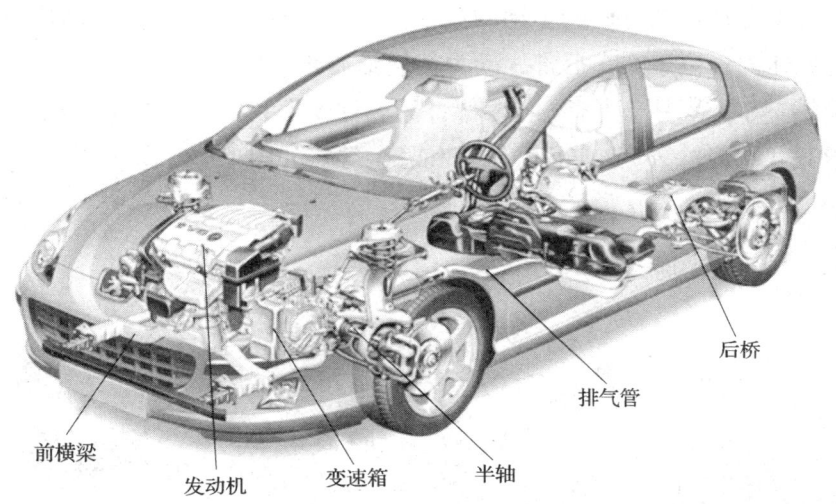

图1—24　"FF"布置形式汽车传动系统各零部件总成名称

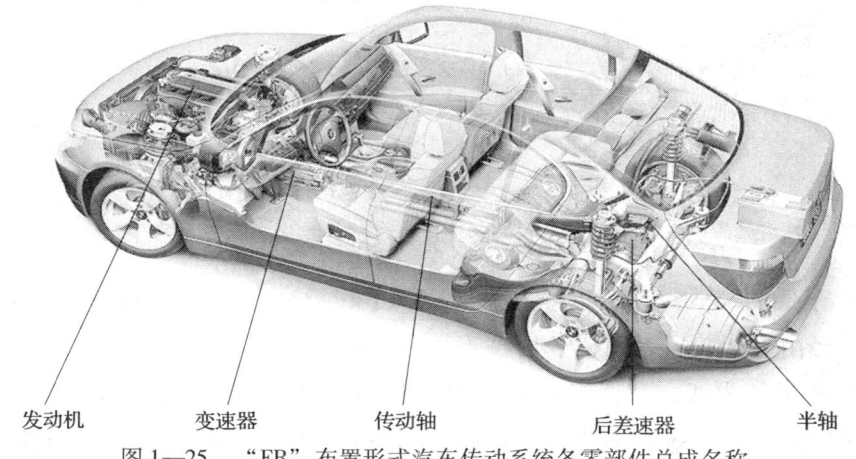

图1—25　"FR"布置形式汽车传动系统各零部件总成名称

（1）离合器的辨认。离合器被装置在发动机与手动变速器之间，负责将发动机的动力传送到手动变速器。

（2）变速器的辨认。变速器安装在传动系统中离合器的后面（或液力变矩器的后面），万向传动装置的前面。

（3）万向节和传动轴的辨认。在前置发动机后轮驱动的车辆上，万向节传动轴安装在变速器输出轴与驱动桥主减速器输入轴之间；而前置发动机前轮驱动的车辆省略了传动轴，万向节安装在既负责驱动又负责转向的前桥半轴与车轮之间。

（4）驱动桥的辨认。对于发动机前置前轮驱动的汽车，离合器、变速器、主减速器、差速器、驱动桥组件都安装在变速器壳体中，位于汽车前部，动力传递给前轮；对于发动机前置后轮驱动的汽车，主减速器、差速器、驱动桥组件安装在驱动桥壳体内，位于汽车后部，动力传递给后轮。

步骤2：就车辨认行驶系统各零部件的名称及安装位置，观察行驶系统组成：车架（承载式车身除外）、车桥、车轮和悬架等。如图1—26所示。

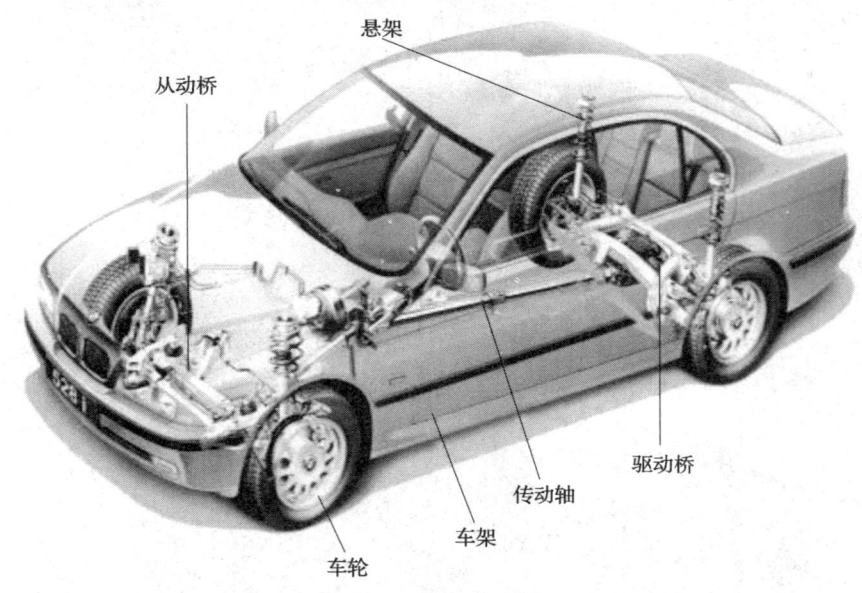

图1—26　行驶系统主要零部件总成名称

（1）车架的辨认。车架也称大梁，是汽车的基体，一般由两根纵梁和几根横梁组成，经由悬架装置、前桥、后桥支撑在车轮上。

（2）车桥的辨认。车桥（也称车轴）通过悬架和车架（或承载式车身）相连，两端安装汽车车轮。车桥可以是整体式的，好像一个巨大的杠铃，两端通过悬架系统支撑着车身，因此，整体式车桥通常与非独立悬架配合；车桥也可以是断开式的，像两把雨伞插在车身两侧，再各自通过悬架系统支撑车身，所以断开式车桥与独立悬架配用。根据驱动方式的不同，车桥也分成转向桥、驱动桥、转向驱动桥和支持桥四种。其中转向桥和支持桥都属于从动桥。大多数汽车采用前置后驱动（FR），因此前桥作为转向桥，后桥作为驱动桥；而前置前驱动（FF）

汽车则前桥作为转向驱动桥,后桥充当支持桥。

(3)车轮的辨认。车轮是介于轮胎与车桥之间用于旋转的部件,它承载了二者施加的各种作用力。车轮由轮毂、轮辐和轮辋三个部分组成,车轮和轮胎两个独立的部件组合在一起,称为汽车车轮总成。

(4)悬架的辨认。悬架把车架与车轮弹性地连接起来,是汽车车架(或承载式车身)与车桥(或车轮)之间一切传力连接装置的总称。

步骤3:就车辨认转向系统各零部件的名称及安装位置,自转向盘开始观察转向系统组成,即转向盘、万向节、转向器、转向传动机构,如图1—27所示。

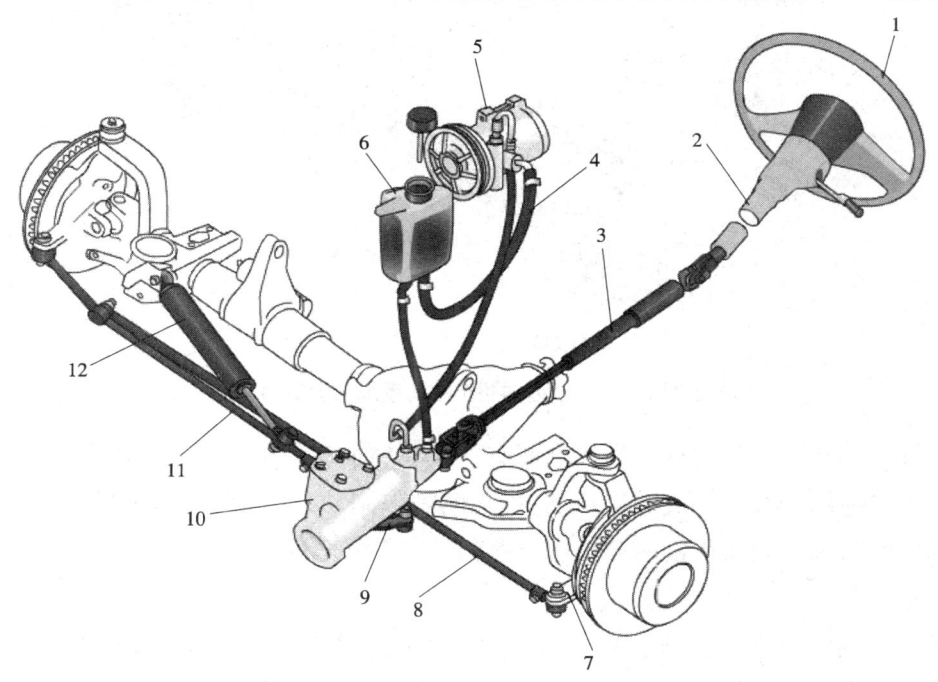

图1—27 转向系统各零部件的名称

1—转向盘 2—转向轴 3—转向中间轴 4—转向油管 5—转向油泵 6—转向油罐
7—转向节臂 8—转向横拉杆 9—转向摇臂 10—整体式转向器 11—转向直拉杆 12—转向减振器

(1)转向盘和转向柱的辨认。转向盘、转向轴、转向管柱属于转向操纵机构,目的是将驾驶员转动转向盘的操纵力传给转向器。

(2)转向器的辨认。转向器(也常称为转向机)是完成由旋转运动到直线运动(或近似直线运动)转换的一组齿轮机构。

(3)转向传动机构的辨认。转向传动机构的作用是把转向器所传出的力传给转向车轮,使它按所需要的方向偏转,保证汽车按要求的方向实现转向。一般的转向传动机构包括转向摇臂、转向纵拉杆、转向节臂、转向梯形臂(左、右)和转向横拉杆等。

步骤4：就车辨认制动系统各零部件的名称及安装位置，由制动踏板开始观察行车制动系统组成，如液压制动装置、主缸、轮缸等，观察驻车制动系统组成，如图1—28所示。

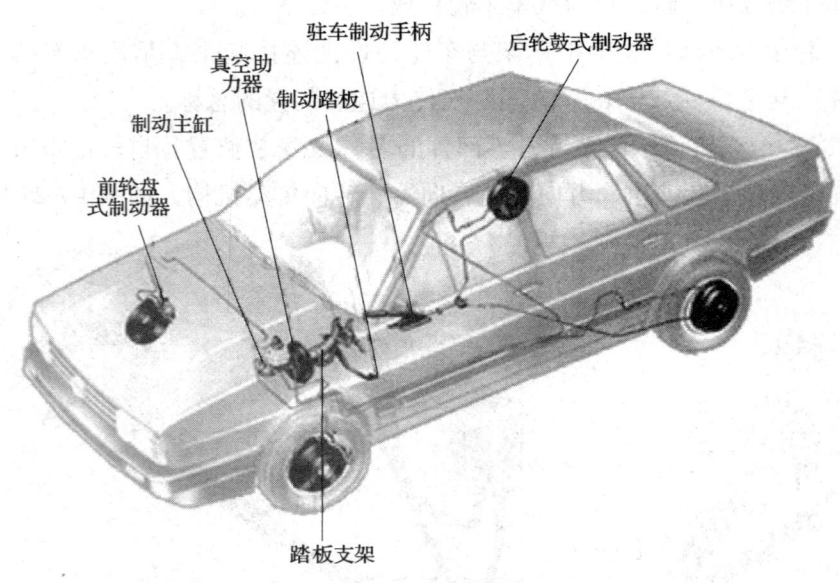

图1—28　桑塔纳轿车制动系统示意简图

（1）制动踏板的辨认。刹车上面有一个小踏板与刹车杆相连，所以又称这个踏板为"制动踏板"。制动踏板顾名思义就是限制动力的踏板，即脚刹（行车制动器）的踏板，制动踏板用于减速、停车。它是汽车驾驶五大操纵件之一，使用频次非常高。

（2）制动总泵的辨认。制动总泵也称为制动主油（气）缸，它的主要作用是推动制动液（或气体）传输至各个制动分泵之中推动活塞。

（3）制动分泵的辨认。制动分泵（即刹车分泵），其作用主要是从制动总泵引入制动液，然后推动分泵中的活塞顶开制动蹄或者刹车皮与刹车鼓或刹车盘接触。不同形式制动系统的制动分泵类型不同，但工作原理相同。

（4）制动鼓的辨认。鼓式制动器也叫块式制动器，是靠制动块在制动轮上压紧来实现刹车的。鼓式制动器的制动块（刹车蹄）位于制动轮内侧，在刹车的时候制动块向外张开，摩擦制动轮的内侧，达到刹车的目的。

（5）制动盘的辨认。制动盘即刹车盘，是一个金属圆盘，用合金钢制造并固定在车轮上，随车轮转动。车辆行驶过程中踩刹车时制动卡钳夹住制动盘达到减速或者停车的目的。

（6）真空助力器的辨认。真空助力器安装在制动踏板推杆和制动总泵之间，其作用是为汽车制动提供助力。真空助力器是制动系统的重要部件，其性能的好坏及零部件的损坏会直接影响汽车的行车安全。

（7）驻车制动手柄的辨认。驻车制动手柄也就是经常说的手刹，停车时拉起，防止汽车在停止或驻坡时车轮滚动，行车前放下。

 知识拓展

一、车外部件附件的辨认

1. 认识汽车左、右前部的相关部件。
2. 认识汽车的外部附件（见图1—29）。

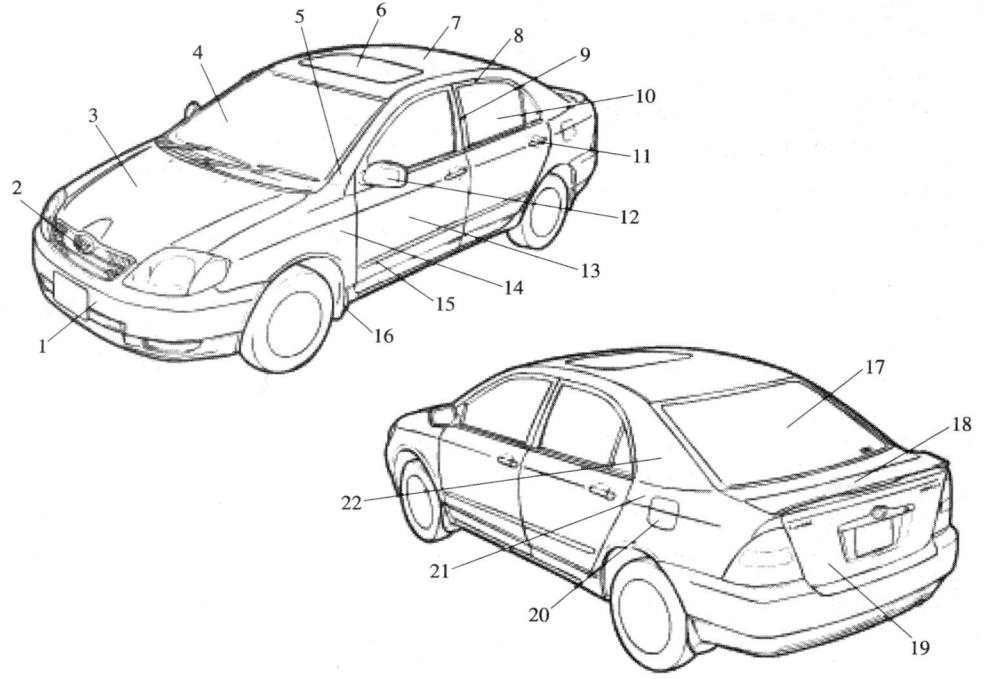

图1—29 汽车外部附件

1—保险杠 2—散热器护栅 3—发动机罩（盖） 4—挡风玻璃（前窗玻璃）
5—前柱 6—滑动天窗（太阳天窗、月亮天窗） 7—天窗板 8—门框 9—中柱
10—门窗玻璃 11—外侧车门把手 12—车外后视镜（车门后视镜） 13—门板 14—前翼子板
15—外嵌条（保护性嵌条） 16—挡泥板 17—后窗玻璃 18—后扰流器 19—行李箱盖（行李箱板）
20—加油口盖（油箱盖） 21—后翼子板 22—后侧柱

二、车内部件附件的辨认

1. 认识驾驶室内仪表和操纵装置。
2. 认识仪表板上的汽车速度表（里程表）、发动机速度表、机油压力表、燃油消耗表、各种指示灯或警告灯等；认识驾驶室内的照明装置、空调开关的调节、音响与其他装置的使用；了解转向盘、安全气囊的位置、变速操纵装置、离合器踏板（自动变速器无此踏板）、加速（油门）踏板、制动踏板、驻车制动装置和点火开关的位置及使用方法。如图1—30所示。

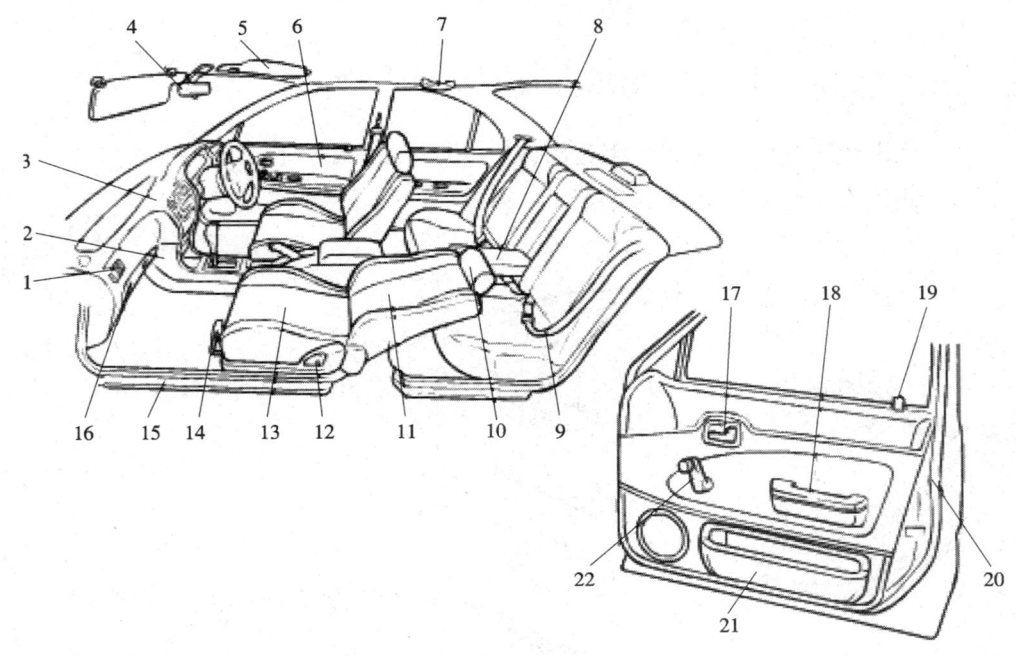

图1—30 汽车内部附件

1—可调出风口 2—中心控制台 3—仪表板 4—车内后视镜（客厢内后视镜） 5—遮阳板
6—车门饰件 7—辅助把手 8—后部中央扶手 9—座椅安全带 10—头枕
11—座椅靠背 12—倾角调整杆 13—座椅（软垫） 14—座椅滑动杆 15—皱褶板
16—手套箱 17—门内把手 18—门扶手 19—车门锁止按钮 20—密封条
21—车门袋 22—门窗调节把手

任务二　离合器的检修

任务描述

一位车主开车来到某品牌4S店,反映要很用力踩离合器才能挂进挡,勉强挂挡后还没开始松离合器车就动起来了。服务顾问接车后初步判断了故障,承诺交车时间,作为维修人员按要求在规定时间内检修离合器分离不彻底的故障。

任务分析

一、学习目标

1. 能够遵守安全操作规范,按章操作,并注重环保意识的养成。

2. 能够描述汽车离合器的类型和特点。
3. 能够熟练叙述离合器的组成、功用及工作原理。
4. 能够对离合器的零部件进行检查、修复或更换。
5. 能够对离合器的常见故障进行诊断和排除。
6. 能够正确使用工具、量具和检测维修设备。

二、工作过程与学习活动

1. 相关资讯（离合器相关知识）
2. 任务准备（维修手册、学材、工具）
3. 任务实施（离合器的拆卸；离合器各零部件的检查；离合器踏板自由行程的调整）
4. 知识拓展（正确使用离合器）

 相关资讯

离合器相关知识

一、离合器的安装位置

离合器安装在发动机和变速器之间的飞轮壳内,用螺钉将离合器总成固定在飞轮后平面上，离合器的输出轴即是变速器的输入轴，如图2—1所示。汽车从起步到行驶的整个过程中，驾驶员根据行驶情况，需要随时踏下或松开离合器踏板，使发动机和变速器分离或接合，以切断或传递发动机向变速器输入的动力。

二、离合器的功用

离合器的具体功能有以下三个方面：
1. 使发动机与传动系统逐渐接合，保证汽车平稳起步。
2. 暂时切断发动机的动力传递，保证变速器平顺换挡。
3. 限制所传递的转矩，防止传动系统过载。

三、离合器的结构及分类

1. 离合器的结构

离合器主要由主动部分（飞轮、离合器盖等）、从动部分（摩擦片）、压紧

机构（膜片弹簧）和操纵机构四部分组成，如图2—2所示。

2. 离合器的分类

常见的汽车离合器有摩擦式离合器、液力耦合器、电磁离合器等。目前与手动变速器相配合的离合器绝大部分为干式摩擦离合器，其主要有以下三种分类方法：

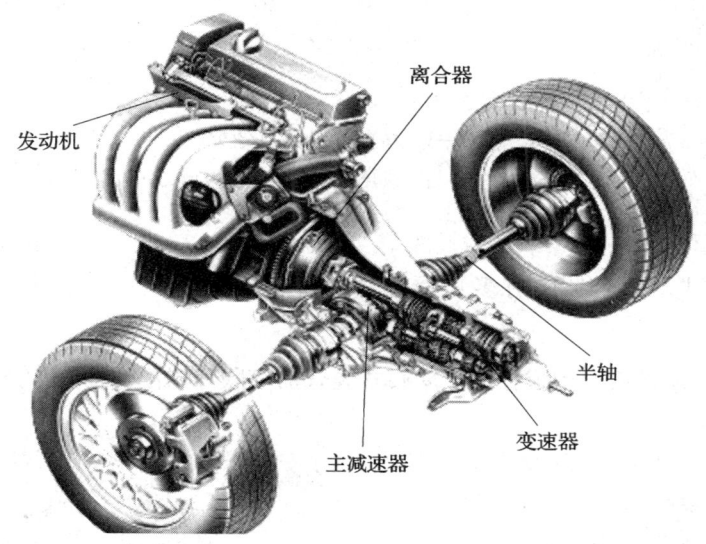

图2—1 离合器的安装位置

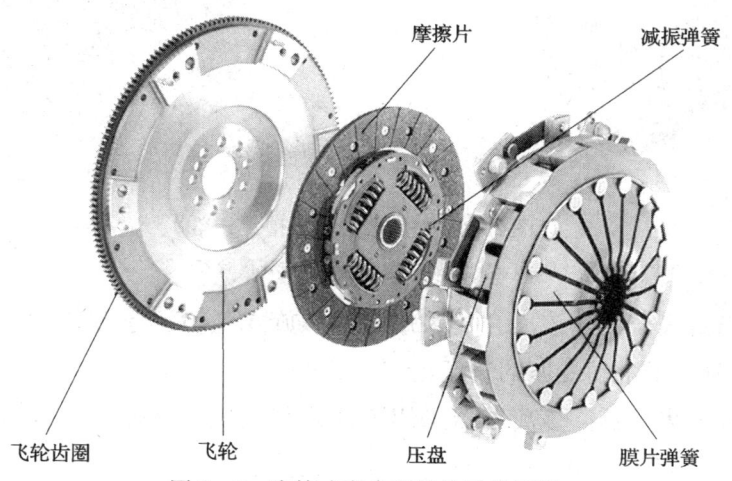

图2—2 摩擦式离合器结构示意简图

（1）按从动盘数目分类：单片式离合器、双片式离合器、多片式离合器，如图2—3所示。

1）单片式。离合器中只有一片摩擦片，传递扭矩较小，一般用在手动变速的轿车上。

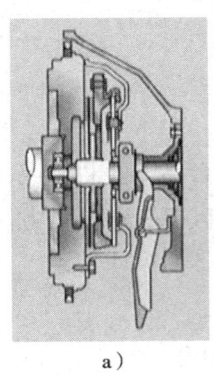 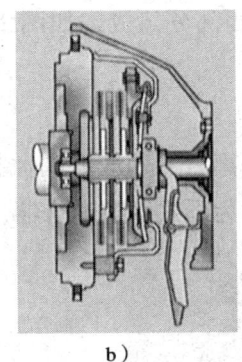 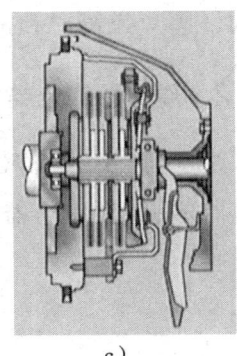

a)　　　　　　　　　　b)　　　　　　　　　　c)

图 2—3　按从动盘数目分类
a) 单片式离合器　b) 双片式离合器　c) 多片式离合器

2) 双片式。

3) 多片式。离合器中有多片摩擦片，传递力矩较大，一般用于手动变速的货车上。

（2）按压紧弹簧的型式分类：周布式离合器和膜片式离合器，如图 2—4 所示。

 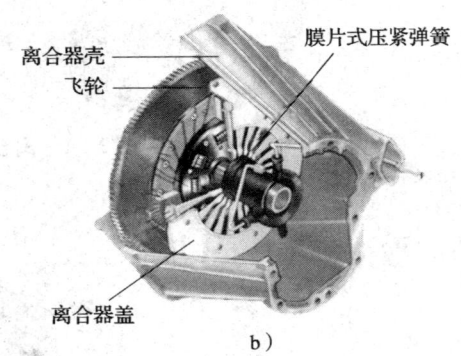

a)　　　　　　　　　　　　　　　　b)

图 2—4　按压紧弹簧的型式分类
a) 周布式离合器　b) 膜片式离合器

1) 周布式离合器。该离合器采用多个螺旋式弹簧压紧摩擦片。因此，压紧力较大，一般用于手动变速的货车上。

2) 膜片式离合器。该离合器采用膜片式弹簧压紧摩擦片。多用于手动变速的轿车上。

（3）按操纵机构分类：机械式、液压式、气动式和空气助力式 4 种类型。

四、摩擦式离合器的结构

摩擦式离合器主要由主动部分、从动部分、压紧结构和操纵结构四部分组成，如图 2—5 所示。

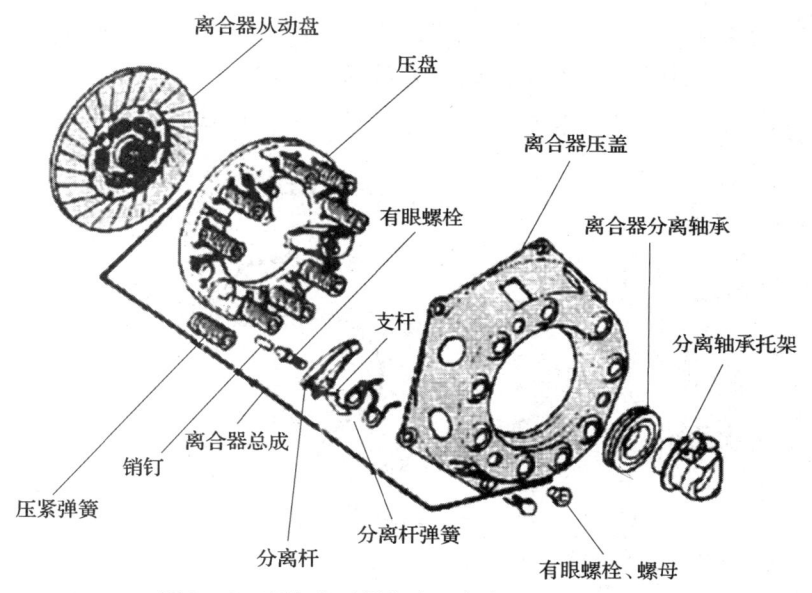

图 2—5 摩擦式（周布式）离合器的基本结构

离合器盖通过螺栓固定在飞轮的后端面上，离合器内的摩擦片在弹簧的作用力下被压盘压紧在飞轮面上，摩擦片与变速箱的输入轴相连。通过飞轮及压盘与从动盘接触面的摩擦作用，将发动机的扭矩传递给变速箱。

主动部分包括飞轮、离合器盖和压盘。离合器盖用螺栓固定在飞轮上，压盘后端圆周上的凸台伸入离合器盖的窗口中，可沿窗口轴向移动。这样，当发动机转动，动力便经飞轮、离合器盖传到压盘，并一起转动。

从动部分包括从动盘和从动轴。从动盘带有双面的摩擦衬片，离合器正常接合时分别与飞轮和压盘相接触；从动盘通过花键毂装在从动轴的花键上，从动轴是手动变速器的输入轴（一轴），其前端通过轴承支撑在曲轴后端中心的孔中，后端支撑在变速器壳体上。

压紧机构包括若干根沿圆周均匀布置的压紧弹簧。它们装在压盘与离合器盖之间，用来将压盘和从动盘压向飞轮，将飞轮、从动盘和压盘三者压紧在一起。

操纵机构包括离合器踏板、分离拉杆、调节叉、分离叉、分离套筒、分离轴承、分离杠杆、回位弹簧等。

五、离合器的工作原理

1. 离合器的工作状态与工作过程

（1）接合状态。如图 2—6 所示，离合器在接合状态下，操纵机构各部件在回位弹簧的作用下回到各自位置，分离杠杆内端与分离轴承之间保持一定的间隙。压紧弹簧将飞轮、从动盘和压盘三者压紧在一起，发动机的转矩经过飞轮和压盘通过从动盘两摩擦面的摩擦作用传给从动盘，再由从动轴输入变速器。

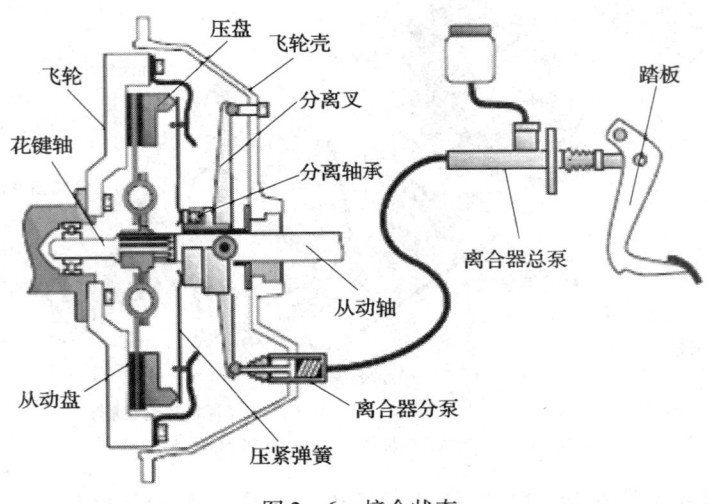

图 2—6　接合状态

（2）分离过程。如图 2—7 所示，分离离合器时，驾驶员踩下离合器踏板，分离套筒和分离轴承在分离叉的推动下，先消除分离轴承与分离杠杆内端之间的间隙，然后推动分离杠杆内端前移，使分离杠杆外端带动压盘克服压紧弹簧作用力后移，离合器的主、从动部分分离，摩擦作用消失，动力传递中断。

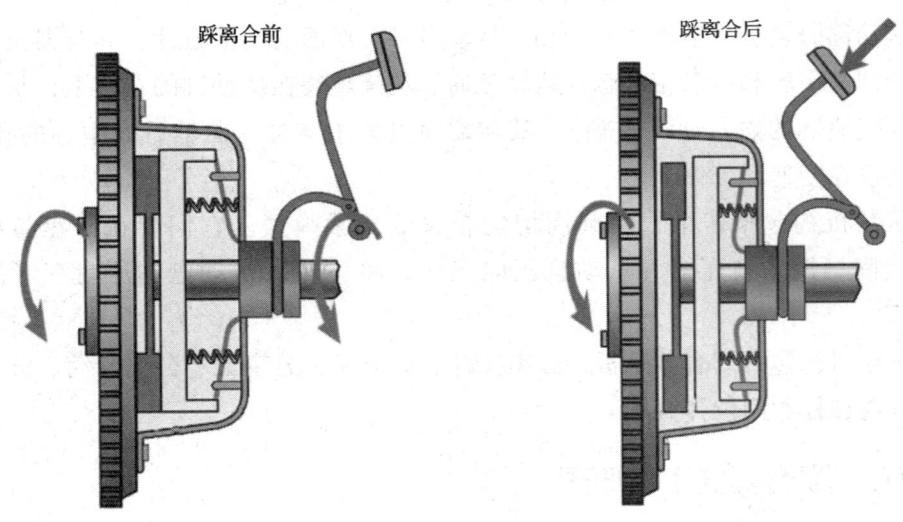

图 2—7　分离过程

（3）接合过程。接合离合器时，驾驶员缓慢抬起离合器踏板，在压紧弹簧的作用下，压盘向前移动并逐渐压紧从动盘，使接触面的压力逐渐增加，摩擦力矩也逐渐增加。当飞轮、压盘和从动盘之间接合还不够紧密时，所能传递的摩擦力矩较小，离合器的主、从动部分有转速差，离合器处于打滑状态；如果离合器踏板继续抬起，飞轮、压盘和从动盘之间的压紧程度逐渐紧密，主、从动部分的转速也逐趋相等，直到离合器完全接合而停止打滑，接合过程结束。

2. 压盘的传动、导向和定心方式

压盘在工作中既要接受离合器盖传来的动力，又要在离合器分离和接合过程中轴向移动。为了将离合器盖的动力顺利传给压盘，并使压盘在移动时只做轴线方向的平移而不发生歪斜，压盘应采用合适的传动、导向和定心方式。

目前，根据车型的不同压盘的传动、导向和定心方式有传动片式、凸台窗口式、传动销式和传动块式。

3. 离合器自由间隙与离合器踏板自由行程

离合器在正常接合状态下，分离杠杆内端与分离轴承之间应留有一个间隙，一般为 1~2 mm，这个间隙称为离合器自由间隙。如果没有自由间隙，从动盘摩擦片磨损变薄后压盘将不能向前移动压紧从动盘，这将导致离合器打滑，使离合器所能传递的转矩减小，车辆行驶无力，而且会加速从动盘的磨损。为了消除离合器的自由间隙和操纵机构零件的弹性变形所需要的离合器踏板行程称为离合器踏板自由行程，如图2—8所示。

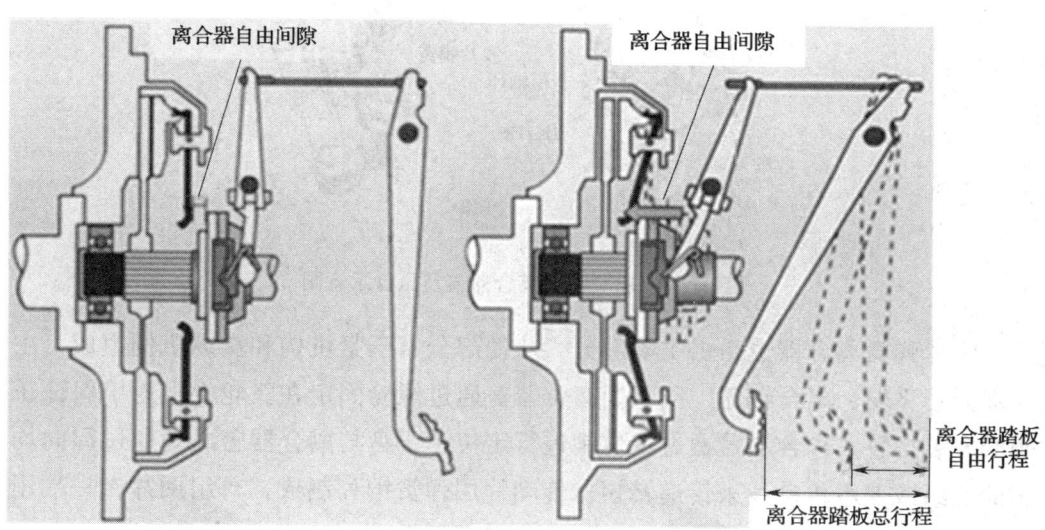

图2—8 离合器自由间隙与离合器踏板自由行程示意图

六、膜片弹簧式离合器的结构、工作原理和优点

1. 结构

膜片弹簧离合器目前在各种类型的汽车上广泛应用,其构造如图2—9、图2—10、图2—11所示。

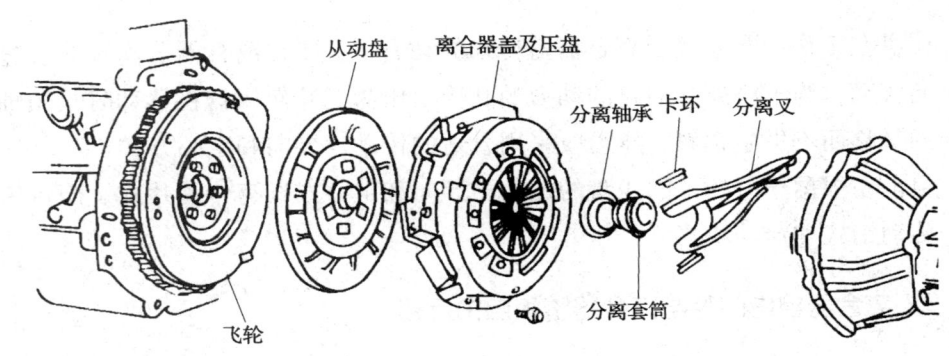

图2—9 膜片弹簧离合器的构造

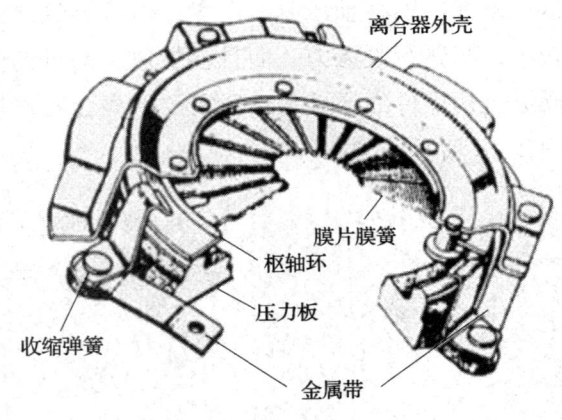

图2—10 膜片弹簧离合器盖及压盘示意图

膜片弹簧离合器也是由主动部分、从动部分、压紧机构和操纵机构组成,主动部分:飞轮、离合器盖、压盘。离合器盖通过螺栓固定在飞轮上,为了保证正确的安装位置,离合器盖通过定位销进行定位。压盘与离合器盖之间通过周向均布的三组或四组传动片来传递转矩。传动片用弹簧钢片制成,每组两片,一端用铆钉铆在离合器盖上,另一端用螺钉连接在压盘上。

从动部分:从动盘、从动轴。从动盘一般都带有扭转减振器。发动机输

出到传动系统的转速和转矩是周期变化的,这将使传动系统的零部件承受冲击性交变载荷,产生扭转振动,使寿命下降、零件损坏。采用扭转减振器可以有效地防止传动系统的扭转振动。带扭转减振器的从动盘的结构和原理如图 2—12 所示。

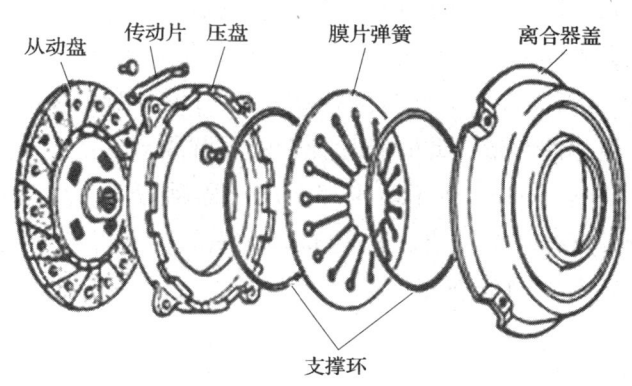

图 2—11　离合器盖及压盘分解图

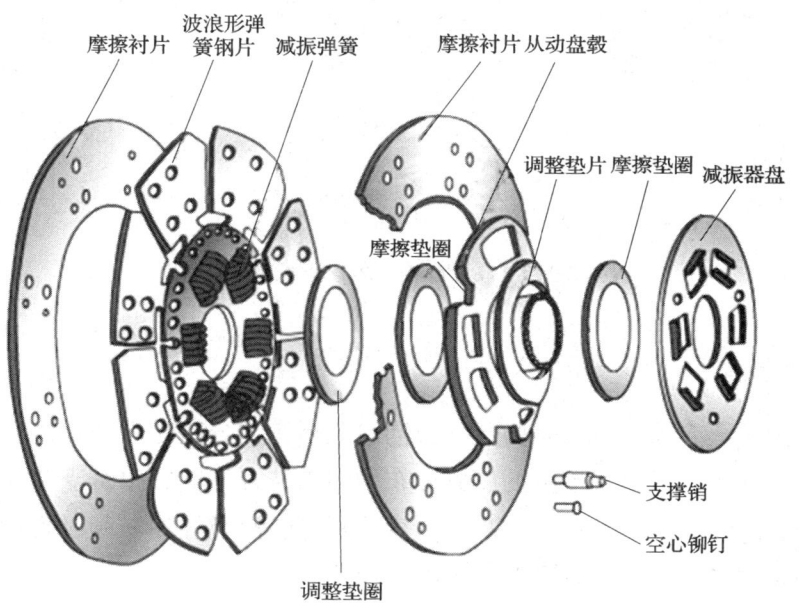

图 2—12　带扭转减振器的从动盘的结构示意图

当从动盘受到转矩时,转矩从摩擦衬片传到从动盘钢片,再经减振弹簧传给从动盘毂,此时弹簧将被压缩,吸收发动机传来的扭转振动。

压紧机构是膜片弹簧,其径向开有若干切槽,形成弹性杠杆。切槽末端有圆孔,固定铆钉穿过圆孔,并固定在离合器盖上。膜片弹簧两侧装有钢丝支撑环,这两个钢丝支撑环是膜片弹簧工作时的支点。膜片弹簧的外缘通过分离钩与压盘联系起来。

2. 工作原理

膜片弹簧式离合器的工作原理如图 2—13 所示。当离合器盖未安装到飞轮上时，膜片弹簧不受力而处于自由状态，此时离合器盖与飞轮之间有一定距离 S，如图 2—13a 所示。当离合器盖通过螺栓固定在飞轮上时，膜片弹簧的支撑环处于受压状态，产生弹性变形，此时膜片弹簧的外圆周对压盘产生压紧力使离合器处于接合状态，如图 2—13b 所示。当踩下离合器踏板时，分离轴承推动膜片弹簧，使膜片弹簧以支撑环为支点，外圆周向后翘起，通过分离钩拉动压盘后移，使离合器分离，如图 2—13c 所示。

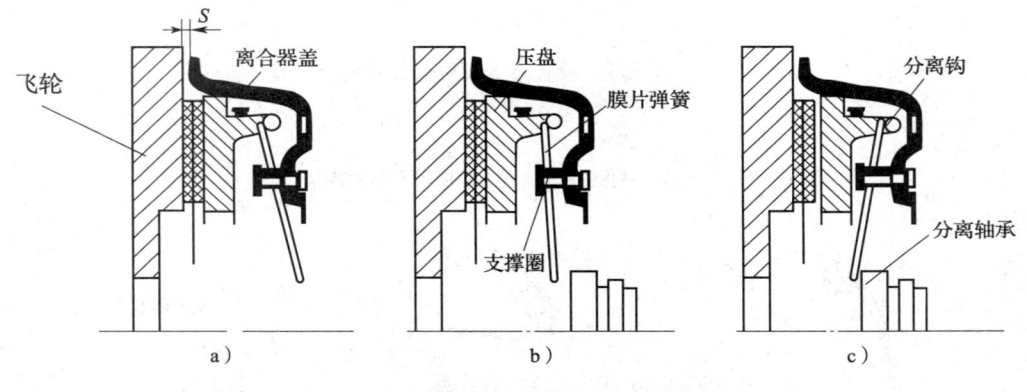

图 2—13 膜片弹簧式离合器的工作原理

3. 优点

膜片弹簧离合器的优点是膜片弹簧同时起压紧和分离杠杆的作用，简化了结构，轴向尺寸小；压盘圆周上的压力分布均匀，结合平顺；弹簧受高速离心力影响小，压力变化小，传动可靠性高，不容易打滑；操纵轻便。所以膜片弹簧离合器的应用越来越广泛，在各种车型上都有应用。

七、离合器总成故障症状表

常见的离合器总成故障症状见表2—1，表中的"怀疑部位及故障原因"列中按可能性的大小顺序列出了症状的可能起因。在检查症状时，应按表中所列的顺序来检查各怀疑部位，根据需要更换零部件。

表 2—1　　　　　　　　　　离合器总成故障症状表

症状	怀疑部位及故障原因
离合器卡死、振动	发动机支座（松脱） 离合器摩擦片总成（跳动过大、油渍、磨损） 离合器摩擦片扭力弹簧（损坏） 膜片弹簧（尖部未对准）
离合器踏板松软	离合器管路（管路进气） 总泵帽（损坏） 分离泵橡胶（损坏）
离合器发出噪声	离合器分离轴承总成（磨损、脏污或损坏） 离合器摩擦片扭力弹簧（损坏）
离合器打滑	离合器踏板（自由行程失调） 离合器摩擦片总成（油渍、磨损） 膜片弹簧（损坏） 压盘（变形） 飞轮分总成（变形）
离合器未脱开	离合器踏板（自由行程失调） 离合器管路（管路进气） 总泵帽（损坏） 分离泵帽（损坏） 离合器摩擦片总成（偏移） 离合器摩擦片总成（跳动过大） 离合器摩擦片总成（衬层破损） 离合器摩擦片总成（脏污或烧坏） 离合器摩擦片总成（油渍） 离合器摩擦片总成（缺少花键润滑脂）

 **任务准备**

1. 雅力士（2NZ-FE）轿车底盘部分《维修手册》；
2. 《汽车底盘构造与维修》学材（工作页）；

3. 离合器总成，车型：雅力士离合器总成（2NZ－FE）；
4. 离合器专用千斤顶和从动盘专用支架一个；
5. 离合器拆装作业台；
6. 专用工具一套；
7. 货架式工具车及常规工具；
8. 游标卡尺、百分表；
9. 零件小车；
10. 砂布、钢丝刷、棉纱等。

任务实施

一、离合器总成的拆卸

步骤1：拆卸离合器分离叉分总成。
从手动传动桥上拆下带有离合器分离轴承的离合器分离叉。
步骤2：拆卸离合器分离叉护套。
步骤3：拆卸离合器分离轴承总成。
从离合器分离叉上拆下离合器分离轴承。
步骤4：拆卸分离轴承毂卡扣。
步骤5：拆卸分离叉支撑件。
从手动传动桥上拆下分离叉支撑件。
步骤6：拆卸离合器壳总成。
（1）在离合器壳总成和飞轮上做配合标记，如图2—14所示。
（2）每次将各定位螺栓拧松一圈，直至弹簧松弛。
（3）拆下定位螺栓并拉下离合器壳。
提示：
不要使离合器摩擦片掉落。
步骤7：拆卸离合器摩擦片总成。

二、离合器主要部件检查

步骤1：检查离合器摩擦片总成。

（1）用游标卡尺测量铆钉头深度，如图2—15所示。最小铆钉深度：0.3 mm。

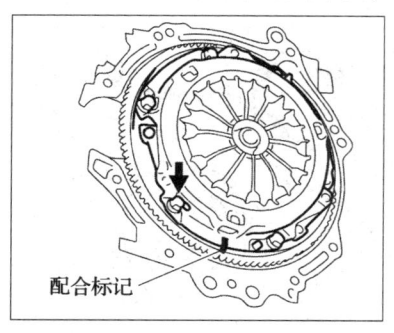

图 2—14

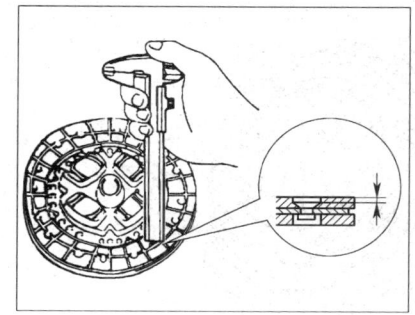

图 2—15

（2）将离合器摩擦片总成安装到传动桥总成上。

提示：

按正确方向插入离合器摩擦片总成。

（3）用百分表测量离合器摩擦片总成跳动，如图2—16所示。最大跳动值：0.8 mm。

步骤2：检查离合器壳总成。

用游标卡尺测量膜片弹簧磨损的深度和宽度，如图2—17所示。最大深度 $A=0.5$ mm，最大宽度 $B=6.0$ mm。

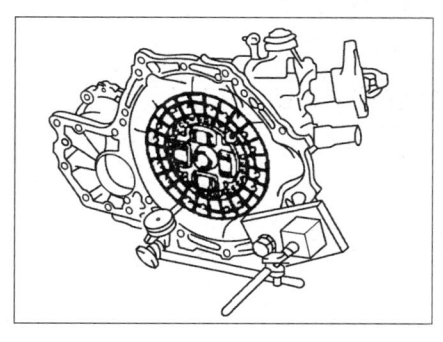

图 2—16

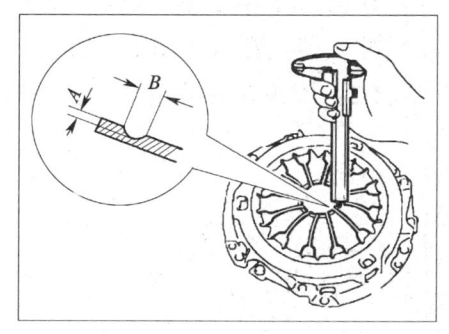

图 2—17

步骤3：检查飞轮分总成。

用百分表检查飞轮分总成跳动，如图2—18所示。

最大跳动值：0.1 mm。

步骤4：检查离合器分离轴承总成。

（1）施加轴向力时旋转离合器分离轴承总成的滑动部分（与离合器壳的接触表面），检查并确认离合器分离轴承总成在无异常阻力的情况下顺畅地移动，如图2—19所示。

(2) 检查离合器分离轴承总成是否有损坏和磨损。

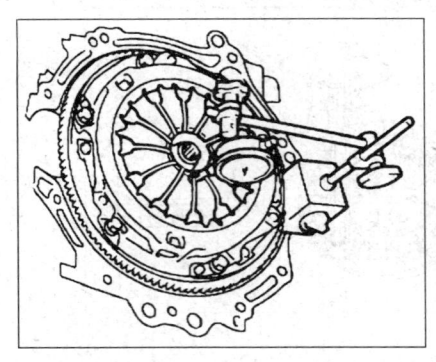

图 2—18

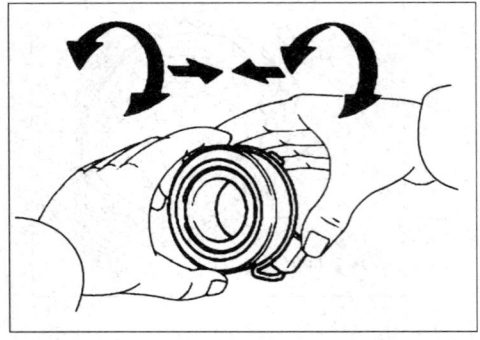

图 2—19

三、 离合器踏板自由行程的调整

步骤1：检查并调节离合器踏板分总成，如图2—20所示。

（1）将地毯向后折。

（2）检查并确认踏板高度正确。

踏板距离地板的标准高度：2NZ–FE 为 118.1 ～ 128.1 mm。

（3）如果踏板高度不符合规定，应进行以下调整。

1）拧松锁止螺母并转动限位螺栓直到踏板高度正确。

2）拧紧锁止螺母。扭矩：16 N·m。

步骤2：检查并调节踏板自由行程和推杆游隙，如图2—21所示。

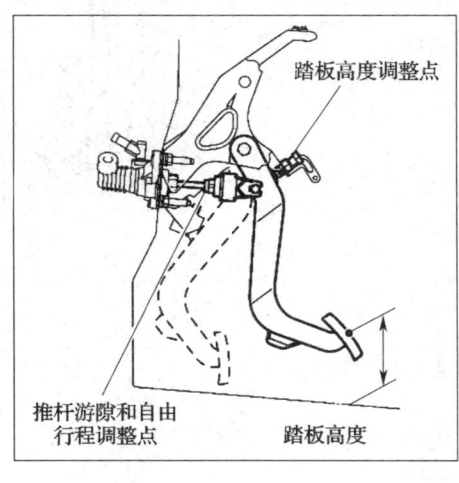

图 2—20

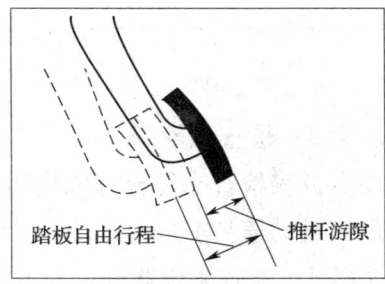

图 2—21

（1）检查并确认踏板自由行程和推杆游隙正确。

1）踩下踏板直到感觉到离合器阻力。标准踏板自由行程：5.0 ～ 15.0 mm。

2）轻轻踩下踏板直到阻力略微增大。踏板顶部的标准推杆游隙：1.0 ~ 5.0 mm。

（2）调整踏板自由行程和推杆游隙。

1）拧松锁止螺母并转动推杆直到自由行程和推杆游隙正确。

2）拧紧锁止螺母。

扭矩：12 N·m。

3）调整好踏板自由行程后，检查踏板高度。

步骤 3：检查并调节离合器分离点，如图 2—22 所示。

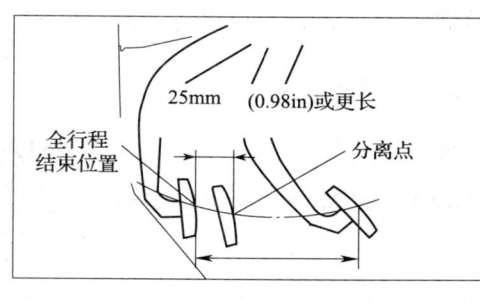

图 2—22

（1）拉驻车制动杆并安装车轮挡块。

（2）启动发动机，使其怠速运转。

（3）不踩下离合器踏板，缓慢地将换挡杆切换到倒挡位置直到齿面接合。

（4）逐渐踩下离合器踏板，并测量从齿轮噪声停止点（分离点）到全行程结束位置的行程距离。标准距离：25 mm 或更长（从踏板行程结束位置到分离点）。如果距离不符合规定值，应执行以下操作：

1）检查踏板高度。

2）检查推杆游隙和踏板自由行程。

3）对离合器管路进行放气。

4）检查离合器壳总成和摩擦片总成。

 **知识拓展**

一、驾驶过程中应如何正确使用离合器

1. 起步时操作要领

起步时离合器踏板的操作要领是一快、二慢、三联动。在踏板抬起开始时快抬；当离合器出现半联动时，踏板抬起的速度稍慢；在联动到完全结合的过程中，将踏板慢慢抬起。在离合器踏板抬起的同时，根据发动机阻力大小逐渐踩下

油门踏板，使汽车平稳起步。

2. 离合器使用时间

汽车上的离合器在正常行车时处于紧密接合状态，离合器应无滑转。在开车时除汽车起步、换挡和低速刹车需要踩下离合器踏板外，其他时间都不要踩离合，或把脚放在离合器踏板上，行车时把脚长时间放在离合器踏板上，很容易造成离合器打滑、离合器片烧蚀，严重时甚至使离合器压盘、飞轮端面烧蚀拉伤，导致离合器压紧弹簧退火等故障。同时，还会导致费油、费车，增加行车费用。

3. 换挡时使用要领

在行车中换挡时，操纵离合器踏板应迅速踩下并抬起，不要出现半联动现象，否则，会加速离合器的磨损。另外，操作时要注意与油门配合。为使换挡平顺，减少变速器换挡机构和离合器的磨损，提倡使用两脚离合器换挡法。这种方法虽然操作较复杂，却是开车省车、省钱的好方法。

4. 刹车时使用要领

在汽车的行车中，除低速制动停车需要踩下离合器踏板外，其他情况下的制动都尽量不要踩下离合器踏板。低速行车中制动停车的操纵方法是先踩下制动踏板，然后再踩下离合器踏板，使汽车平稳地停下来。

二、汽车安全起步

汽车安全起步是指汽车由静止状态到汽车安全行驶之间的过程。该过程是驾驶员必须掌握的最基本的操作技术。如果操作不当，不仅起步不顺利、车辆抖动，还会损伤汽车机件。因此，汽车起步时应遵循必要的操作程序。

汽车起步前，应检视车前、车后有无人、畜和障碍物，以及乘人、货物均就位并关好车门。启动发动机，听察其运转情况，观察各仪表的指示状况，若属正常，待水温、制动气压（指气压制动系统的车辆）均达到标准后，方可起步。

汽车安全起步具体步骤如图2—23所示。

1. 切断离合器

发动机启动运转正常后，经确认汽车周围无障碍，具备汽车起步的一切条件，用左脚将离合器踏板踩踏到底，使离合器彻底分离。如果离合器踏板未踩到底，离合器不能彻底分离，发动机输出的动力与变速器之间半联动，此时换挡，不仅变速器会发出齿轮撞击的异响声，同时还会对机件造成损伤。

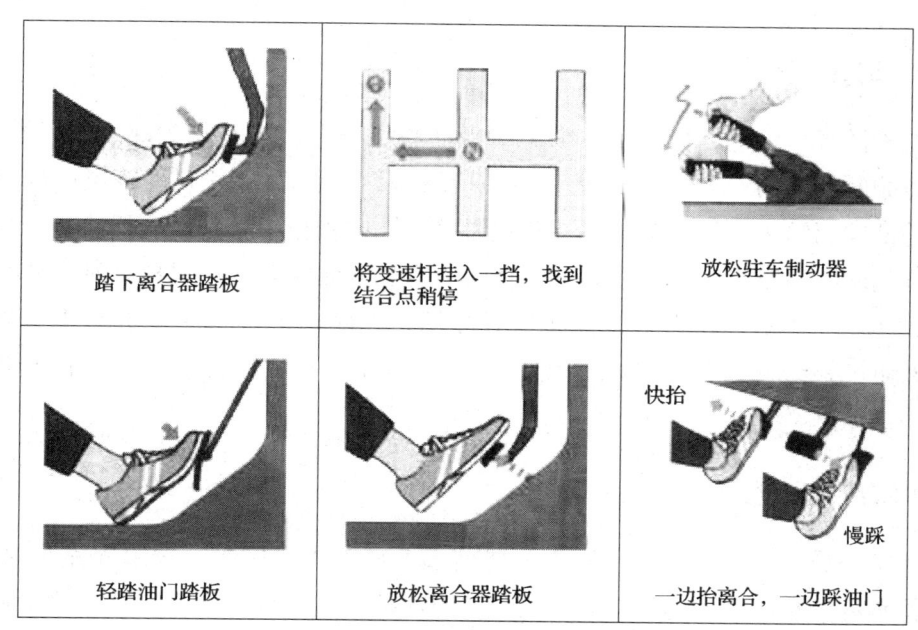

图 2—23　汽车安全起步操作步骤

2. 将手动变速器变速杆挂入一挡

将变速器变速杆置入一挡，如第一次换挡不顺利，可将变速杆拉回空挡位置，紧接着进行第二次换挡，直至顺利完成，换挡动作要求准确、迅速，一定要辨认清楚变速器各挡位置，防止挂错挡造成的不必要损失，换挡动作要干脆利落，不要犹豫不决、拖泥带水。

3. 放松驻车制动器拉杆

先将驻车制动器拉杆向上拉一点使保险锁松开，然后再将驻车制动拉杆向前下方推，一直推到底，使制动器完全放松。此时要观察仪表盘上的驻车制动器指示灯的指示状况，若指示灯亮，则驻车制动器未完全放松，应进一步向前推驻车制动拉杆，直到驻车制动器指示灯熄灭。驻车制动器如放松不彻底，会产生制动拖滞现象，使汽车不能顺利起步，即便勉强起步，在行驶中也会因驻车制动器拖滞而使车速不能提高，同时还会造成驻车制动器损坏。

4. 观察汽车周围情况

汽车起步前，一定要观察周围情况，进一步确定是否安全。汽车前方情况可从前窗观察，一目了然，汽车侧方及后方情况可通过后视镜观察，或降下车窗玻璃将头伸出窗外观察。

5. 试踩踏油门踏板

左脚继续踩住离合器踏板，维持离合器脱离状态。用右脚尖踩下油门踏板，并注意倾听发动机运转声音的变化，油门踏板踩下去后，发动机转速应随之上升，验证油门踏板控制正常后，逐渐缓慢抬起油门踏板，直到离合器踏板自由行程完全消除，汽车稍微有一点抖动，证明离合器开始接合，此时要将油门踏板往下踩，然后，左、右两脚动作方向恰好相反，左脚向上继续缓慢放松离合器踏板，右脚配合缓慢向下踩油门踏板，动作宜缓和，不宜过急，以防汽车起步抖动。

6. 起步后的处理

汽车平稳起步后，左脚应从离合器踏板上移下来，使离合器踏板完全放松，不要将脚闲置在离合器踏板上，因为左脚有时不由自主地稍微向下一用力，就容易造成离合器半联动，长此以往，很快磨坏离合器摩擦片。

任务三　手动变速器的检修

任务描述

一辆使用了 5 年由广汽丰田制造厂生产的雅力士手动挡轿车,在自驾游回途中,变速器 1、2 挡工作正常,勉强才可挂入 3 挡,但是完全不能挂入 4 挡,只得低速驶回维修厂进行修理。作为维修人员按要求在规定时间内检修手动变速器换挡困难的故障。

任务分析

一、学习目标

1. 能够遵守安全操作规范,按章操作,并注重环保意识的养成。

2．能够描述汽车变速器的类型和特点。

3．能够熟练叙述手动变速器的组成、功用及工作原理。

4．能够对手动变速器的零部件进行检查、修复或更换。

5．能够对手动变速器的常见故障进行诊断和排除。

6．能够正确地使用工量具和检测维修设备。

二、工作过程与学习活动

1．相关资讯（变速器相关知识）

2．任务准备（维修手册、学材、工具）

3．任务实施（手动变速器总成拆检；变速器主要部件检查；变速器总成的装复；手动变速器换挡拉索的调节）

4．知识拓展（正确使用手动变速器）

相关资讯

变速器相关知识

一、变速器的安装位置

变速器在传动系中位于离合器的后面（或液力变矩器的后面），万向传动装置的前面，如图3—1所示。

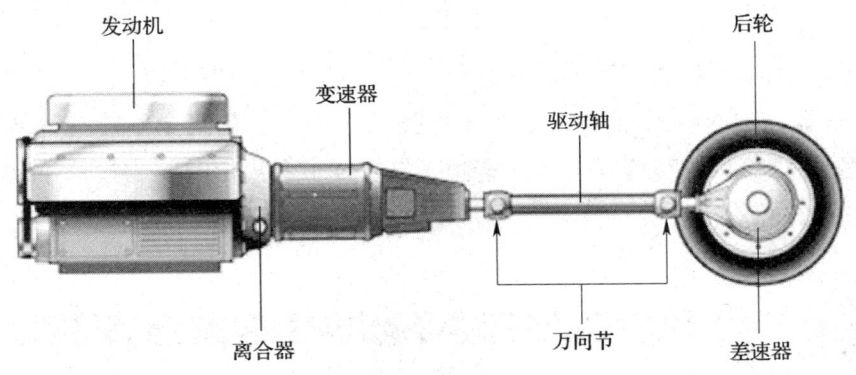

图3—1 变速器的安装位置

二、变速器的功用

1．改变转速、扭矩（改变传动比）——前进挡（满足不同行驶条件的需要）。

2. 改变行驶方向——倒挡（实现倒向行驶）。

3. 中断动力传递——空挡（满足起步、怠速和暂停车的需要）。

三、变速器的种类

汽车变速器类型如图3—2所示。

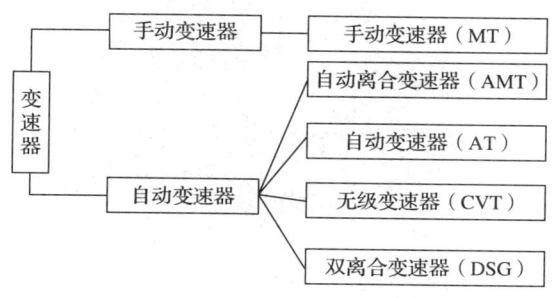

图3—2 变速器的种类

1. 按传动比的变化方式分为：

有级变速器——采用齿轮传动，具有若干个定值传动比。

无级变速器——传动比是连续变化的。

综合式变速器——传动比采用部分无级式的。

2. 按操纵方式分为：手动变速器（MT）和自动变速器（AT）

四、手动变速器的结构

手动变速器（Manual Transmission，MT）是指通过用手拨动变速杆，改变传动比的变速器。手动变速器主要由壳体、传动组件（输入输出轴、齿轮、同步器等）、操纵组件（换挡拉杆、拨叉等）组成，如图3—3、图3—4所示。

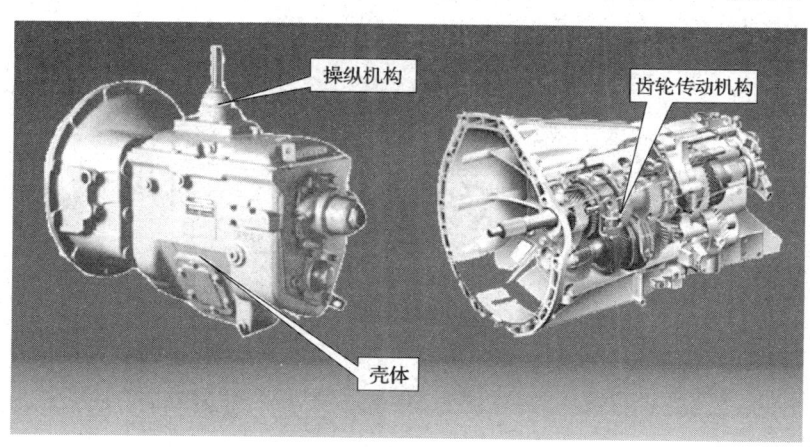

图3—3 变速器的组成

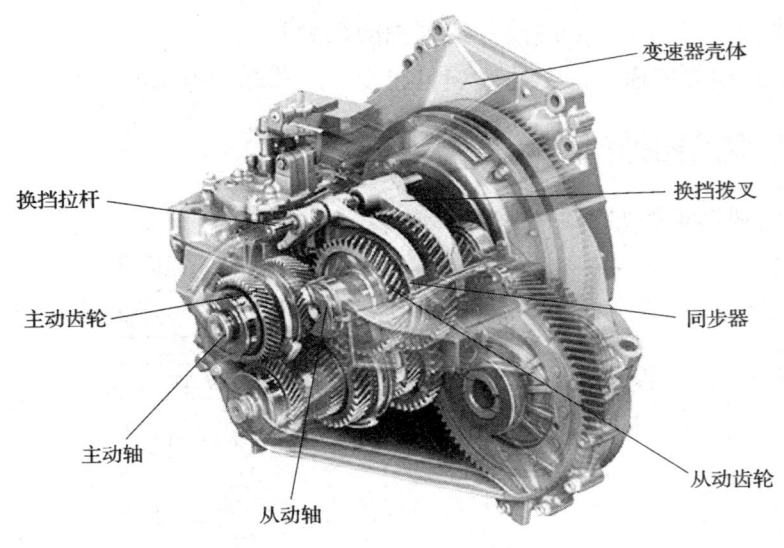

图3—4　手动变速器的构造

1. 变速器传动机构

（1）传动轴。传动轴的布置形式有两轴式和三轴式两种，如图3—5、图3—6所示。通常后轮驱动的汽车会采用三轴式变速器，即输入轴、输出轴和中间轴。输入轴前端借离合器与发动机相联，输出轴后端通过凸缘与万向传动装置相联。输入轴与输出轴置于同一条水平线上，中间轴则与它们平行布置。动力通过齿轮从输入轴传至中间轴再传至输出轴。

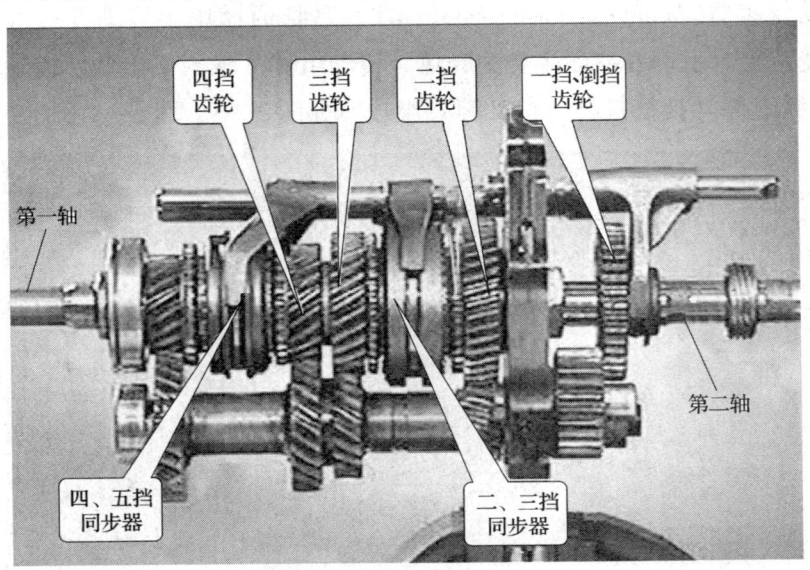

图3—5　三轴手动变速器结构

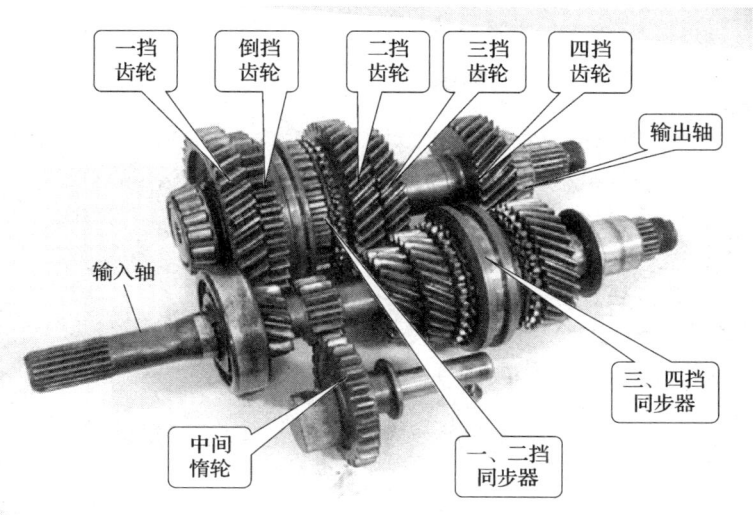

图 3—6 两轴手动变速器结构

（2）变速齿轮。普通齿轮式变速器是利用不同齿数的齿轮啮合传动实现转速和转矩改变的。

（3）同步器。在同步啮合变速器中设有同步器，可使两个齿轮在接合前速度先达到一致。

2．变速器操纵机构

变速器操纵机构由换挡拨叉机构（换挡拉杆、换挡拨叉）和定位锁止装置两部分组成，分为直接操纵式和远程操纵式，如图 3—7、图 3—8 所示。

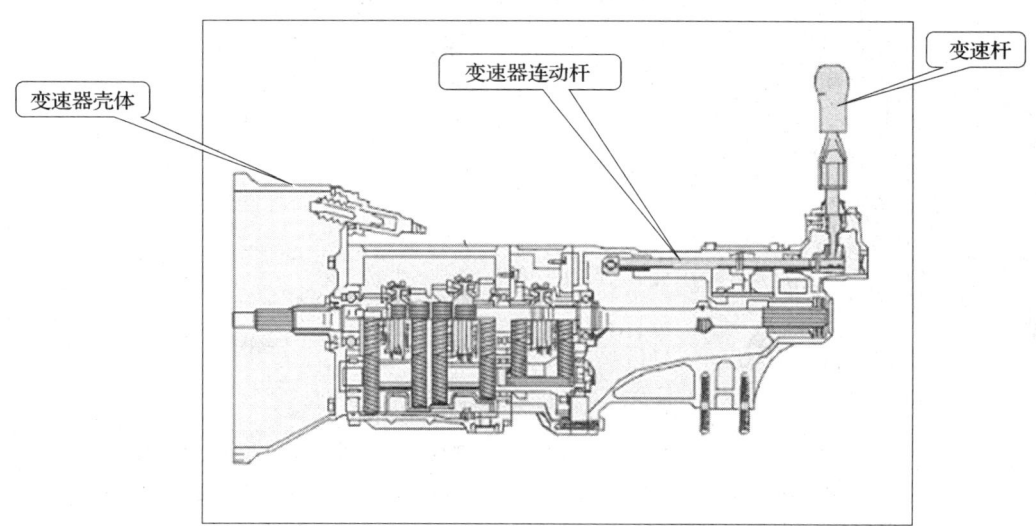

图 3—7 变速器操纵机构——直接操纵式

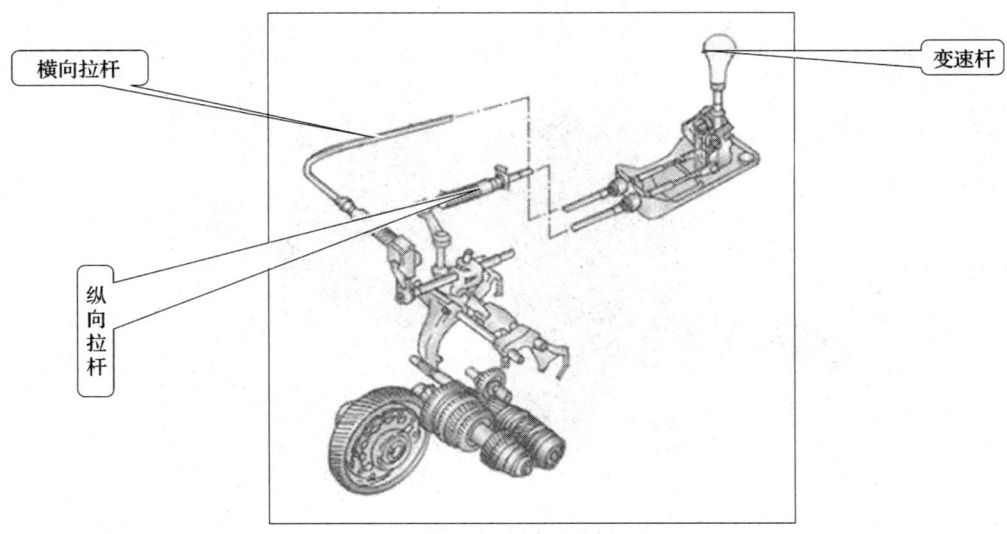

图3—8 变速器操纵机构——远程操纵式

（1）换挡机构：由变速杆、拨叉轴、拨叉、拨块等组成，如图3—9所示。

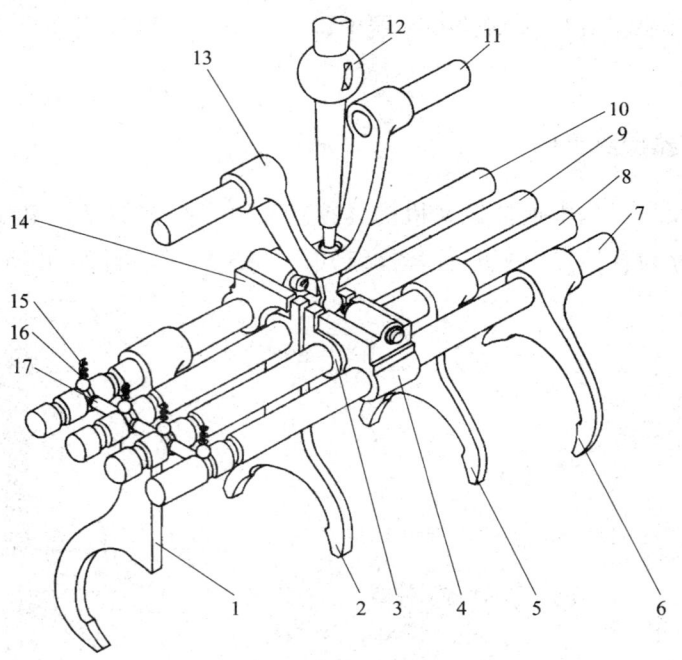

图3—9 六挡变速器操纵机构

1—5、6挡拨叉 2—3、4挡拨叉 3—1、2挡拨块 4—倒挡拨块 5—1、2挡拨叉
6—倒挡拨叉 7—倒挡拨叉轴 8—1、2挡拨叉轴 9—3、4挡拨叉轴
10—5、6挡拨叉轴 11—换挡轴 12—变速杆 13—叉轴拨杆
14—5、6挡拨块 15—自锁弹簧 16—自锁钢球 17—互锁销

（2）定位锁止装置：自锁装置、互锁装置和倒挡锁装置。

1）自锁装置。对各挡拨叉轴进行轴向定位锁止，以防止其自动产生轴向移动而造成自动挂挡或自动脱挡。

2）互锁装置。当中间换挡拨叉轴移动挂挡时，另外两个拨叉轴被钢球锁住。防止同时挂上两个挡而造成变速器卡死或损坏，起到了互锁作用，如图3—10所示。

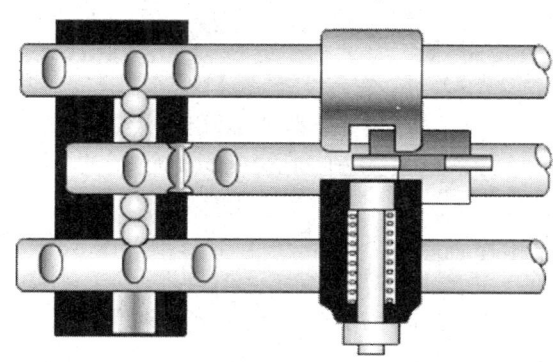

图3—10　自锁与互锁

3）倒挡锁装置。当换挡杆下端（图3—11中长方块A）向倒挡拨叉轴移动时，必须压缩弹簧才能进入倒挡拨叉轴上的拨块槽中，防止了在汽车前进时误挂倒挡，而导致零件损坏，起到了倒挡锁的作用。当倒挡拨叉轴移动挂挡时，另外两个拨叉轴被钢球锁住，如图3—11所示。

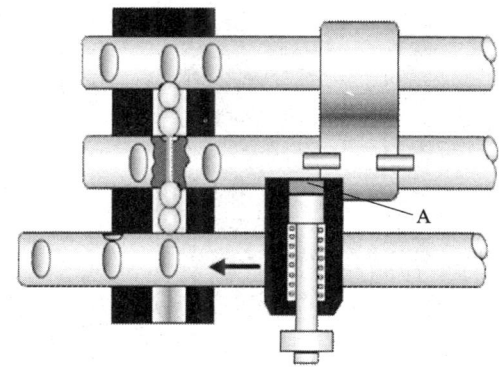

图3—11　倒挡锁

五、手动变速器变速原理

手动变速器通过拨动变速杆，切换中间轴上的主动齿轮，通过大小不同的齿轮组合与动力输出轴结合，从而改变驱动轮的转矩和转速。变速箱内有多个不同的齿轮，通过不同大小的齿轮组合在一起，实现对发动机转矩和转速的调整。用低转矩可以换来高转速，用低转速则可以换来高转矩，如图3—12所示。

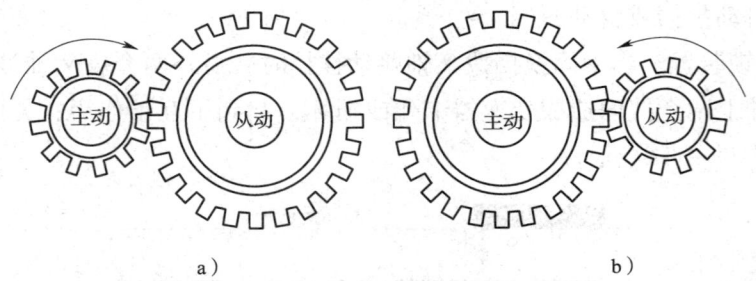

图3—12 变速原理
a) 减速传动　b) 增速传动

1. 变速器变速和变向原理

已知变速器传动比为 i，则当 $i>1$ 时，为减速增扭传动，其挡位称为降速挡；当 $i<1$ 时，为增速降扭传动，其挡位称为超速挡；当 $i=1$ 时，为等速等扭传动，其挡位称为直接挡。倒挡的实现是在输入齿轮与输出齿轮之间增加了一个中间齿轮（也称惰轮），从而改变了输出齿轮的方向，如图3—13所示。

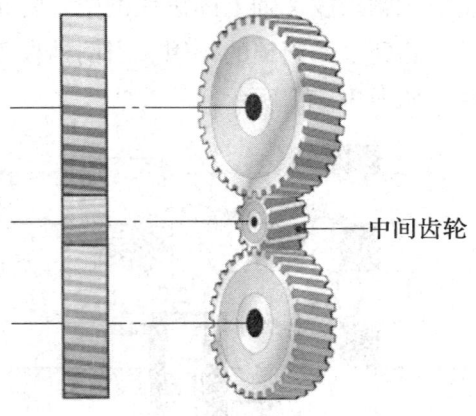

图3—13 变向原理

2. 手动变速器工作原理　（以三轴手动变速器为例）

手动变速器的工作原理就是通过拨动变速杆，切换中间轴上的主动齿轮，通过大小不同的齿轮组合与动力输出轴结合，从而改变驱动轮的转矩和转速。

发动机的动力输入轴是通过一根中间轴间接与动力输出轴连接的。如图3—14（二挡手动变速器结构）所示，中间轴的两个齿轮与动力输出轴上的两个齿轮是随着发动机与动力输入轴一起转动的。如果没有同步器的接合，输出轴上的两个齿轮只能在动力输出轴上空转（即不会带动输出轴转动）。图中同步器位于中间状态，相当于变速器挂了空挡。

当变速杆向左移动，如图3—15（二挡手动变速器换挡原理）所示，使同步器向右移动与齿轮接合，发动机动力通过中间轴的齿轮，将动力传递给动力输出轴。

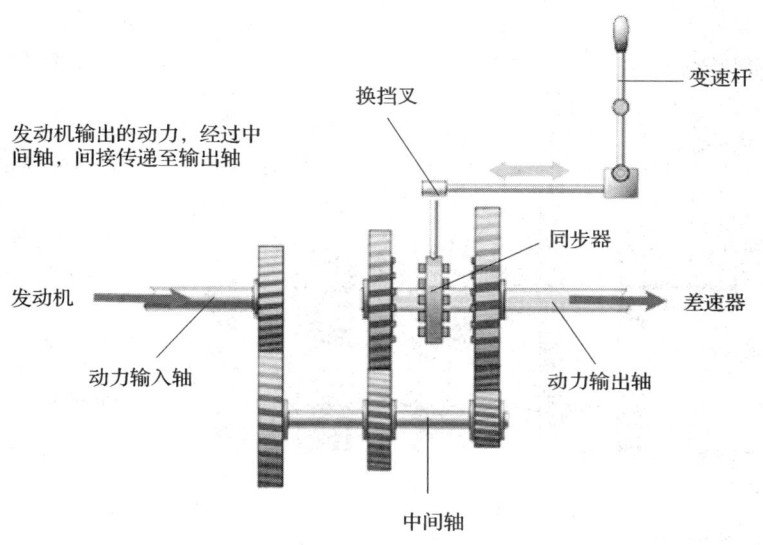

图3—14　二挡手动变速器结构

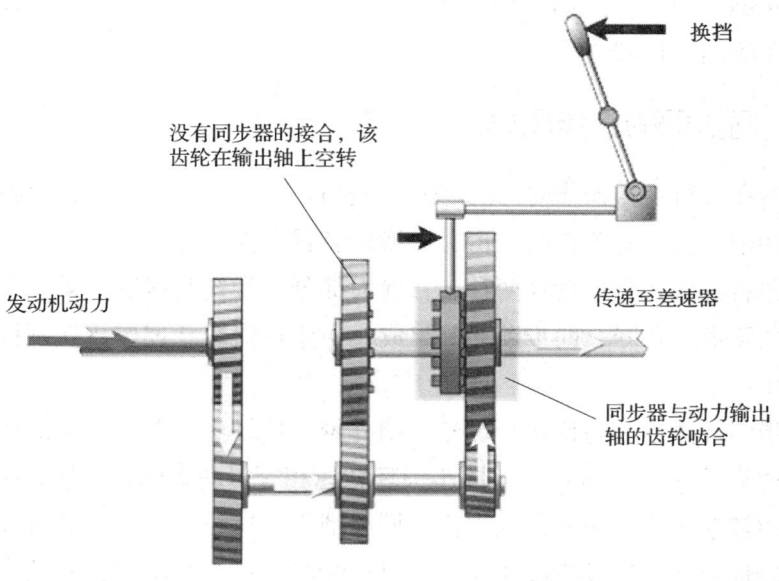

图3—15　二挡手动变速器换挡原理

一般的手动变速器都有好几个挡位，如图3—16（五挡手动变速器结构）所示，可以理解为在原来的基础上添加了几组齿轮，其工作原理都是一样的。如当挂上1挡时，实际上是将1、2挡同步器向左移动，使同步器与1挡从动齿轮（图3—16中①）接合，将动力传递到输出轴。

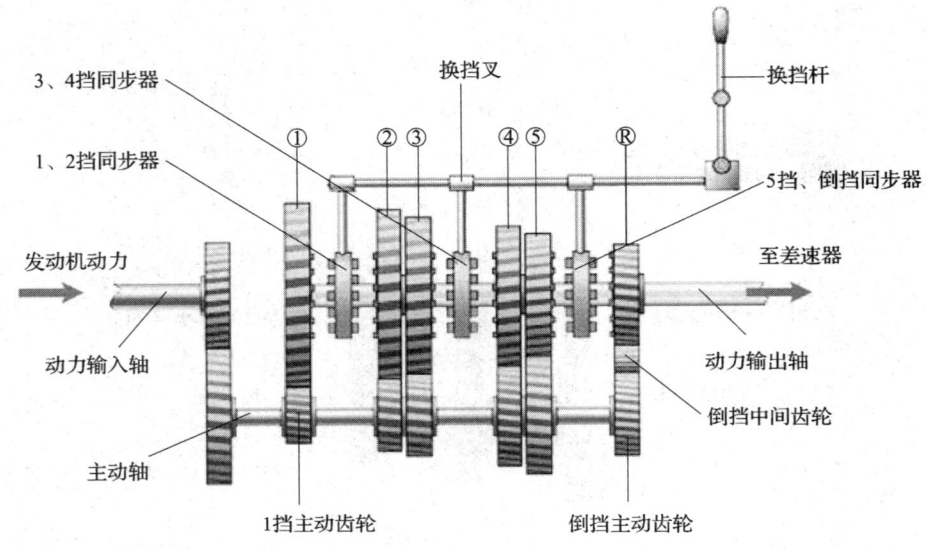

图3—16　五挡手动变速器结构

R挡（倒车挡）的主动齿轮和从动齿轮之间夹了一个中间齿轮，通过中间齿轮实现汽车的倒退行驶。

六、同步器的工作原理

变速器在进行换挡操作时，尤其是从高挡向低挡的换挡很容易产生轮齿或花键齿间的冲击。为了避免齿间冲击，在换挡装置中都设置同步器。

同步器有常压式和惯性式两种，目前大部分同步式变速器上采用的是惯性同步器，它主要由接合套、同步锁环等组成，主要是依靠摩擦作用实现同步，如图3—17所示。

当同步锁环内锥面与待接合齿轮齿圈外锥面接触后，在摩擦力矩的作用下齿轮转速迅速降低（或升高）到与同步锁环转速相等，两者同步旋转，齿轮相对于同步锁环的转速为零，因而惯性力矩也同时消失，这时在作用力的推动下，接合套不受阻碍地与同步锁环齿圈接合，并进一步与待接合齿轮的齿圈接合而完成换挡过程，如图3—18所示。

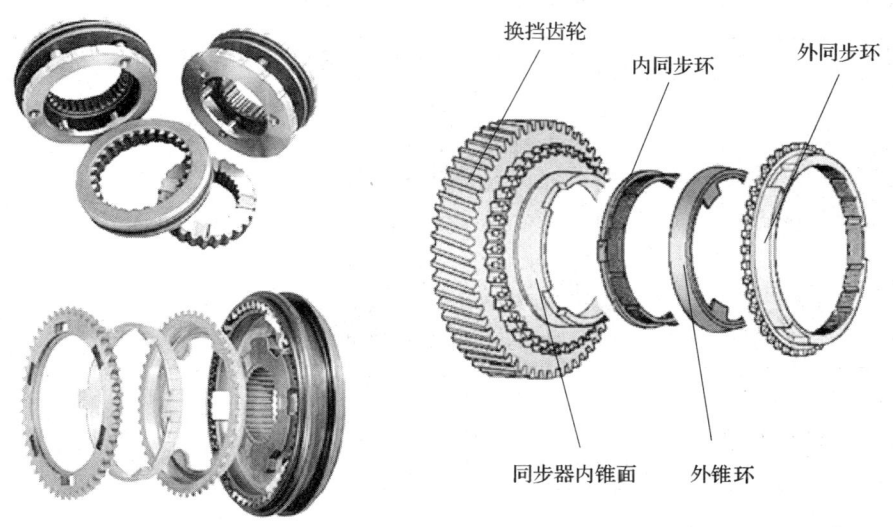

图3—17 同步器结构

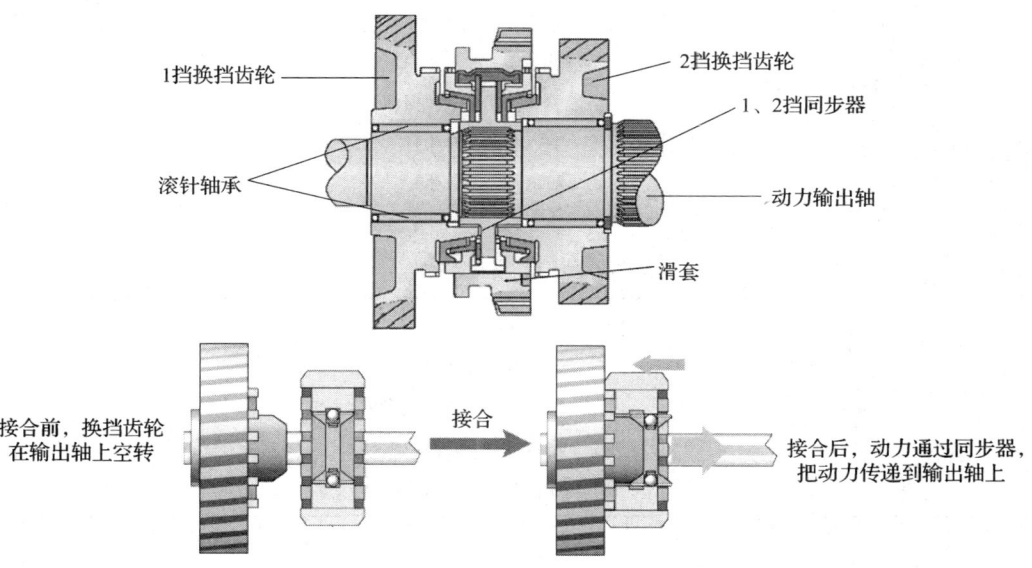

图3—18 同步器工作原理

七、手动变速器总成故障症状表

常见的手动变速器总成故障症状见表3—1，表中的"怀疑部位及故障原因"列中按可能性的大小顺序列出了症状的可能起因。在检查症状时，应按表中所列的顺序来检查各怀疑部位，根据需要更换零部件。

表 3—1　　　　　　　　　　手动变速器总成故障症状表

症状	怀疑部位及故障原因
噪声	传动桥油（液位低）
	传动桥油（错误）
	齿轮（输入轴）（磨损或损坏）
	齿轮（输出轴）（磨损或损坏）
	轴承（输入轴）（磨损或损坏）
	轴承（输出轴）（磨损或损坏）
	轴承（差速器箱）（磨损或损坏）
变速器油泄漏	变速器油（液位过高）
	垫片（损坏）
	油封（磨损或损坏）
换挡困难或不能换挡	控制拉索（故障）
	换挡拨叉（磨损）
	同步器锁环（输入轴）（磨损或损坏）
	同步器锁环（输出轴）（磨损或损坏）
	换挡键簧（输入轴）（损坏）
	换挡键簧（输出轴）（损坏）
	齿轮（输入轴）（损坏）
	齿轮（输出轴）（损坏）
	毂套（输入轴）（损坏）
	毂套（输出轴）（损坏）
跳挡	换挡拨叉（磨损）
	齿轮（输入轴）（磨损或损坏）
	齿轮（输出轴）（磨损或损坏）
	轴承（输入轴）（磨损或损坏）
	轴承（输出轴）（磨损或损坏）

任务准备

1. 雅力士（2NZ – FE）轿车底盘部分《维修手册》；
2. 《汽车底盘构造与维修》学材（工作页）；

3. 手动变速器总成，类型：雅力士手动变速器总成（2NZ – FE）；
4. 拉器、铜棒；
5. 变速器拆装作业台；
6. 专用工具一套；
7. 货架式工具车及常规工具；
8. 游标卡尺、百分表；
9. 零件小车；
10. 砂布、钢丝刷、棉纱等。

任务实施

一、手动变速器总成拆检

步骤1：拆卸手动变速器油加注塞，如图3—19所示。

图3—19

步骤2：拆卸排放塞分总成。

步骤3：拆卸车速表从动孔盖分总成。

（1）拆下螺栓，并从传动桥壳上拆下车速表从动孔盖分总成。

（2）从动孔盖分总成上拆下O形圈，如图3—20所示。

步骤4：拆卸倒车灯开关总成。

步骤5：拆卸选挡曲杆总成。

（1）拆下2个螺栓和1个螺母，并从手动变速器壳上拆下选挡曲杆总成，如图3—21所示。

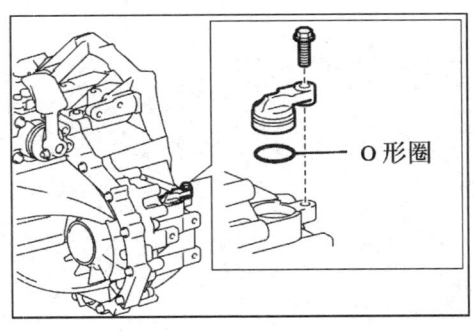 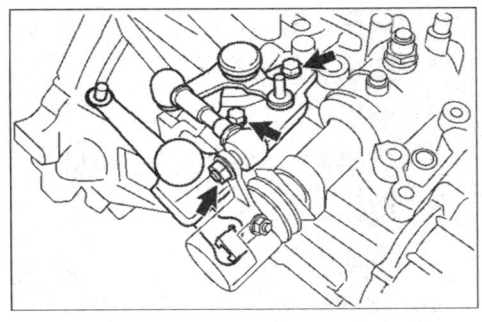

图3—20　　　　　　　　　　图3—21

（2）拆下换挡控制杆衬套。

步骤6：拆卸换挡控制杆，如图3—22所示。

（1）拆下螺母和弹簧垫圈。

（2）用铜棒和锤子拆下锁止销。

（3）拆下换挡控制杆和防尘套。

步骤7：拆卸换挡杆减振器，如图3—23所示。

（1）拆下螺母和弹簧垫圈。

（2）用铜棒和锤子拆下锁止销。

（3）拆下换挡杆减振器和防尘套。

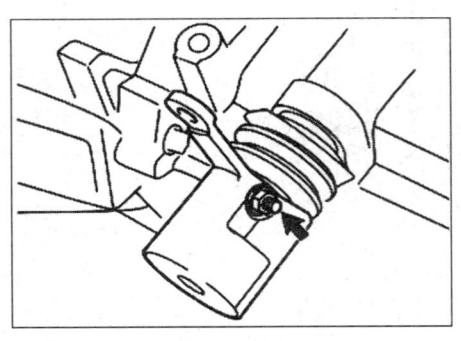 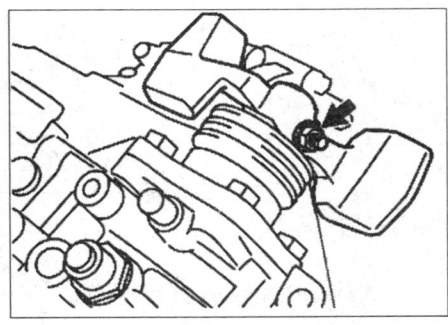

图3—22　　　　　　　　　　图3—23

步骤8：固定手动传动桥总成。

将手动传动桥总成放置在木块上，如图3—24所示。

步骤9：拆卸1号锁止球总成，如图3—25所示。

从手动变速器壳上拆下1号锁止球总成。

步骤10：拆卸换挡导销，如图3—26所示。

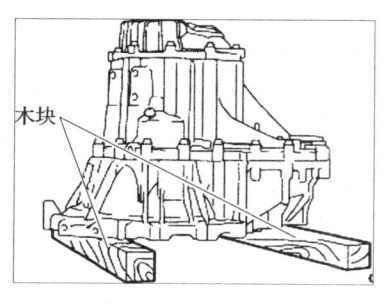
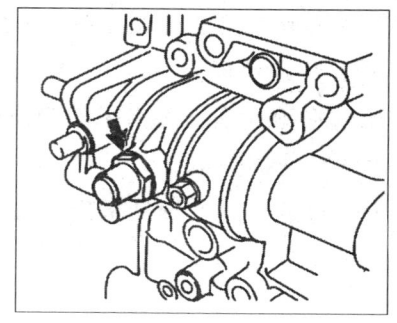

图 3—24　　　　　　　　图 3—25

从变速器壳上拆下换挡导销和垫圈。

步骤 11：拆卸控制轴罩，如图 3—27 所示。

从手动变速器壳上拆下 4 个螺栓、控制轴罩和垫片。

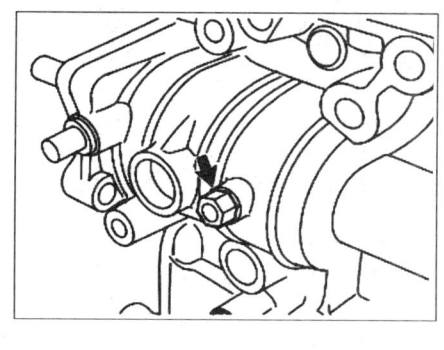
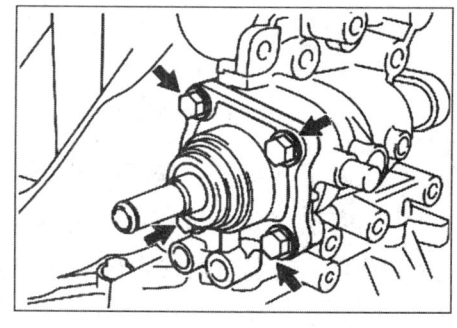

图 3—26　　　　　　　　图 3—27

步骤 12：拆卸控制轴罩油封。

用旋具从控制轴罩上拆下控制轴罩油封。

步骤 13：拆卸换挡和选挡拉杆轴总成，如图 3—28 所示。

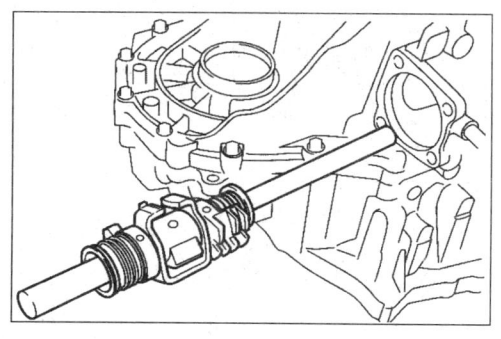

图 3—28

从变速器壳上拆下换挡和选挡拉杆轴总成。

步骤14：拆卸手动变速器壳罩分总成，如图3—29所示。

（1）拆下9个螺栓。

（2）用塑料锤仔细地敲击手动变速器壳罩分总成的凸起部位，从手动变速器壳上拆下手动变速器壳罩。

步骤15：拆卸手动变速器输出轴后定位螺母，如图3—30所示。

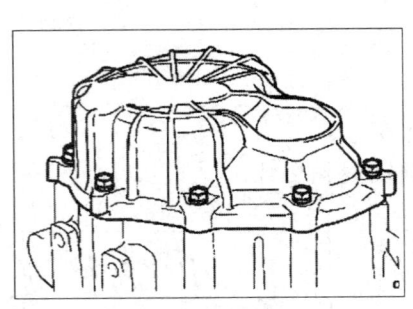
图3—29

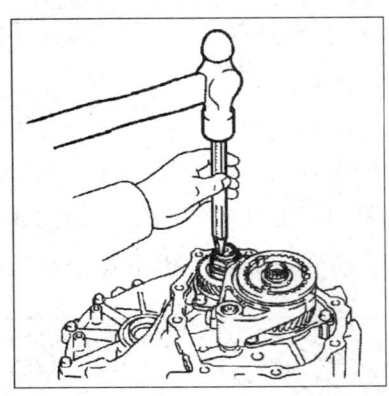
图3—30

（1）用凿子和锤子，松开手动变速器输出轴后定位螺母的锁紧部位。

（2）同时接合2个齿轮以锁定变速器。

（3）拆下手动变速器输出轴后定位螺母。

（4）脱开2个齿轮。

步骤16：拆卸3号齿轮换挡拨叉，如图3—31所示。

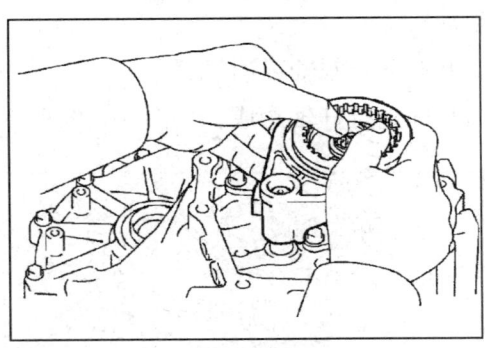
图3—31

（1）从3号齿轮换挡拨叉上拆下齿轮换挡拨叉锁止螺栓。

（2）从3号变速器离合器毂上拆下带3号齿轮换挡拨叉的3号变速器毂套。

步骤17：检查5挡齿轮轴向间隙，如图3—32所示。

用百分表测量5挡齿轮轴向间隙。

标准间隙：0.10～0.55 mm

最大间隙：0.55 mm

如果间隙超过最大值，则更换3号变速器离合器毂、5挡齿轮或输入轴后径向滚珠轴承。

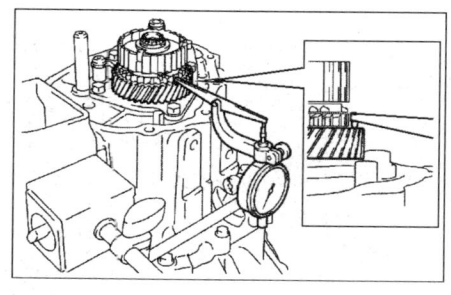

图3—32

步骤18：检查5挡齿轮径向间隙，如图3—33所示。

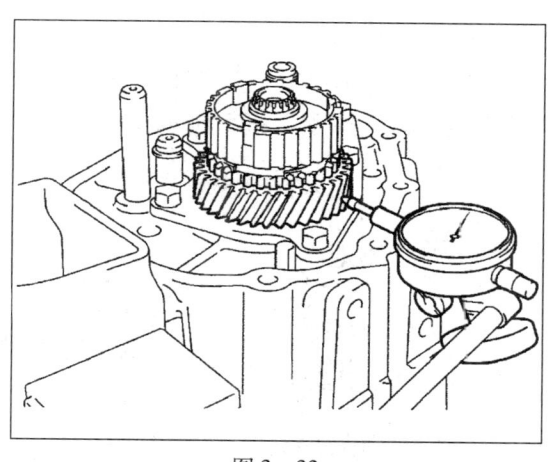

图3—33

用百分表测量5挡齿轮径向间隙。

标准间隙：0.015～0.058 mm

最大间隙：0.058 mm

如果间隙超过最大值，则更换5挡齿轮、5挡齿轮滚针轴承或输入轴。

步骤19：拆卸3号变速器离合器毂，如图3—34所示。

（1）用2把旋具和锤子敲出卡环。

提示：

敲击时注意防止卡环掉落，可用布片铺垫。

（2）用SST专用维修工具从输入轴上拆下3号变速器离合器毂。

（3）从输入轴上拆下3号同步器锁环和5挡齿轮。

（4）从3号变速器离合器毂上拆下3号同步啮合换挡键和2个同步啮合换挡键弹簧。

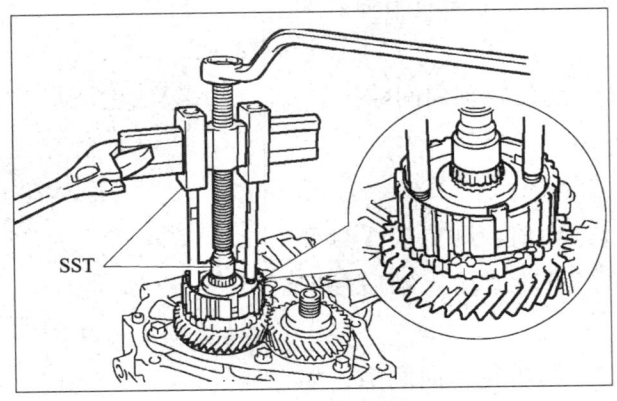

图 3—34

步骤 20：拆卸 5 挡齿轮滚针轴承。

从输入轴上拆下 5 挡齿轮滚针轴承和 5 挡齿轮轴承隔圈。

步骤 21：拆卸 5 挡从动齿轮，如图 3—35 所示。

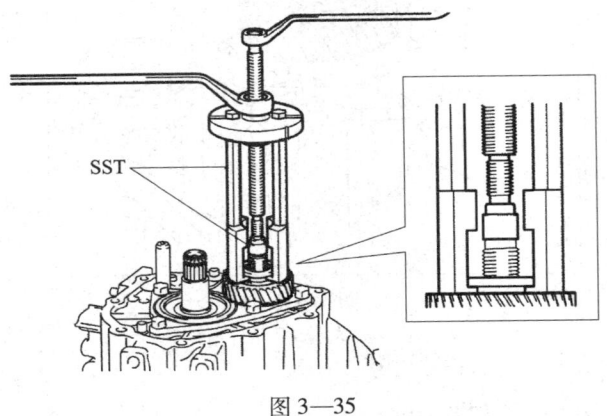

图 3—35

用 SST 从输出轴上拆下 5 挡从动齿轮。

步骤 22：拆卸后轴承挡圈，如图 3—36 所示。

图 3—36

从手动变速器壳上拆下 5 个螺栓和后轴承挡圈。

步骤 23：拆卸输出轴后轴承孔卡环，如图 3—37 所示。

图 3—37

用卡环钳从输出轴上拆下输出轴后轴承孔卡环。

步骤 24：拆卸输入轴后轴承孔卡环。

用卡环钳从输入轴上拆下输入轴后轴承孔卡环。

步骤 25：拆卸倒挡惰轮轴螺栓。

从手动变速器壳上拆下倒挡惰轮轴螺栓和倒挡惰轮轴垫片。

步骤 26：拆卸换挡拨叉轴卡环。

用两把旋具和一把锤子从 2 号齿轮换挡拨叉轴中敲出卡环。

步骤 27：拆卸换挡锁止球，如图 3—38 所示。

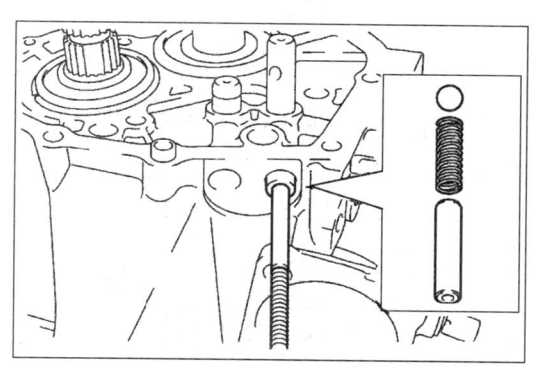

图 3—38

（1）用六角扳手从手动变速器壳上拆下两个换挡锁止球活塞。

（2）用磁棒从手动变速器壳上拆下两个 1 号换挡锁止球弹簧座、两个换挡锁止球弹簧和两个换挡锁止球。

（3）用六角扳手从前传动桥壳上拆下换挡锁止球塞。

（4）用磁棒从前传动桥壳上拆下弹簧座、弹簧和球。

步骤28：从手动变速器壳上拆下2号锁止球总成。

步骤29：拆卸手动变速器壳。

（1）从前传动桥壳上拆下3个螺栓，如图3—39所示。

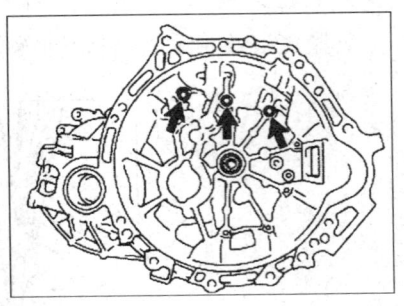

图3—39

（2）从手动传动桥壳上拆下13个螺栓，如图3—40所示。

（3）用铜棒和锤子，仔细地敲打手动变速器壳的凸起部位，从传动桥壳上拆下变速器壳。

步骤30：拆卸倒挡惰轮分总成，如图3—41所示。

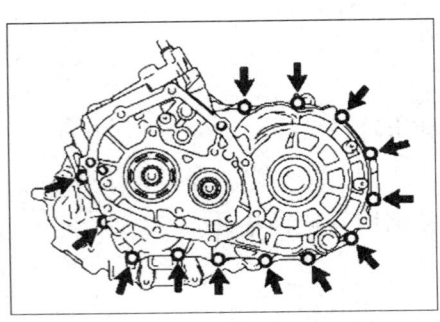

图3—40

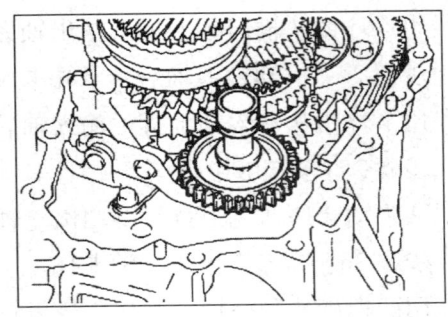

图3—41

从前传动桥壳上拆下倒挡惰轮分总成、止推垫圈和倒挡惰轮轴。

步骤31：拆卸倒挡拨臂支架总成。

从前传动桥壳上拆下两个螺栓和倒挡拨臂支架总成。

步骤32：拆卸2号齿轮换挡拨叉轴，如图3—42所示。

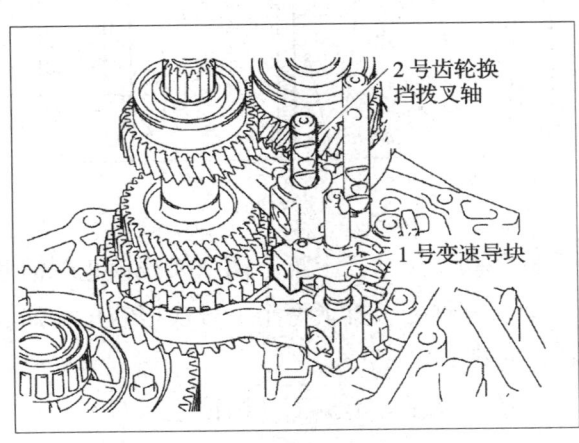

图3—42

（1）从 2 号齿轮换挡拨叉和 1 号变速导块上拆下两个螺栓。

（2）从前传动桥壳上拆下 2 号齿轮换挡拨叉轴和 1 号变速导块。

步骤 33：拆卸 1 号齿轮换挡拨叉轴。

（1）用两把旋具和锤子敲出卡环。

（2）从 1 号齿轮换挡拨叉上拆下齿轮换挡拨叉定位螺栓和 1 号齿轮换挡拨叉轴。

（3）拆下 1 号齿轮换挡拨叉。

步骤 34：拆卸 3 号齿轮换挡拨叉轴，如图 3—43 所示。

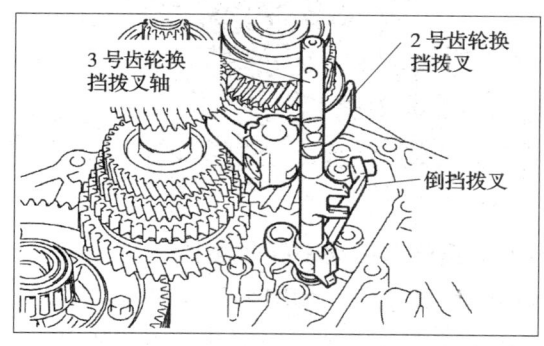

图 3—43

（1）用两把旋具和一把锤子从 3 号齿轮换挡拨叉轴中敲出卡环。

（2）从手动传动桥壳上拆下 3 号齿轮换挡拨叉轴、倒挡拨叉和 2 号齿轮换挡拨叉。

（3）用磁棒从倒挡拨叉上拆下两个倒挡拨叉球。

（4）用两把旋具和一把锤子从 3 号换挡拨叉轴中敲出卡环。

（5）从 3 号齿轮换挡拨叉轴上拆下倒挡拨叉。

步骤 35：拆卸输入轴总成，如图 3—44 所示。

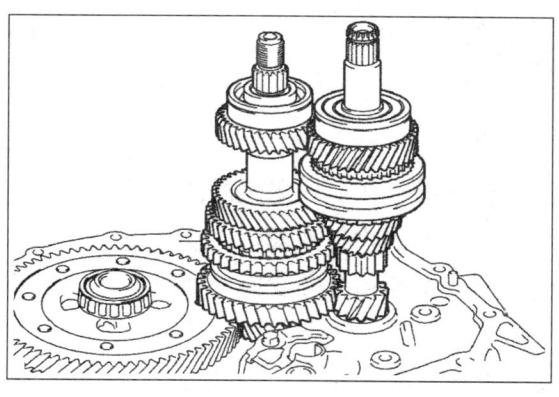

图 3—44

从前传动桥壳上拆下输入轴总成和输出轴总成。

步骤36：拆卸差速器箱总成。

从前传动桥壳上拆下差速器箱总成。

步骤37：拆卸传动桥壳收集器，如图3—45所示。

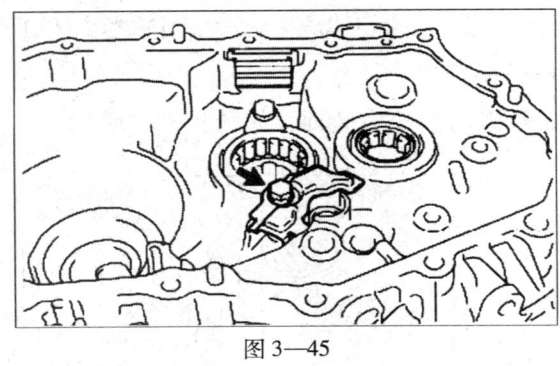

图3—45

从前传动桥壳上拆下螺栓和传动桥壳收集器。

步骤38：拆卸倒挡限制销总成，如图3—46所示。

（1）用六角扳手从手动变速器壳上拆下倒挡限制销塞。

（2）用销冲（5 mm）和锤子敲出带槽弹簧销，并从手动变速器壳上拆下倒挡限制销总成。

步骤39：拆卸1号变速器油收集器管，如图3—47所示。

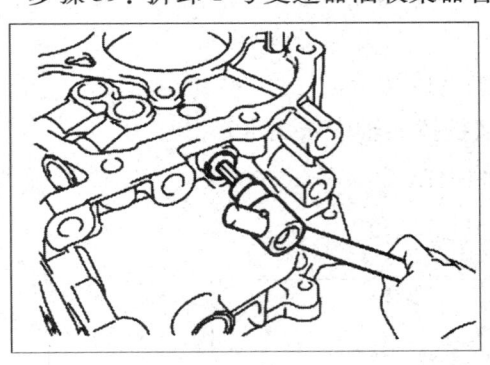 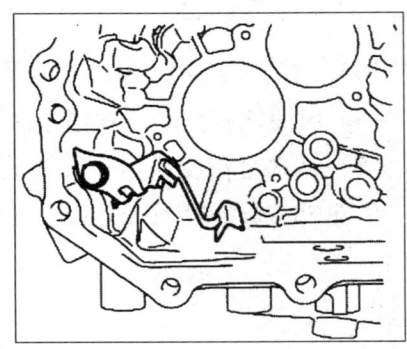

图3—46　　　　　　　　　图3—47

从手动变速器壳上拆下螺栓和1号变速器油收集器管。

步骤40：拆卸2号变速器油收集器管。

从手动变速器壳上拆下螺栓和2号变速器油收集器管。

提示：

不要损坏2号变速器油收集器管。

步骤41：拆卸轴承锁止板，如图3—48所示。

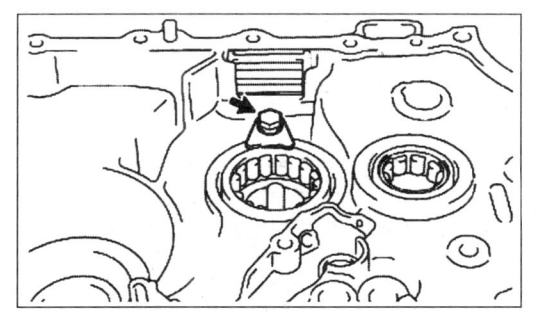

图 3—48

从前传动桥壳上拆下螺栓和轴承锁止板。

步骤 42：拆卸变速器箱体磁铁。

从前传动桥壳上拆下变速器箱体磁铁。

步骤 43：拆卸输入轴前轴承，如图 3—49 所示。

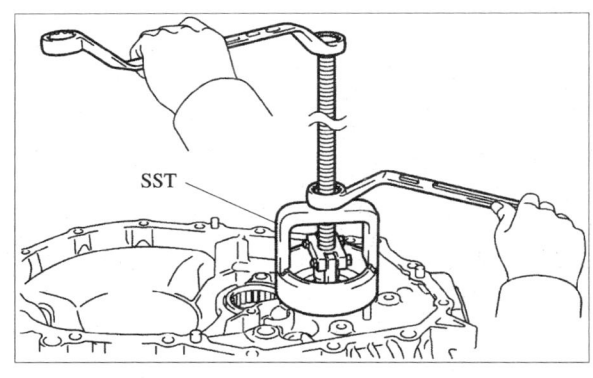

图 3—49

用 SST 从前传动桥壳上拆下输入轴前轴承。

步骤 44：拆卸前传动桥壳油封。

用旋具从传动桥壳上拆下前传动桥壳油封。

步骤 45：拆卸输出轴前轴承，如图 3—50 所示。

用 SST 从前传动桥壳上拆下输出轴前轴承。

步骤 46：拆卸输出轴罩。

从前传动桥壳上拆下输出轴罩。

步骤 47：拆卸前差速器箱前锥形滚柱轴承。

（1）用 SST 从前传动桥壳上拆下前差速器箱前锥形滚柱轴承（外圈）和平垫圈，如图 3—51 所示。

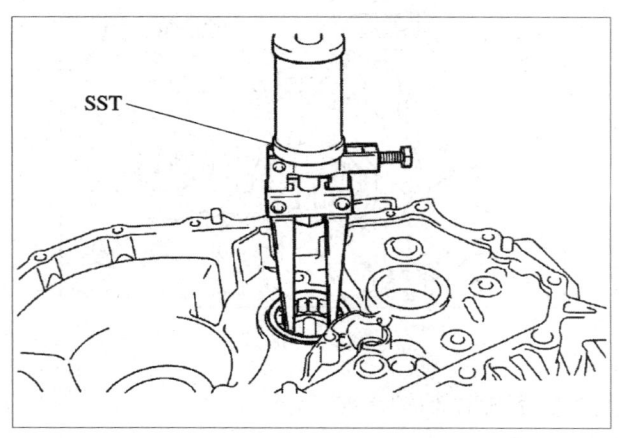

图 3—50

（2）用 SST 从差速器箱总成上拆下前差速器箱前锥形滚柱轴承（内圈），如图 3—52 所示。

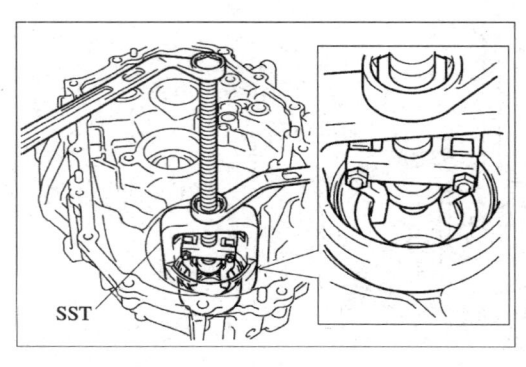

图 3—51

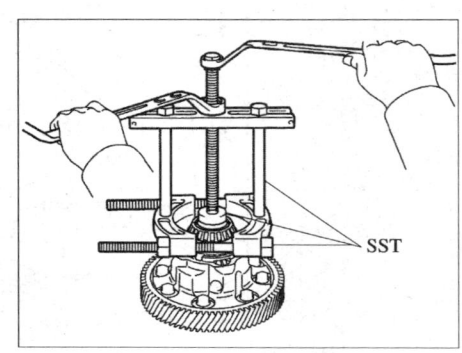

图 3—52

步骤 48：拆卸传动桥壳油封。

用 SST 和锤子从前传动桥壳上拆下传动桥壳油封。

步骤 49：拆卸前差速器箱后锥形滚柱轴承。

（1）用 SST 从变速器壳上拆下前差速器箱后锥形滚柱轴承（外圈）和平垫圈。

（2）用 SST 从前差速器箱总成上拆下前差速器箱后锥形滚柱轴承（内圈）。

步骤 50：拆卸变速器壳油封，如图 3—53 所示。

用 SST 和锤子从手动变速器壳上敲出变速器壳油封。

步骤 51：拆卸换挡和选挡拉杆轴油封，如图 3—54 所示。

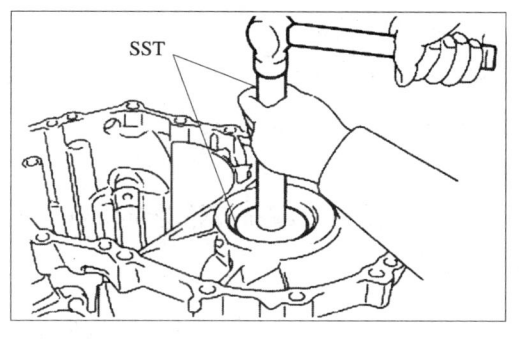

图 3—53

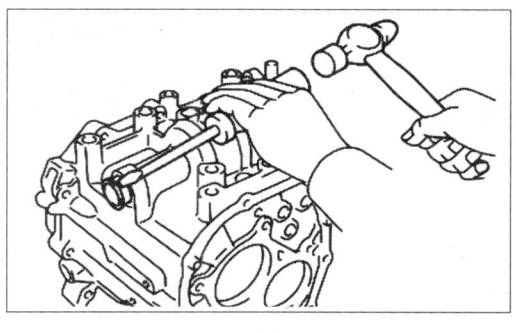

图 3—54

用旋具和锤子拆下换挡和选挡拉杆轴油封。

步骤52：拆卸换挡和选挡拉杆轴滑动滚珠轴承，如图 3—55 所示。

用 SST 和锤子拆下换挡和选挡拉杆轴滑动滚珠轴承。

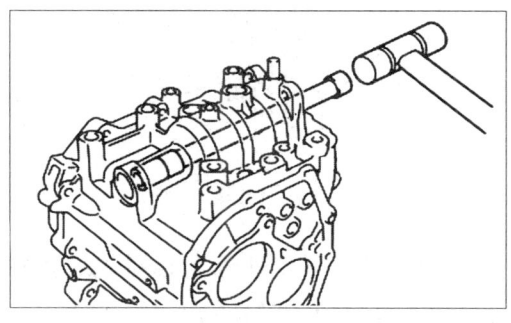

图 3—55

二、手动变速器主要部件检查

步骤1：检查 3 号同步器锁环，如图 3—56 所示。

（1）检查同步器锁环是否磨损和损坏。
（2）在5挡齿轮锥上施涂齿轮油。
（3）将同步器锁环沿一个方向转动，同时将其顶住5挡齿轮锥。
（4）检查并确认锁环锁止。
如果同步器锁环没有锁止，则更换同步器锁环。
（5）用测隙规测量同步器锁环背部和齿轮花键端部之间的间隙，如图3—57所示。

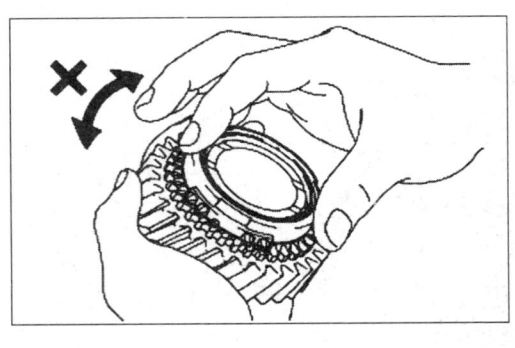
图3—56

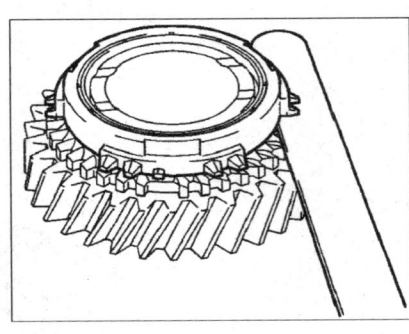
图3—57

最小间隙：0.75 mm
如果间隙小于最小值，则更换同步器锁环。
步骤2：检查3号变速器毂套，如图3—58所示。

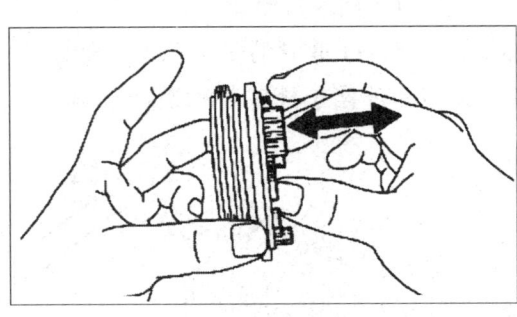
图3—58

（1）检查3号变速器毂套和3号变速器离合器毂之间的滑动情况。
（2）检查并确认3号变速器毂套花键齿轮边缘未磨损。
（3）用游标卡尺测量3号变速器毂套槽的宽度（A）和3号齿轮换挡拨叉上的定位爪的厚度（B），并计算间隙，如图3—59所示。

标准间隙（$A-B$）：0.3~0.5 mm
如果间隙超出最大值，则更换3号变速器毂套和3号齿轮换挡拨叉。

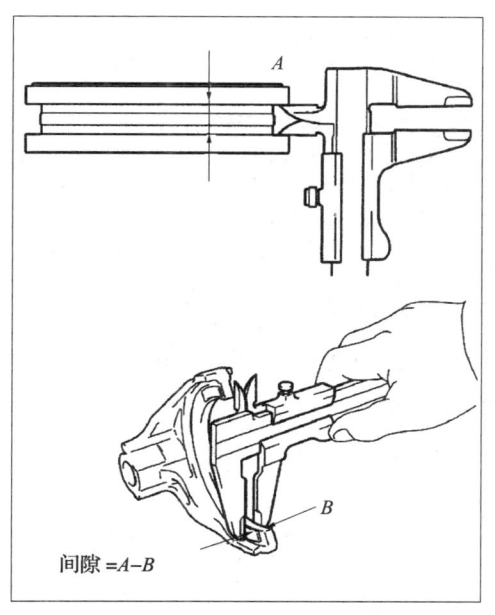

图 3—59

步骤3：检查5挡齿轮，如图3—60所示。

用测径规测量5挡齿轮的内径。

标准内径：29.915～29.931 mm

最大内径：29.931 mm

如果内径超出最大值，则更换5挡齿轮。

步骤4：检查倒挡惰轮分总成，如图3—61所示。

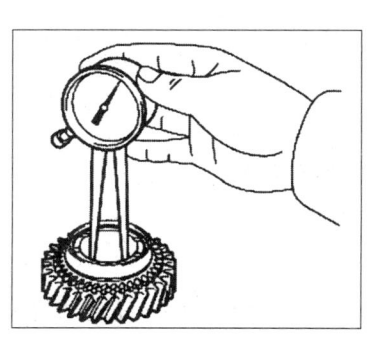

图 3—60

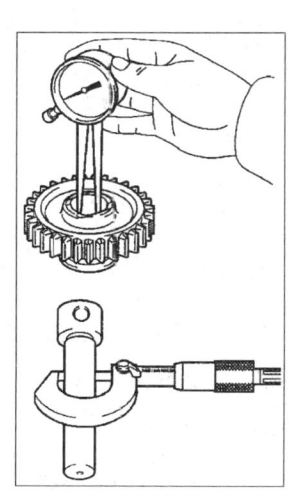

图 3—61

(1) 用测径规检查倒挡惰轮。

标准内径：18.040～18.058 mm

最大内径：18.058 mm

如果内径超出最大值，则更换倒挡惰轮分总成。

(2) 用测微计检查倒挡惰轮轴。

标准外径：17.966～17.984 mm

最小外径：17.966 mm

如果外径小于最小值，则更换倒挡惰轮轴。

步骤5：检查4挡齿轮轴向间隙，如图3—62所示。

用测隙规测量4挡齿轮轴向间隙。

标准间隙：0.1～0.55 mm

最大间隙：0.55 mm

如果间隙超出最大值，则更换2号变速器离合器毂、4挡齿轮或输入轴后径向滚珠轴承。

步骤6：检查3挡齿轮轴向间隙

用百分表测量3挡齿轮轴向间隙。

标准间隙：0.1～0.35 mm

最大间隙：0.35 mm

如果间隙超出最大值，则更换2号变速器离合器毂、3挡齿轮或输入轴。

步骤7：检查4挡齿轮径向间隙，如图3—63所示。

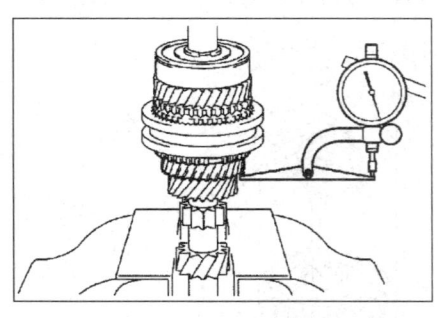 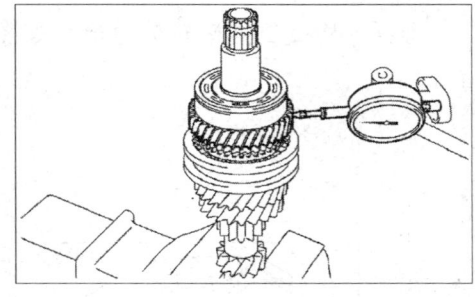

图3—62　　　　　　　　　　　图3—63

用百分表测量齿轮和轴之间的4挡齿轮径向间隙。

标准间隙：0.009～0.050 mm

最大间隙：0.050 mm

如果间隙超过最大值，则更换4挡齿轮、4挡齿轮滚针轴承或输入轴。

步骤8：检查3挡齿轮径向间隙，如图3—64所示。

用百分表测量齿轮和轴之间的 3 挡齿轮径向间隙。

标准间隙：0.015～0.058 mm

最大间隙：0.058 mm

如果间隙超过最大值，则更换 3 挡齿轮、3 挡齿轮滚针轴承或输入轴。

步骤 9：拆卸 4 挡齿轮，如图 3—65 所示。

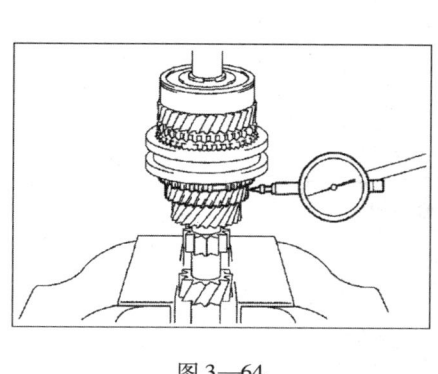

图 3—64

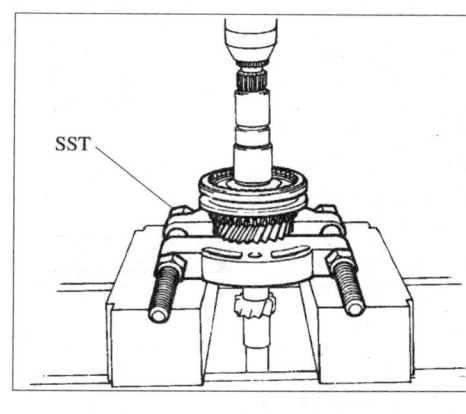

图 3—65

（1）用两把旋具和一把锤子从输入轴上拆下输入轴后轴承轴卡环。

（2）用 SST 和压力器从输入轴上拆下输入轴后径向滚珠轴承和 4 挡齿轮。

步骤 10：拆卸 4 挡齿轮滚针轴承，从输入轴上拆下 4 挡齿轮滚针轴承和 4 挡齿轮轴承隔圈。

步骤 11：拆卸 4 挡齿轮同步器锁环，从 2 号传动桥离合器毂上拆下 2 号同步器锁环组件。

步骤 12：拆卸 3 挡齿轮

（1）用两把旋具和一把锤子从输入轴上拆下 2 号离合器毂定位轴卡环。

（2）用 SST 和压力器将 2 号变速器离合器毂和 3 挡齿轮从输入轴上拆下。

步骤 13：拆卸 3 挡齿轮同步器锁环，从 3 挡齿轮上拆下 2 号同步器锁环。

步骤 14：拆卸 3 挡齿轮滚针轴承，从输入轴上拆下 3 挡滚针轴承。

步骤 15：拆卸 2 号变速器毂套，从 2 号变速器离合器毂上拆下 2 号变速器毂套、3 个换挡键和 3 个换挡键弹簧。

步骤 16：检查输入轴，如图 3—66 所示。

（1）用百分表检查输入轴跳动。

最大跳动值：0.015 mm

如果跳动值超过最大值，应更换输入轴。

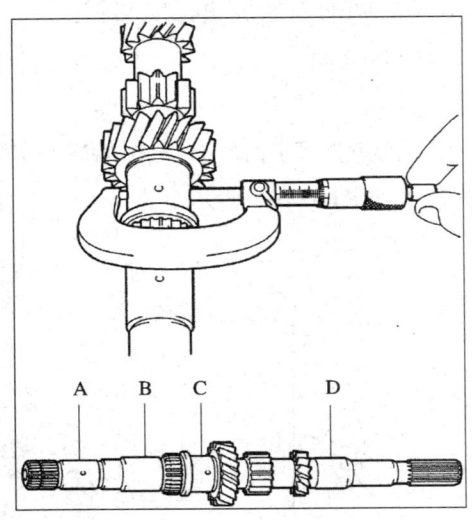

图 3—66

（2）用测微计在指示位置测量输入轴轴颈表面的外径。

标准外径：

A 部位：24.885～24.900 mm

B 部位：28.991～29.006 mm

C 部位：30.985～31.000 mm

D 部位：24.985～25.000 mm

最小外径：

A 部位：24.885 mm

B 部位：28.991 mm

C 部位：30.985 mm

D 部位：24.985 mm

如果任一外径小于最小值，则更换输入轴。

步骤 17：检查 4 挡齿轮，用量缸表测量 4 挡齿轮的内径。

标准内径：34.015～34.031 mm

最大内径：34.031 mm

如果内径超出最大值，则更换 4 挡齿轮。

步骤 18：检查 3 挡齿轮，用量缸表测量 3 挡齿轮的内径。

标准内径：36.015～36.031 mm

最大内径：36.031 mm

如果内径超出最大值，则更换 3 挡齿轮。

步骤19：检查4挡齿轮同步器锁环，如图3—67所示。

（1）检查同步器锁环是否磨损和损坏。

（2）在4挡齿轮锥上施涂齿轮油。

（3）将同步器锁环沿一个方向转动，同时将其顶住4挡齿轮锥。

（4）检查并确认锁环锁止。

如果同步器锁环没有锁止，则更换同步器锁环。

（5）用测隙规测量同步器锁环背部和齿轮花键端部之间的间隙，如图3—68所示。

标准间隙：0.75~1.65 mm

最小间隙：0.75 mm

如果间隙小于最小值，则更换同步器锁环。

步骤20：检查3挡齿轮同步器锁环。

（1）检查同步器锁环是否磨损和损坏。

（2）在3挡齿轮锥上施涂齿轮油。

（3）将同步器锁环沿一个方向转动，同时将其顶住3挡齿轮锥。

（4）检查并确认锁环锁止。

如果同步器锁环没有锁止，则更换同步器锁环。

（5）用测隙规测量同步器锁环背部和齿轮花键端部之间的间隙，如图3—68所示。

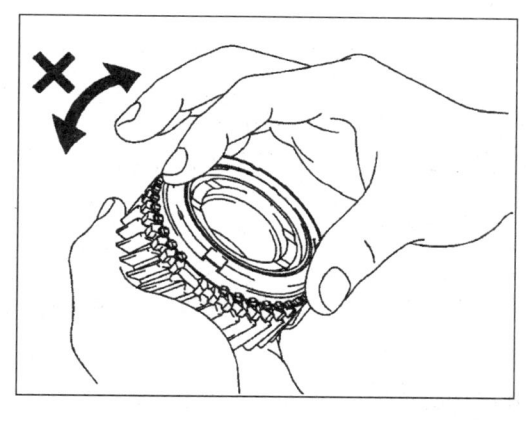 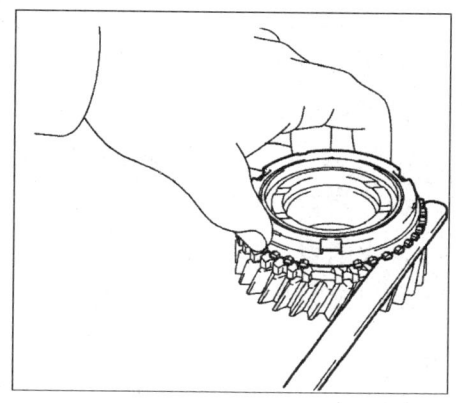

图3—67　　　　　　　　图3—68

标准间隙：0.75~1.65 mm

最小间隙：0.75 mm

如果间隙小于最小值，则更换同步器锁环。

步骤21：检查2号变速器毂套。

(1) 检查 2 号变速器毂套和 2 号变速器离合器毂之间的滑动情况。

(2) 检查并确认 2 号变速器毂套花键齿轮边缘未磨损。

(3) 用游标卡尺测量 2 号变速器毂套槽的宽度（A）和 2 号齿轮换挡拨叉上的定位爪的厚度（B），并计算间隙，如图 3—69 所示。

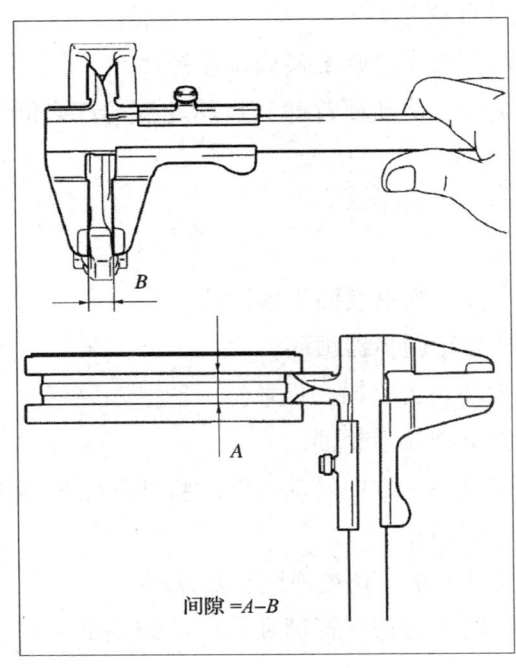

图 3—69

标准间隙（$A-B$）：0.15 ~ 0.35 mm

如果间隙不符合规定，则更换 2 号变速器毂套和 2 号齿轮换挡拨叉。

步骤 22：检查 1 挡齿轮轴向间隙，用测隙规测量 1 挡齿轮轴向间隙。

标准间隙：0.10 ~ 0.40 mm

最大间隙：0.40 mm

如果间隙超出最大值，则更换 1 挡齿轮止推垫圈、1 挡齿轮或 1 号变速器离合器毂。

步骤 23：检查 2 挡齿轮轴向间隙，用百分表测量 2 挡齿轮轴向间隙。

标准间隙：0.10 ~ 0.55 mm

最大间隙：0.55 mm

如果间隙超出最大值，则更换 1 号变速器离合器毂、2 挡齿轮或 3 挡从动齿轮。

步骤 24：检查 1 挡齿轮径向间隙，用百分表测量齿轮和轴之间的 1 挡齿轮径向间隙。

标准间隙：0.015～0.056 mm

最大间隙：0.056 mm

如果间隙超出最大值，则更换1挡齿轮或1挡齿轮滚针轴承。

步骤25：检查2挡齿轮径向间隙，用百分表测量齿轮和轴之间的2挡齿轮径向间隙。

标准间隙：0.015～0.056 mm

最大间隙：0.056 mm

如果间隙超出最大值，则更换2挡齿轮或2挡齿轮滚针轴承。

步骤26：拆卸4挡从动齿轮，用SST和压力器从输出轴上拆下输出轴后轴承和4挡从动齿轮。

步骤27：拆卸输出齿轮隔圈，从输出轴上拆下输出齿轮隔圈。

步骤28：拆卸2挡齿轮，用SST和压力器将3挡从动齿轮和2挡齿轮从输出轴上拆下。

步骤29：拆卸2挡齿轮滚针轴承，从输出轴上拆下2挡齿轮滚针轴承和2挡齿轮轴承隔圈。

步骤30：拆卸1号同步器锁环（2挡齿轮），从输出轴上拆下1号同步器锁环。

步骤31：拆卸1挡齿轮。

（1）用两把旋具和一把锤子从输出轴上拆下1号离合器毂轴卡环。

（2）用SST和压力器从输出轴上拆下1号离合器毂总成和1挡齿轮。

步骤32：拆卸1号同步器锁环（1挡齿轮），从1挡齿轮上拆下1号同步器锁环。

步骤33：拆卸1挡齿轮滚针轴承，从输出轴上拆下1挡齿轮滚针轴承。

步骤34：拆卸1挡齿轮止推垫圈，从输出轴上拆下1挡齿轮止推垫圈。

步骤35：拆卸1挡齿轮止推垫圈销或球，从输出轴上拆下1挡齿轮止推垫圈销或球。

步骤36：拆卸倒挡齿轮，从1号变速器离合器毂上拆下倒挡齿轮、3个同步啮合换挡键和3个同步啮合换挡键弹簧。

步骤37：检查输出轴，如图3—70所示。

（1）用百分表和两个V形块检查输出轴跳动。

最大跳动值：0.015 mm

如果跳动超出最大值，则更换输出轴。

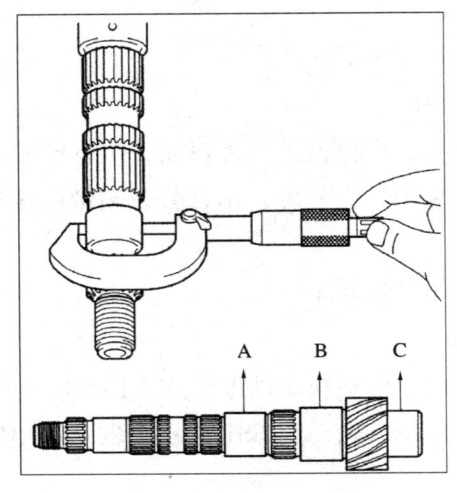

图 3—70

（2）用测微计在指示位置测量输出轴轴颈表面的外径。

标准外径：

A 部位：31.985~32.000 mm

B 部位：37.985~38.000 mm

C 部位：32.985~33.000 mm

如果任一外径小于最小值，则更换输出轴。

步骤 38：检查 2 挡齿轮，用量缸表测量 2 挡齿轮的内径。

标准内径：38.015~38.031 mm

最大内径：38.031 mm

如果内径超出最大值，则更换 2 挡齿轮。

步骤 39：检查 1 挡齿轮，用量缸表测量 1 挡齿轮的内径。

标准内径：44.015~44.031 mm

最大内径：44.031 mm

如果内径超出最大值，则更换 1 挡齿轮。

步骤 40：检查 1 挡齿轮止推垫圈，用测微计测量 1 挡齿轮止推垫圈。

标准厚度：5.975~6.025 mm

最小厚度：5.975 mm

如果厚度小于最小值，则更换 1 挡齿轮止推垫圈。

步骤 41：检查 1 号同步器锁环（2 挡齿轮）。

（1）检查同步器锁环是否磨损和损坏。

（2）在 2 挡齿轮锥上施涂齿轮油。

（3）将同步器锁环沿一个方向转动，同时将其顶住2挡齿轮锥。

（4）检查并确认锁环锁止。

如果同步器锁环没有锁止，则更换同步器锁环。

（5）用测隙规测量同步器锁环背部和齿轮花键端部之间的间隙。

标准间隙：0.60~1.4 mm

最小间隙：0.60 mm

如果间隙小于最小值，则更换同步器锁环。

步骤42：检查1号同步器锁环（1挡齿轮）。

（1）检查同步器锁环是否磨损和损坏。

（2）在1挡齿轮锥上施涂齿轮油。

（3）将同步器锁环沿一个方向转动，同时将其顶住1挡齿轮锥。

（4）检查并确认锁环锁止。

如果同步器锁环没有锁止，则更换同步器锁环。

（5）用测隙规测量同步器锁环背部和齿轮花键端部之间的间隙。

标准间隙：0.60~1.4 mm

最小间隙：0.60 mm

如果间隙小于最小值，则更换同步器锁环。

步骤43：检查倒挡齿轮，如图3—71所示。

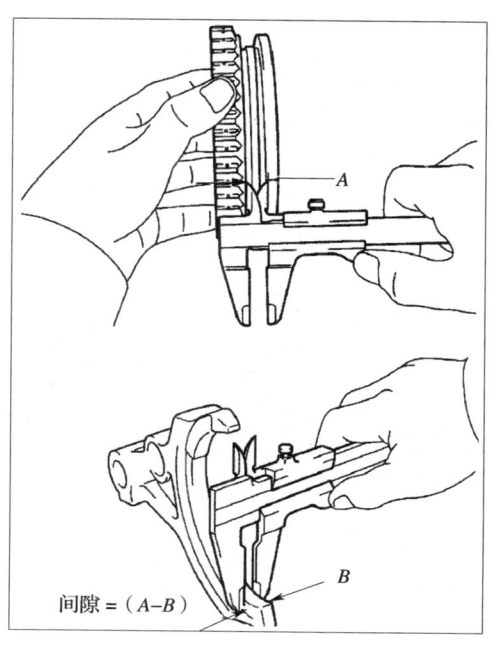

图 3—71

用游标卡尺测量倒挡齿轮槽的宽度（A）和倒挡拨叉上的定位爪的厚度（B），并计算间隙。

标准间隙（A－B）：0.15～0.35 mm

如果间隙不在规定范围内，则更换倒挡齿轮和倒挡拨叉。

步骤44：检查1号变速器离合器毂。

（1）检查并确认1号变速器离合器毂和倒挡齿轮能顺畅地滑动。

（2）检查并确认倒挡齿轮花键齿轮边缘未磨损。

三、手动变速器总成装复

步骤1：安装输出轴罩，如图3—72所示。

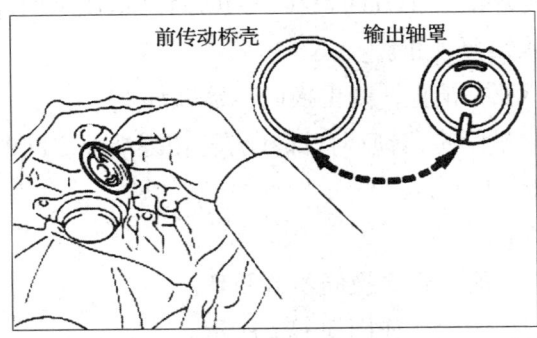

图3—72

在输出轴罩上施涂MP润滑脂，并将其安装到前传动桥壳上。

步骤2：安装输出轴前轴承，如图3—73所示。

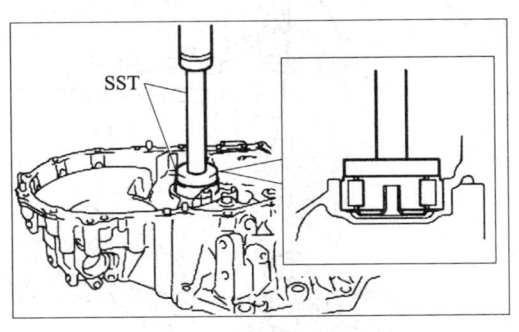

图3—73

在新的输出轴前轴承上施涂齿轮油。用SST和压力器将其安装到前传动桥壳上。

步骤3：安装前传动桥壳油封，如图3—74所示。

(1) 用 SST 和锤子将新的前传动桥壳油封安装到前传动桥壳上。

标准敲入深度：15.6~16.0 mm

(2) 在前传动桥壳油封的唇部施涂 MP 润滑脂。

步骤 4：安装输入轴前轴承，如图 3—75 所示。

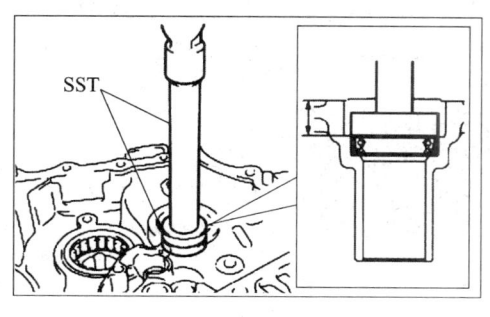
图 3—74

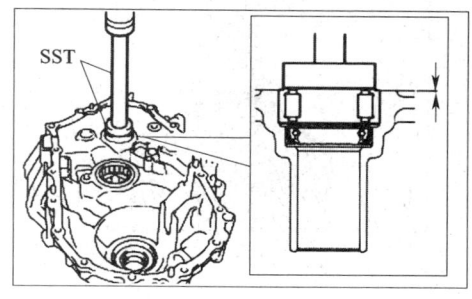
图 3—75

在新的输入轴前轴承上施涂齿轮油，并用 SST 和压力器将其安装到前传动桥壳上。

标准敲入深度：0~0.3 mm

步骤 5：安装换挡和选挡拉杆轴滑动滚珠轴承，如图 3—76 所示。

用 SST 和锤子将换挡和选挡拉杆轴滑动滚珠轴承安装到变速器壳上。

标准敲入深度：0~0.5 mm

步骤 6：安装换挡和选挡拉杆轴油封，如图 3—77 所示。

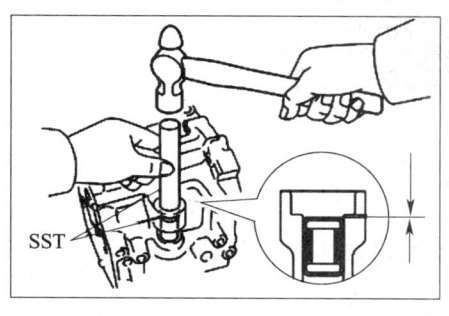
图 3—76

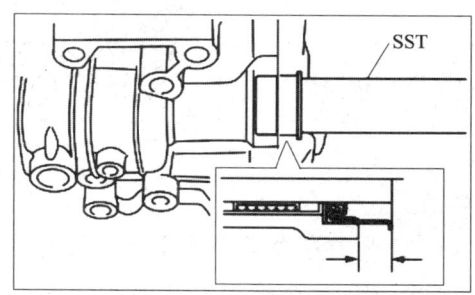
图 3—77

用 SST 将换挡和选挡拉杆轴油封安装到变速器壳上。

标准敲入深度：9.7~10.3 mm

步骤 7：安装前差速器箱前锥形滚柱轴承，如图 3—78 所示。

(1) 用 SST 和压力器将前差速器箱前锥形滚柱轴承（内圈）安装到前差速器箱总成上。

(2) 用 SST 和压力器将前差速器箱前锥形滚柱轴承（外圈）和平垫圈一起

安装到前传动桥壳上。

步骤8：安装前差速器箱后锥形滚柱轴承，如图3—79所示。

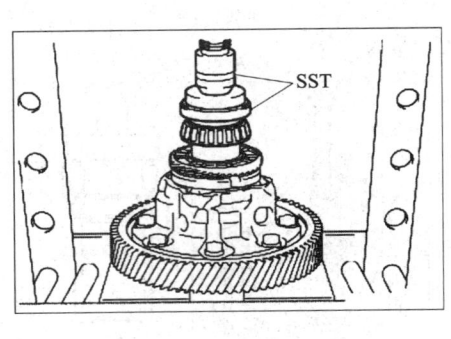

图3—78　　　　　　　　　　图3—79

（1）用SST和压力器将前差速器箱后锥形滚柱轴承（内圈）安装到差速器箱总成上。

（2）用SST和压力器将前差速器箱后锥形滚柱轴承（外圈）和平垫圈安装到变速器壳上。

步骤9：调整差速器侧轴承预紧力，如图3—80所示。

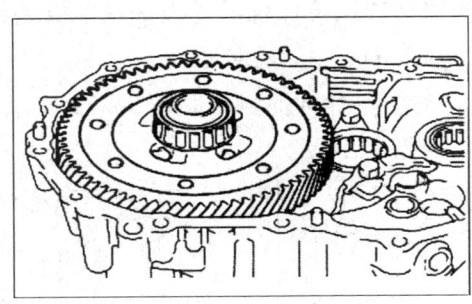

图3—80

（1）在差速器箱总成上施涂齿轮油，并将其安装到前传动桥壳上。

（2）用16个螺栓安装手动变速器壳。扭矩：29 N·m

（3）用SST和扭矩扳手将差速器箱总成左右旋转2或3次以安装轴承。

（4）用SST和扭矩扳手测量预紧力。

标准预紧力（起动时）：

新的轴承：0.78~1.57 N·m

旧的轴承：0.49~0.98 N·m

如果预紧力不在规定范围内，则选择另外一个平垫圈，平垫圈厚度见表3—2。

表 3—2　　　　　　　　　　平垫圈厚度

标记	厚度/mm（in）	标记	厚度/mm（in）
AA	2.10（0.082 7）	LL	2.60（0.102 4）
BB	2.15（0.084 6）	MM	2.65（0.104 3）
CC	2.20（0.086 6）	NN	2.70（0.106 3）
DD	2.25（0.086 6）	PP	2.75（0.108 3）
EE	2.30（0.090 6）	QQ	2.80（0.110 2）
FF	2.35（0.092 5）	RR	2.85（0.112 2）
GG	2.40（0.094 5）	SS	2.90（0.114 2）
HH	2.45（0.096 5）	TT	2.95（0.116 1）
JJ	2.50（0.098 4）	UU	3.00（0.118 1）
KK	2.55（0.100 4）	—	—

提示：

平垫圈厚度每改变 0.05 mm，预紧力改变 0.3~0.4 N·m。

（5）拆下 16 个螺栓和手动变速器壳。

（6）从前传动桥壳上拆下差速器箱总成。

步骤 10：安装变速器壳油封，如图 3—81 所示。

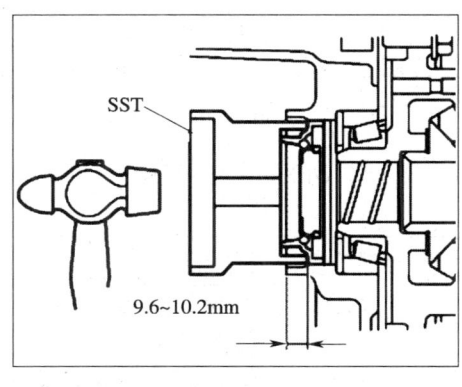

图 3—81

（1）用 SST 和锤子将新的变速器壳油封安装到手动变速器壳上。

标准敲入深度：9.6~10.2 mm

（2）在变速器壳油封的唇部施涂 MP 润滑脂。

步骤11：安装传动桥壳油封，如图3—82所示。

（1）用SST和锤子将新的传动桥壳油封安装到前传动桥壳上。

标准敲入深度：1.6~2.2 mm

（2）在前传动桥壳油封的唇部施涂MP润滑脂。

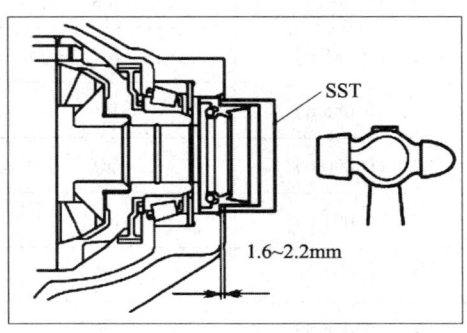

图3—82

步骤12：安装变速器箱体磁铁，如图3—83所示。

清洁变速器箱体磁铁并将其安装到前传动桥壳上。

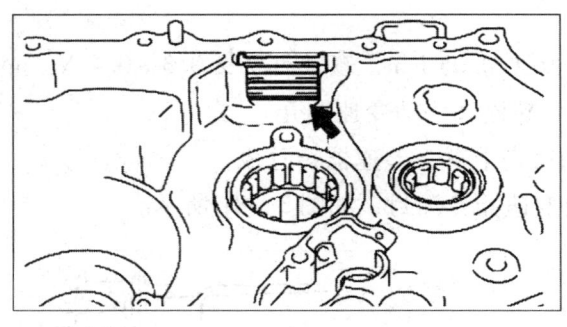

图3—83

步骤13：安装轴承锁止板，如图3—84所示。

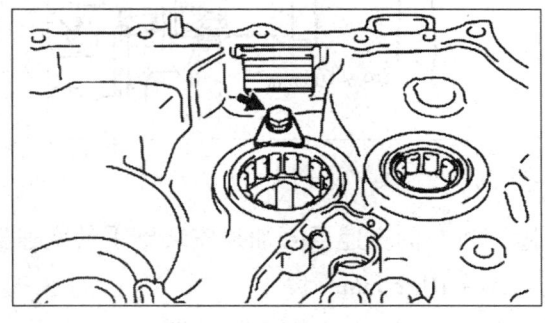

图3—84

用螺栓将轴承锁止板安装到前传动桥壳上。

扭矩：11 N·m

步骤14：安装1号变速器油收集器管，如图3—85所示。

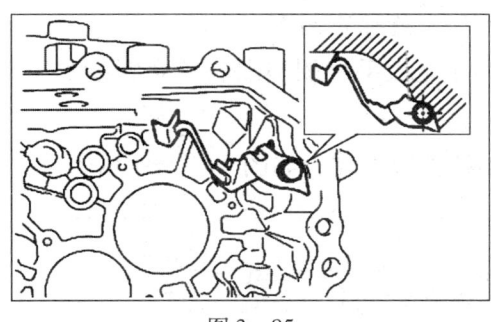

图3—85

用螺栓将1号变速器油收集器管安装到手动变速器壳上。

扭矩：17 N·m

步骤15：安装2号变速器油收集器管，如图3—86所示。

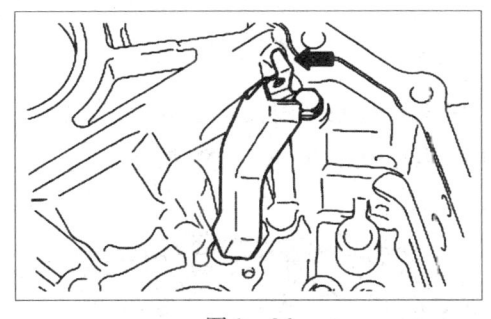

图3—86

用螺栓将2号变速器油收集器管安装到手动变速器壳上。

扭矩：17 N·m

步骤16：安装倒挡限制销总成，如图3—87所示。

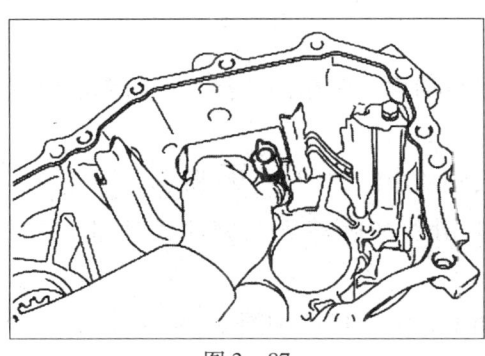

图3—87

(1) 将倒挡限制销总成安装到手动变速器壳上。

(2) 用销冲（5 mm）和锤子将带槽销安装到倒挡限制销总成上。

标准敲入深度：15.5~16.5 mm

(3) 在倒挡限制销塞上施涂密封剂。

(4) 用六角扳手和扭矩扳手将倒挡限制销塞安装到手动变速器壳上。扭矩：13 N·m

步骤17：安装传动桥壳收集器，如图3—88所示。

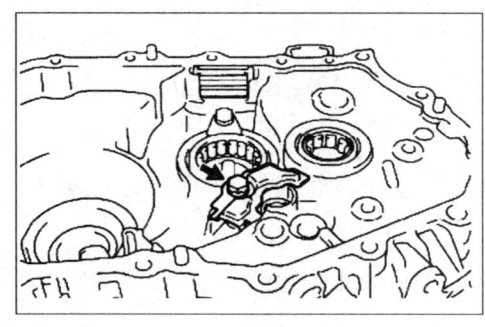

图3—88

用螺栓将传动桥壳收集器安装到前传动桥壳上。扭矩：11 N·m

步骤18：安装差速器箱总成，如图3—89所示。

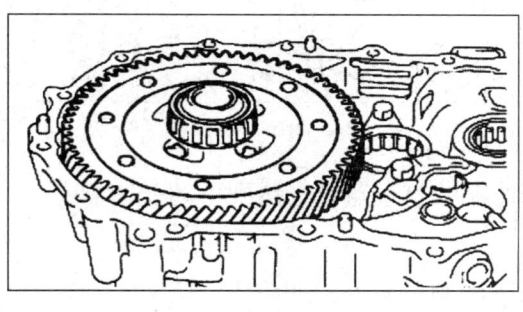

图3—89

在差速器箱锥形滚柱轴承上施涂齿轮油，并将差速器箱总成安装到前传动桥壳上。

步骤19：安装输入轴总成，如图3—90所示。

在输入和输出轴的滑动和旋转表面施涂齿轮油，并将其安装到传动桥壳上。

步骤20：安装倒挡惰轮分总成，如图3—91所示。

在倒挡惰轮分总成、止推垫圈和倒挡惰轮轴上施涂齿轮油，并将其装上。

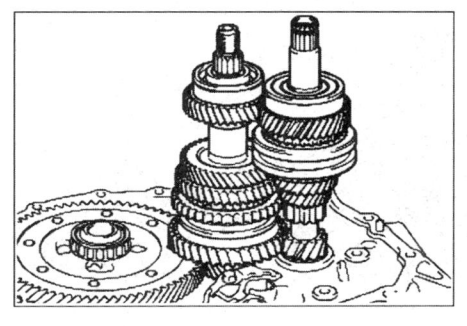
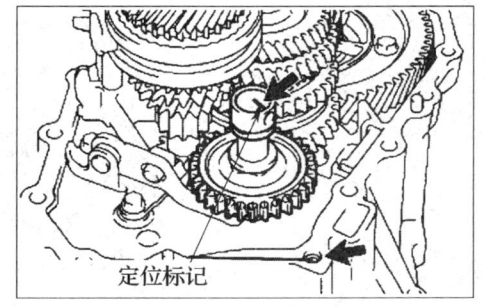

图 3—90　　　　　　　　　图 3—91

步骤 21：安装 1 号齿轮换挡拨叉轴，如图 3—92 所示。

（1）在 1 号齿轮换挡拨叉和 2 号齿轮换挡拨叉上施涂齿轮油，并将其装上。

（2）在 1 号齿轮换挡拨叉轴上施涂齿轮油，并将其装上。

（3）在换挡拨叉定位螺栓上施涂密封剂。

（4）安装换挡拨叉定位螺栓。扭矩：16 N·m

（5）用铜棒和锤子将一个新的轴卡环安装到 1 号换挡拨叉轴上。

步骤 22：安装 3 号齿轮换挡拨叉轴，如图 3—93 所示。

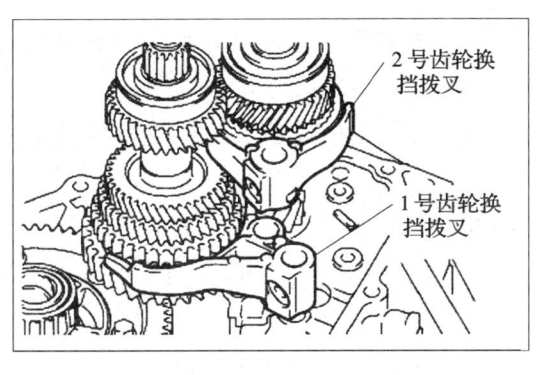
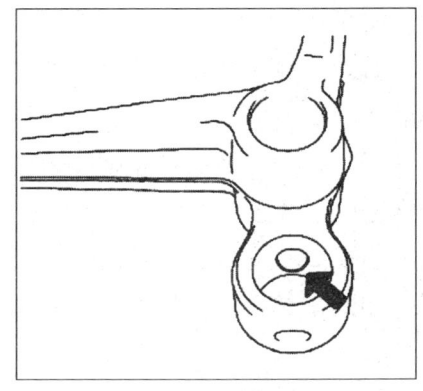

图 3—92　　　　　　　　　图 3—93

（1）在两个换挡拨叉球上施涂 MP 润滑脂，并将其安装到倒挡拨叉上。

（2）将倒挡拨叉安装到 3 号齿轮换挡拨叉轴上。

（3）用铜棒和锤子将两个新的换挡拨叉轴卡环安装到 3 号换挡拨叉轴上。

（4）在 3 号齿轮换挡拨叉轴上施涂齿轮油，并将其装上。

步骤 23：安装 2 号齿轮换挡拨叉轴，如图 3—94 所示。

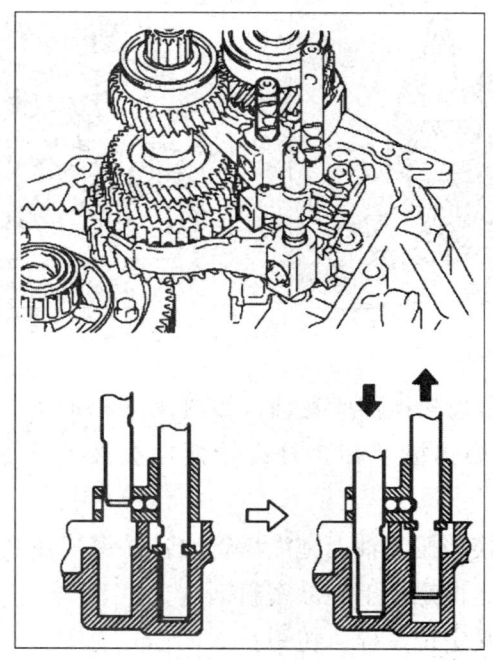

图 3—94

（1）在 1 号变速导块和 2 号齿轮换挡拨叉轴上施涂齿轮油，并将其装上。

提示：

将 3 号齿轮换挡拨叉轴抬高到如图 3—94 所示的位置，以避免两个换挡拨叉球的干扰。

（2）在两个换挡锁止螺栓上施涂密封剂，并将其安装到 2 号齿轮换挡拨叉和 1 号变速导块上，如图 3—95 所示。扭矩：16 N·m

步骤 24：安装倒挡拨臂支架总成，如图 3—96 所示。

用两个螺栓将倒挡拨臂支架总成安装到前传动桥壳上。扭矩：17 N·m

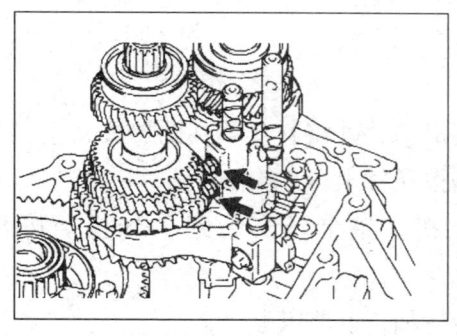

图 3—95

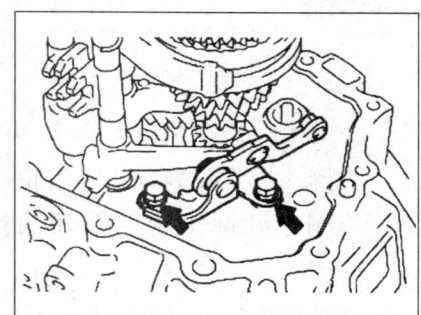

图 3—96

步骤25：安装手动变速器壳，如图3—97所示。

（1）在手动变速器壳上施涂 FIPG。

（2）将13个螺栓安装到手动变速器侧，如图3—98所示。扭矩：29 N·m

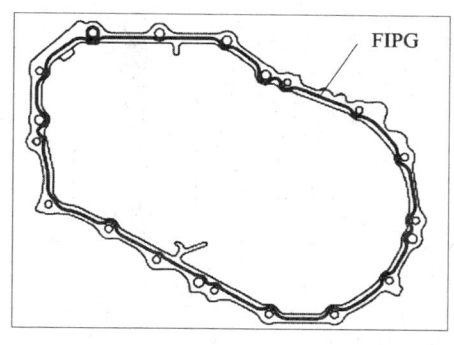

图3—97

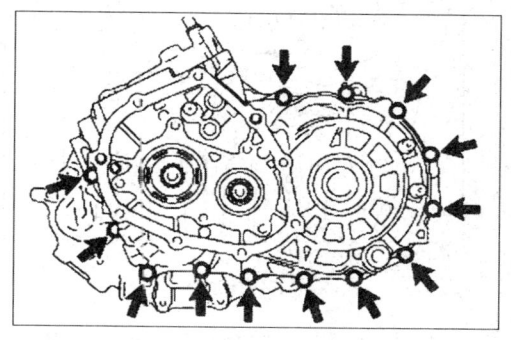

图3—98

（3）将3个螺栓安装到手动传动桥侧，如图3—99所示。扭矩：29 N·m

步骤26：安装倒挡惰轮轴螺栓，如图3—100所示。

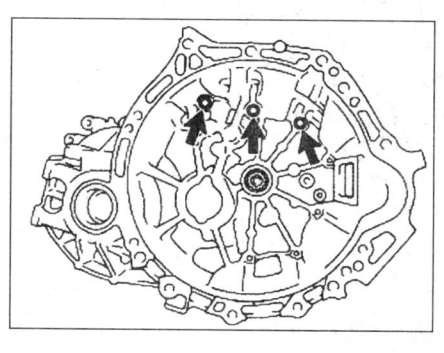

图3—99

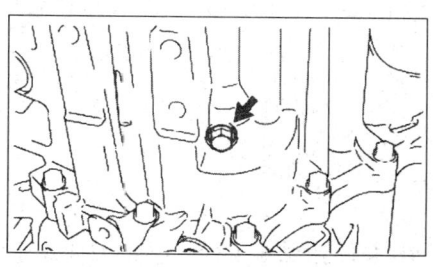

图3—100

在倒挡惰轮轴螺栓上施涂密封剂，并将其安装到新的垫片上。扭矩：29 N·m

步骤27：安装2号锁止球总成，如图3—101所示。

在2号锁止球总成上施涂密封剂，并用六角扳手将其装上。扭矩：29 N·m

步骤28：安装换挡锁止球，如图3—102所示。

（1）将两个换挡锁止球、两个换挡锁止球弹簧和两个1号换挡锁止球弹簧座安装到手动变速器壳上。

（2）在两个换挡锁止球塞上施涂密封剂，并用六角扳手将其装上。扭矩：22 N·m

（3）将换挡锁止球、换挡锁止球压缩弹簧和1号换挡锁止球弹簧座安装到前传动桥壳上。

（4）在换挡锁止球塞上施涂密封剂，并用六角扳手将其装上。扭矩：22 N·m

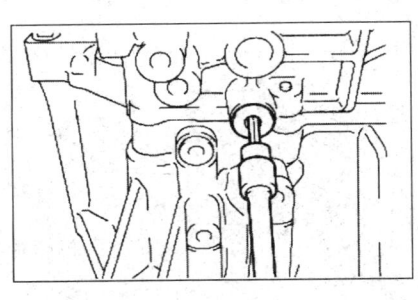
图 3—101

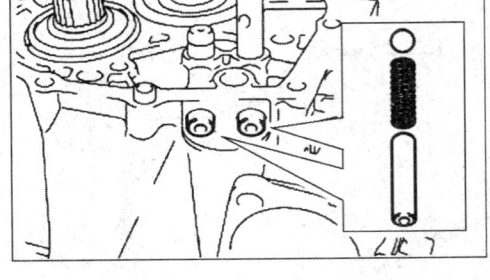
图 3—102

步骤29：安装输入轴后轴承孔卡环，如图 3—103 所示。

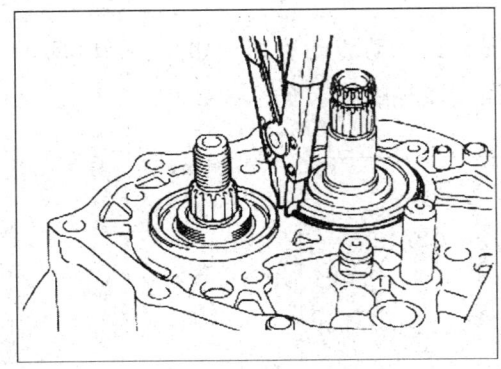
图 3—103

用卡环钳将新的输入轴后轴承孔卡环安装到输入轴上。

步骤30：安装输出轴后轴承孔卡环，如图 3—104 所示。

图 3—104

用卡环钳将新的输出轴后轴承孔卡环安装到输出轴上。

步骤31：安装换挡拨叉轴卡环，如图3—105所示。

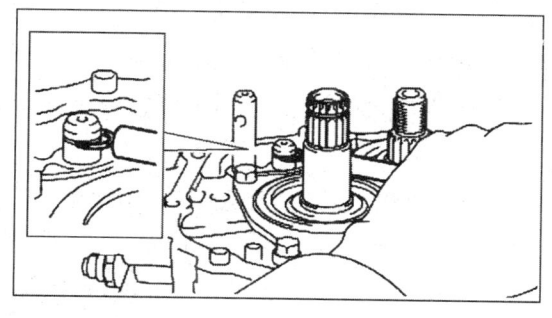

图3—105

用铜棒和锤子将新的换挡拨叉轴卡环安装到2号换挡拨叉轴上。

步骤32：安装后轴承挡圈，如图3—106所示。

（1）用溶解性溶剂清洁螺栓螺纹和手动变速器壳。

（2）在5个螺栓螺纹上施涂黏合剂。

（3）用5个螺栓将后轴承挡圈安装到手动变速器壳上。扭矩：27 N·m

步骤33：安装5挡从动齿轮，如图3—107所示。

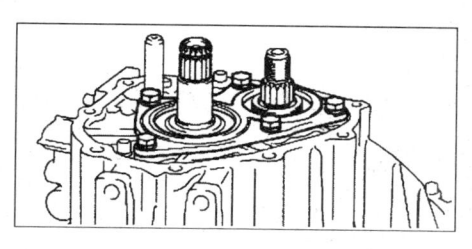 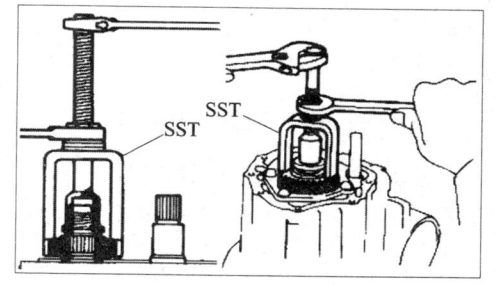

图3—106　　　　　　　图3—107

用SST将5挡从动齿轮安装到输出轴上。

步骤34：安装5挡齿轮滚针轴承，如图3—108所示。

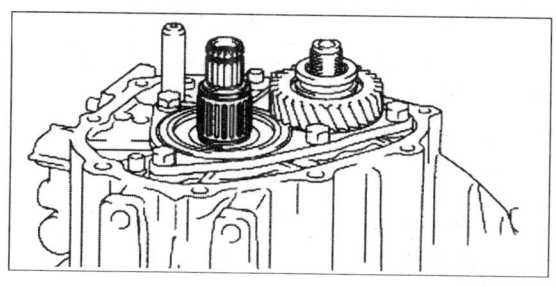

图3—108

在5挡齿轮滚针轴承和5挡齿轮轴承隔圈上施涂齿轮油,并将其安装到输入轴上。

步骤35:安装5挡齿轮,如图3—109所示。

在5挡齿轮上施涂齿轮油,并将其安装到输入轴上。

步骤36:安装3号同步器锁环,在3号同步器锁环上施涂齿轮油,并将其安装到5挡齿轮上。

步骤37:安装3号变速器离合器毂,如图3—110所示。

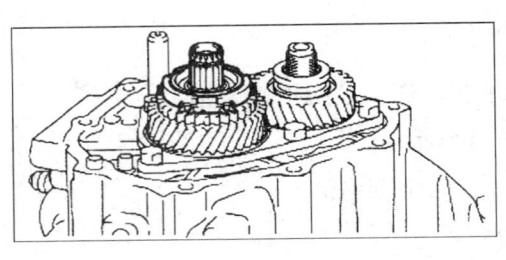

图3—109

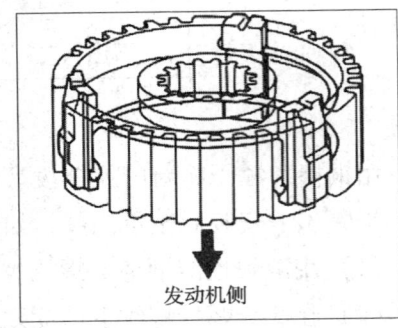

图3—110

(1)将3个同步啮合换挡键和两个同步啮合换挡键弹簧安装到3号变速器离合器毂上。

提示:

不要将两个换挡键弹簧的开口设定在相同位置。

(2)用SST和锤子将3号变速器离合器毂安装到输入轴上,如图3—111所示。

提示:

· 不要将3号变速器离合器毂装错方向。

· 安装3号变速器离合器毂,同时将3号同步器锁环键槽与3号同步啮合换挡键对准。

· 检查并确认5挡齿轮正在旋转。

· 放置大小合适的木块以支撑输入轴。

(3)选择一个可允许最小轴向游隙的3号离合器毂轴卡环,卡环厚度见表3—3。

标准间隙:0.1 mm或更小

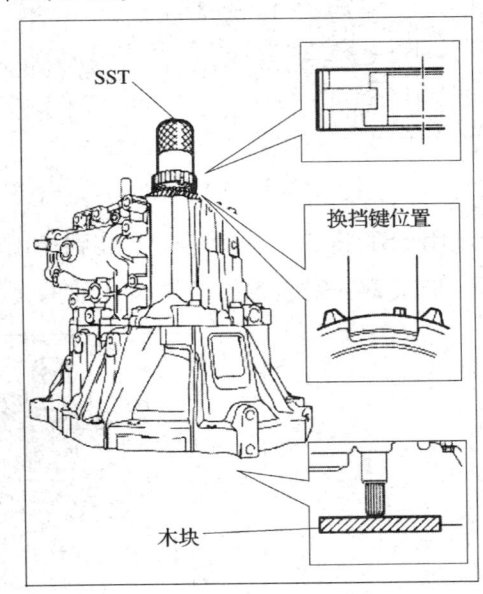

图3—111

表 3—3　　　　　　　　　　　　　卡环厚度

标记	厚度/mm（in）	标记	厚度/mm（in）
A	2.25（0.088 6）	E	2.49（0.098 0）
B	2.31（0.090 9）	F	2.55（0.100 4）
C	2.37（0.093 3）	G	2.61（0.102 8）
D	2.43（0.095 7）	—	—

（4）用铜棒和锤子将新的卡环安装到输入轴上。

步骤 38：检查 5 挡齿轮轴向间隙，如图 3—112 所示。

图 3—112

用百分表测量 5 挡齿轮轴向间隙。

标准间隙：0.1~0.55 mm

最大间隙：0.55 mm

如果间隙超过最大值，则更换 3 号变速器离合器毂、5 挡齿轮或输入轴后径向滚珠轴承。

步骤 39：检查 5 挡齿轮径向间隙，用百分表测量 5 挡齿轮径向间隙，如图 3—113 所示。

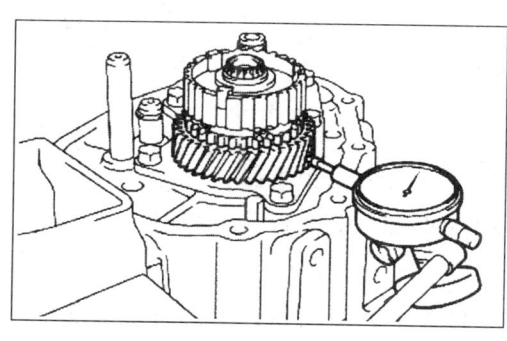

图 3—113

标准间隙：0.015～0.058 mm

最大间隙：0.058 mm

如果间隙超过最大值，则更换5挡齿轮、5挡齿轮滚针轴承或输入轴。

步骤40：安装3号齿轮换挡拨叉，如图3—114所示。

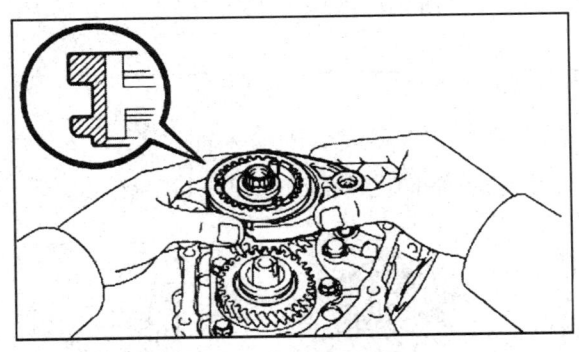

图3—114

（1）在3号变速器离合器毂套上施涂齿轮油，并将其与3号齿轮换挡拨叉一起安装到3号变速器离合器毂上。

（2）在换挡拨叉锁止螺栓上施涂密封剂，并将其安装到3号齿轮换挡拨叉上。

扭矩：16 N·m

步骤41：安装手动变速器输出轴后定位螺母，如图3—115所示。

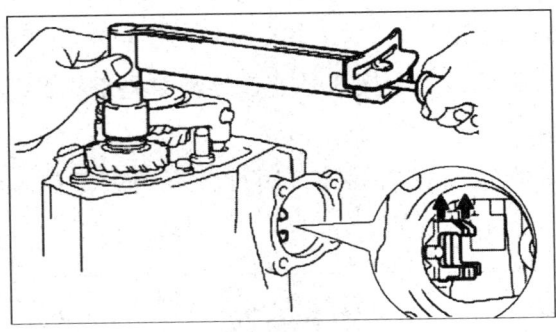

图3—115

（1）同时接合两个齿轮以锁止变速器。

（2）安装新的手动变速器输出轴后定位螺母。

扭矩：118 N·m

（3）用凿子和锤子锁紧手动变速器输出轴后定位螺母。

（4）脱开两个齿轮。

步骤42：安装手动变速器壳罩分总成，如图3—116所示。

（1）将FIPG施涂到手动传动桥壳罩分总成上。

（2）用9个螺栓将手动变速器壳罩分总成安装到手动变速器壳上。扭矩：18 N·m

步骤43：安装换挡和选挡拉杆轴总成，如图3—117所示。

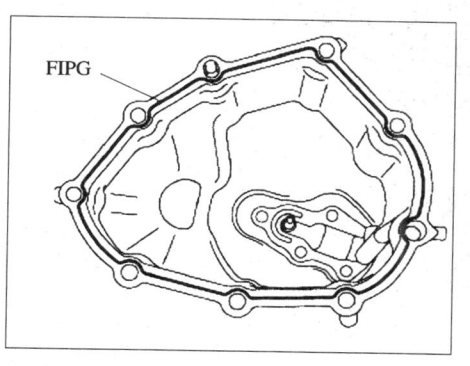

图3—116

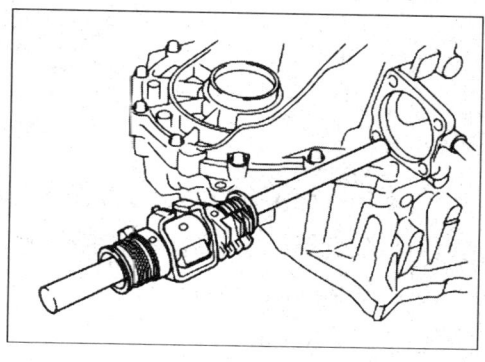

图3—117

在换挡和选挡拉杆轴总成上施涂齿轮油，并将其安装到变速器壳上。

步骤44：安装控制轴罩油封，如图3—118所示。

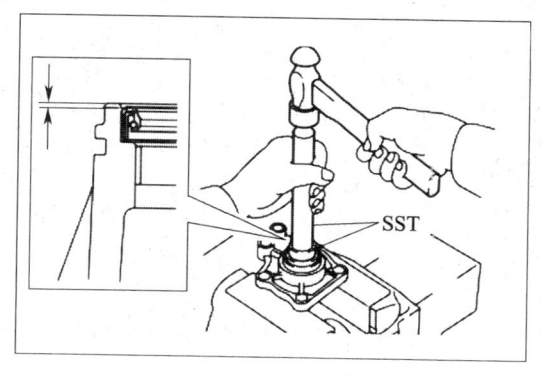

图3—118

（1）用SST和锤子将新的控制轴罩油封安装到控制轴罩上。

标准敲入深度：0.2~1.2 mm

（2）在控制轴罩油封上施涂MP润滑脂。

步骤45：安装控制轴罩，如图3—119所示。

向4个螺栓施涂密封剂。用4个螺栓将新的垫片和控制轴罩安装到手动变速器壳上。

扭矩：20 N·m

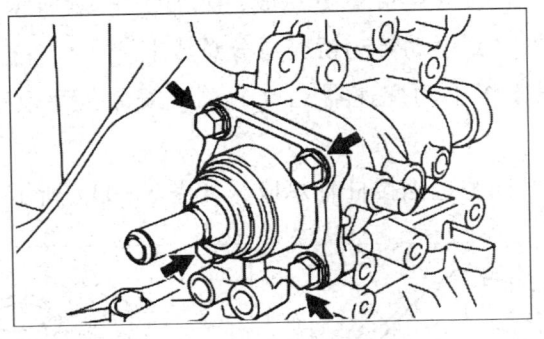

图 3—119

步骤 46：安装换挡导销，如图 3—120 所示。

（1）在换挡导销上施涂密封剂。

（2）安装垫圈和换挡导销。

扭矩：11 N·m

步骤 47：安装 1 号锁止球总成，如图 3—121 所示。

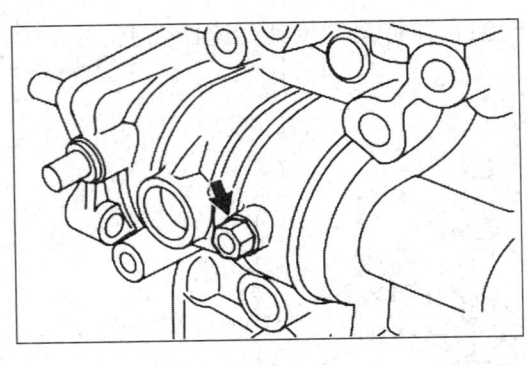
图 3—120

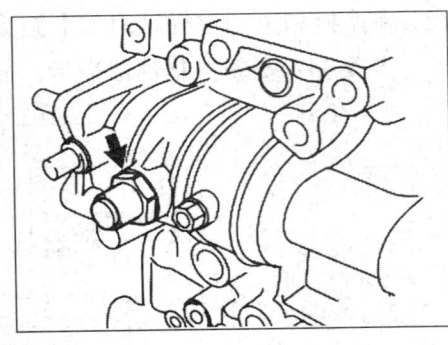
图 3—121

在 1 号锁止球总成上施涂密封剂，并将其安装到手动变速器壳上。

扭矩：29 N·m

步骤 48：安装换挡杆减振器，如图 3—122 所示。

（1）将防尘套安装到控制轴罩上。

（2）用锁止销将换挡杆减振器安装到换挡和选挡拉杆轴总成上。

（3）用螺母安装弹簧垫圈。扭矩：12 N·m

步骤 49：安装换挡控制杆，如图 3—123 所示。

（1）将防尘套安装到换挡和选挡拉杆轴油封上。

（2）用锁止销将换挡控制杆安装到换挡和选挡拉杆轴总成上。

（3）用螺母安装弹簧垫圈。扭矩：12 N·m

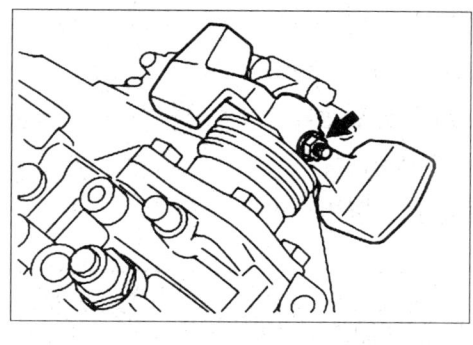 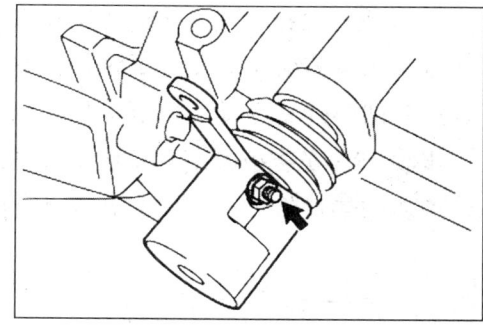

图 3—122　　　　　　　　　　图 3—123

步骤 50：安装选挡曲杆总成，如图 3—124 所示。

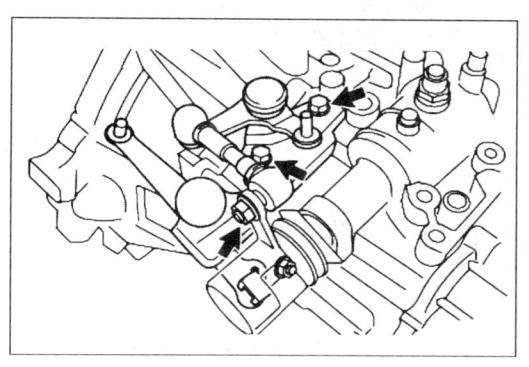

图 3—124

用两个螺栓和螺母将选挡曲杆总成连同换挡控制杆衬套一起安装到手动变速器壳上。扭矩：25 N·m（螺栓），12 N·m（螺母）

步骤 51：安装倒车灯开关总成。

步骤 52：安装车速表从动孔盖分总成，如图 3—125 所示。

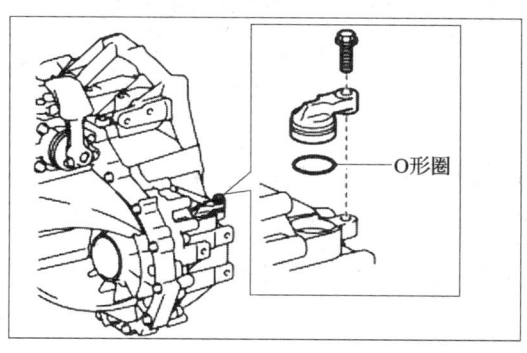

图 3—125

（1）将新的 O 形圈安装到车速表从动孔盖分总成上。

（2）用螺栓将车速表从动孔盖分总成安装到手动传动桥壳上。扭矩：11 N·m

步骤 53：安装手动变速器油加注塞，如图 3—126 所示。

用新的垫片将手动变速器油加注塞安装到手动变速器壳上。扭矩：39 N·m

步骤 54：安装排放塞分总成，如图 3—127 所示。

用新的垫片将排放塞安装到手动变速器壳上。扭矩：39 N·m

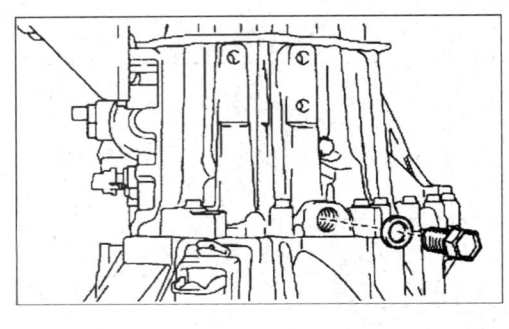

图 3—126

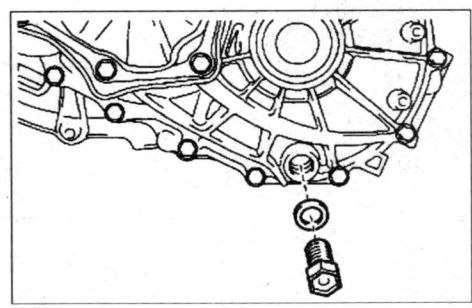

图 3—127

四、手动变速器换挡拉索的调节

步骤1：拆卸换挡杆总成。

（1）断开变速器控制拉索总成，如图 3—128 所示。

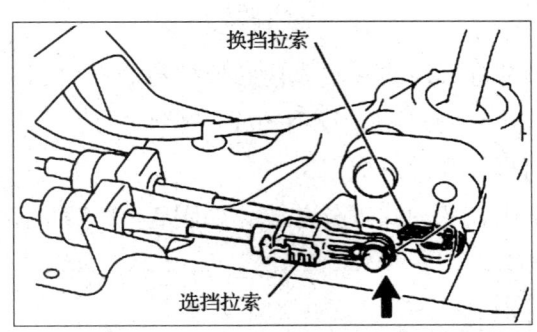

图 3—128

1）拆下卡扣，并从换挡杆上断开选挡控制拉索。

2）从换挡杆上断开换挡控制拉索。

3）顺时针拧紧调整螺母 180°。固定调整螺母的同时，分离控制拉索总成。

（2）拆卸地板式换挡杆总成，如图 3—129 所示。

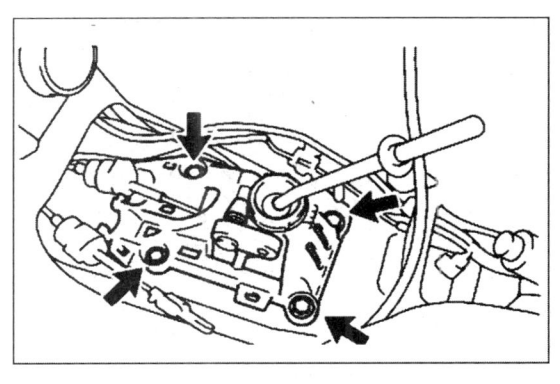

图 3—129

拆下 4 个螺栓并拆下换挡杆。

步骤 2：安装地板式换挡杆总成，如图 3—130 所示。

（1）用 4 个螺栓安装换挡杆。扭矩：12 N·m

（2）连接变速器控制拉索总成

1）将控制拉索总成安装到换挡杆保持器上。

①将拉索外部的凸起部分朝上安装拉索。

②安装完成后，检查并确认拉索外侧的锁止件凸起部位超过 A 部分，如图 3—130 所示。

2）将换挡控制拉索连接到换挡杆上。

3）用卡扣将选挡控制拉索连接到换挡杆上。

①连接选挡控制拉索，这样选挡控制拉索的调节机构锁就被安装到车辆的左侧。

②插入卡扣。

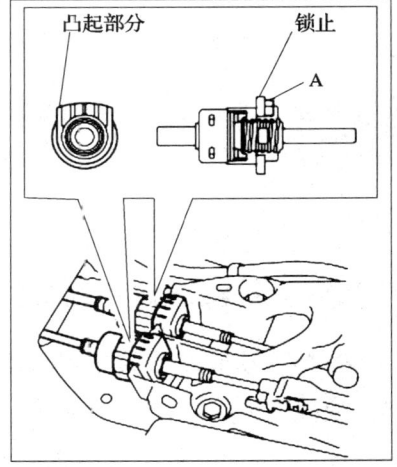

图 3—130

（3）调节选挡控制拉索的长度，如图 3—131 所示。

1）按照图中所示的方向滑动调节器壳罩（a）。

2）用手向车辆后部轻拉动拉索杆，以拉紧拉索。

3）将锁止片压入调节器壳并将其锁止（b）。

4）按照图中所示的方向滑动调节器壳罩（c）。

提示：

将调节器壳罩滑过锁止片的凸起部分（d）。

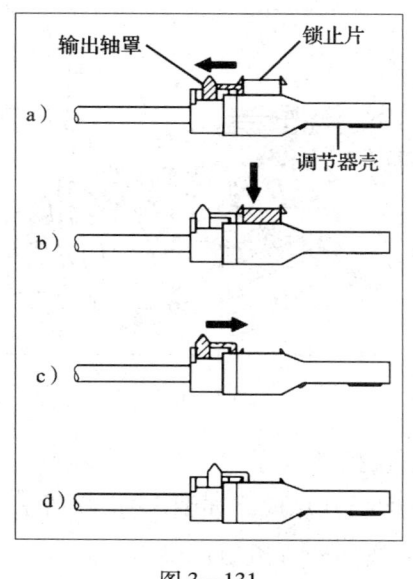

图 3—131

 知识拓展

一、驾驶过程中应如何正确使用手动变速器

轿车手动变速器大多为四挡或五挡有级式齿轮传动变速器，并且通常带同步器，换挡方便，噪声小。手动变速器在日常使用过程中应注意以下几点：

1. 换挡前应将离合器踩到底，操纵变速杆时动作要轻快、准确、柔和，不可用力过猛，也不要硬拉硬推，使齿轮发响，以免变速器操纵机构受损。

2. 行驶中，不要长时间将手放在变速杆上，否则会造成变速器换挡拨叉过早磨损。

3. 挂倒挡时要在汽车停止状态下进行，有些车还需要压缩倒挡弹簧或提起倒挡提钮，同样在倒车后，要使车辆前进，也应先将车停稳。

4. 运行中换挡必须选好换挡时机，增挡前，应首先进行汽车加速，当车速升高到一定值时，及时挂入高速挡；降挡时，当车速降到一定值时，方可挂入低速挡。在确保发动机动力能够满足的情况下，应尽量使用高速挡，以减轻机件的磨损和降低油耗。

5. 严禁在空挡熄火状态下强行挂挡起动发动机，或在车速太低时挂入高速挡以及车速过高时换到低速挡，以免损坏变速器内运动组件和发动机。

6. 因轿车出厂时变速器中已加入了优质的齿轮油，正常情况下无须更换变速器油，当正常行驶 80 000～100 000 km 后则必须更换一次变速器油，选用变速器用油参见随车手册。

二、手动变速器的维护保养

对于手动变速器保养来说，主要是对变速器润滑油进行清洗和更换，方法如图 3—132 所示。

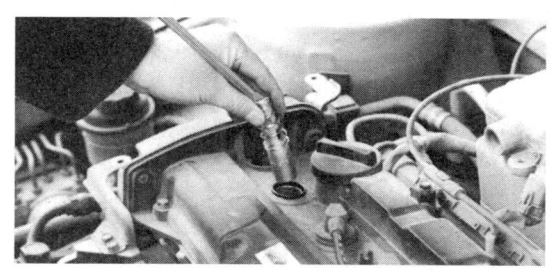

图 3—132　变速器润滑油的清洗与更换

1. 拆下油位检查孔螺塞。
2. 检查油位，油位不低于孔边 15 mm。伸入手指，一节手指应够到油面。油不足时，应补充齿轮油至规定位置。
3. 检查机油质量，用手指碾压润滑油，如果润滑油稠度降低，很稀，说明失效；如果润滑油中有杂质或变黑，说明润滑油变质，都应更换。
4. 更换齿轮油时，启动车辆，行驶一段距离，使变速器齿轮油升温。
5. 趁齿轮油还处在温热状态，拧下放油口螺塞，放净齿轮油，将放油螺塞重新装上。
6. 用加油机加入符合规定的润滑油，直到齿轮油从观察孔溢出。
7. 最后安装好检查孔螺塞。

提示：

油位应不低于孔边 15 mm。润滑油的黏度降低说明已经失效。更换润滑油应在温热状态下进行。

任务四　驱动桥的检修

任务描述

一位车主开着自己的车来到某品牌4S店,据车主反映:车辆在起步时,会产生向前冲击的现象,服务顾问接车后初步判断了故障,承诺交车时间。作为维修人员按要求在规定时间内检修驱动桥冲击现象的故障。

任务分析

一、学习目标

1. 能够遵守安全操作规范,按章操作,并注重环保意识的养成。

2. 能够描述驱动桥的结构特点和各零部件的名称。
3. 能够熟练叙述主减速器的基本组成和工作原理。
4. 能够熟练叙述差速器的基本组成和工作原理。
5. 能够对驱动桥的主要零部件进行检查、修复或更换。
6. 能够正确地使用工具、量具和检测维修设备。

二、工作过程与学习活动

1. 相关资讯（驱动桥相关知识）
2. 任务准备（维修手册、学材、工具）
3. 任务实施（差速器总成拆卸；差速器分解；主减速器、差速器检查；主减速器、差速器装复）
4. 知识拓展（正确使用及保养驱动桥）

相关资讯

驱动桥相关知识

一、驱动桥的功用、组成及类型

驱动桥的功用是将由万向传动装置传来的发动机转矩传给驱动车轮，并经降速增矩、改变动力传动方向，使汽车行驶，而且允许左右驱动车轮以不同的转速旋转。

驱动桥一般是由主减速器、差速器、半轴、桥壳等组成，如图4—1所示。其中，主减速器的功用为降速增矩，改变动力传动方向；差速器的功用是允许左右驱动车轮以不同的转速旋转；半轴的功用是将动力由差速器传给驱动车轮。

驱动桥是传动系的最后一个总成，发动机的动力传到驱动桥后，首先传到主减速器，在这里将转矩放大并降低转速后，经差速器分配给左右半轴，最后通过半轴外端的凸缘传到驱动车轮的轮毂。驱动桥的主要零部件都装在驱动桥的桥壳中。桥壳由主减速器壳和半轴套管组成。

动力传递路径：主减速器主动锥齿轮→主减速器从动锥齿轮→差速器壳→差速器行星齿轮轴→差速器行星齿轮→半轴齿轮→半轴→驱动轮。

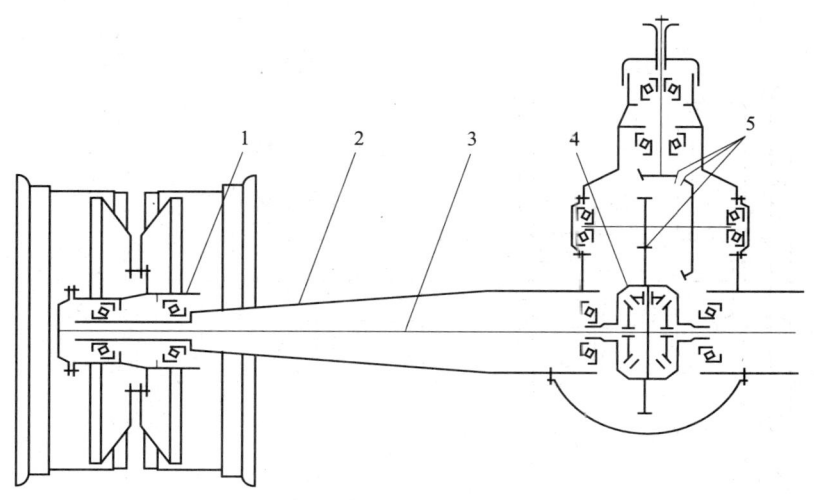

图 4—1 驱动桥的组成
1—轮毂 2—桥壳 3—半轴 4—差速器 5—主减速

按照悬架结构的不同,驱动桥可以分为整体式驱动桥和断开式驱动桥。整体式驱动桥又称为非断开式驱动桥,如图 4—2、图 4—3 所示。

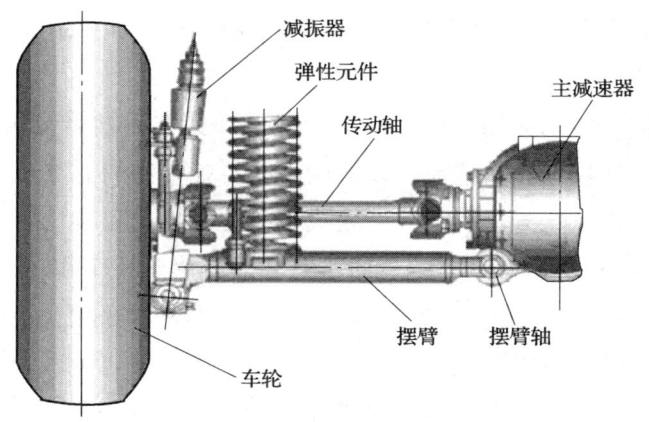

图 4—2 断开式驱动桥

二、主减速器的功用及种类

1. 主减速器的功用

将输入的转矩增大并相应降低转速,以及当发动机纵置时还具有改变转矩旋转方向的作用。

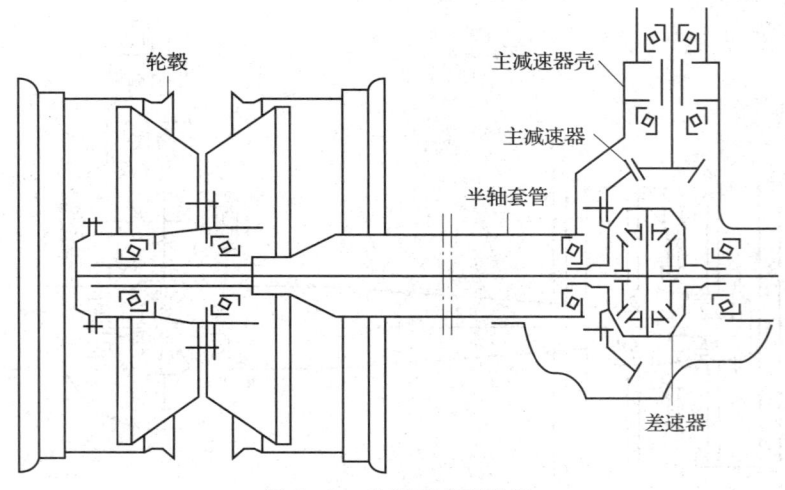

图4—3 非断开式驱动桥

2. 主减速器的种类

为满足不同的使用要求,主减速器的结构形式也有所不同。按参加减速传动的齿轮副数目分,有单级式主减速器和双级式主减速器。有些重型汽车又将双级式主减速器的第二级圆柱齿轮传动设置在两侧驱动车轮附近,称为轮边减速器。

按主减速器的传动比挡数分,有单速式和双速式。前者的传动比是固定的,后者有两个传动比供驾驶员选择,以适应不同行驶条件的需要。

按齿轮副结构形式分,有圆柱齿轮式、圆锥齿轮式和准双曲面齿轮式。

(1) 单级主减速器,如图4—4所示,一般应用于轿车和轻、中型货车。

(2) 双级主减速器:一些减速比较大的减速器常常采用,第一级为锥齿轮传动,第二级为圆柱斜齿轮传动。

(3) 轮边减速器:应用于重型载货车、越野汽车或大型客车上。

(4) 双速主减速器:为充分提高汽车的动力性和经济性,有些汽车装用具有两挡传动比的主减速器。

三、差速器的结构及工作原理

汽车差速器是一个差速传动机构,用来保证各驱动轮在各种运动条件下的动力传递,避免轮胎与地面间打滑。同一驱动桥两侧驱动轮之间的差速器称为轮间差速器;多轴驱动汽车的各驱动桥之间的差速器称为轴间差速器。差速器按工作特性可分为普通差速器和防滑差速器两大类。

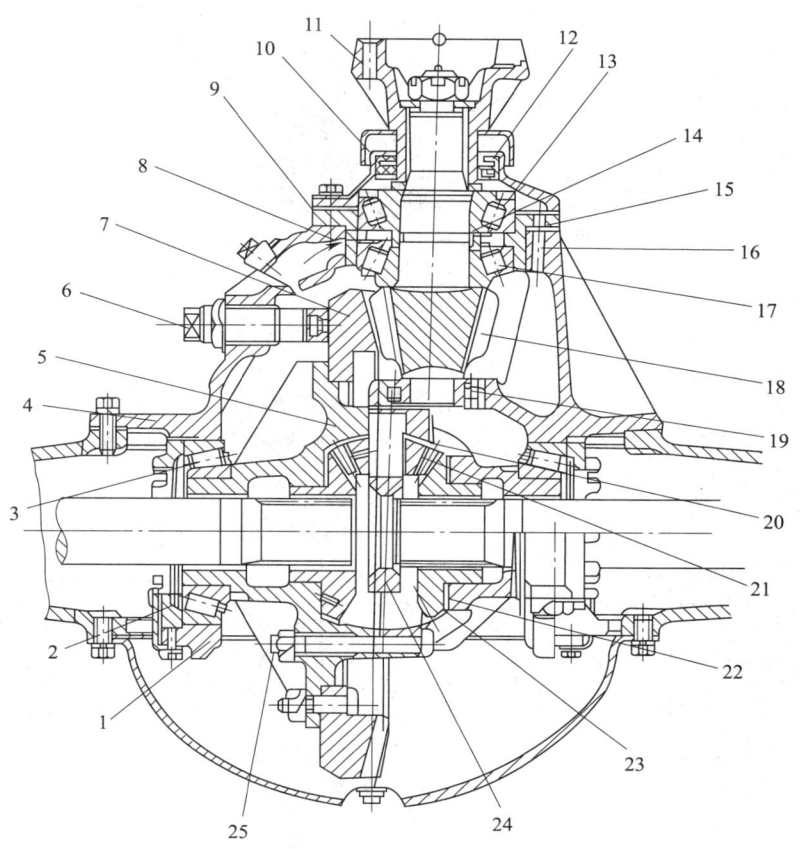

图 4—4 EQ 1090 载货汽车单级主减速器及差速器

1—差速器轴承盖 2—轴承调整螺母 3、13、17—圆锥滚子轴承 4—主减速器壳 5—差速器壳 6—支撑螺栓
7—从动锥齿轮 8—进油道 9、14—调整垫片 10—防尘罩 11—叉形凸缘 12—油封 15—轴承座
16—回油道 18—主动锥齿轮 19—圆柱滚子轴承 20—行星齿轮垫片 21—行星齿轮
22—半轴齿轮推力垫片 23—半轴齿轮 24—行星齿轮轴（十字轴） 25—螺栓

1. 普通差速器的结构

目前普通齿轮差速器应用最广泛的是锥齿轮差速器。如图 4—5 所示为广汽雅力士轿车差速器，由差速器壳、行星齿轮轴、行星齿轮、半轴齿轮等组成。

2. 差速器的工作原理

差速器工作原理如图 4—6 所示，从减速器传来的动力带动差速器壳体（转速为 n_0）转动，经过行星齿轮轴、行星齿轮、半轴（转速分别为 n_1 和 n_2），最后转给两侧驱动车轮。

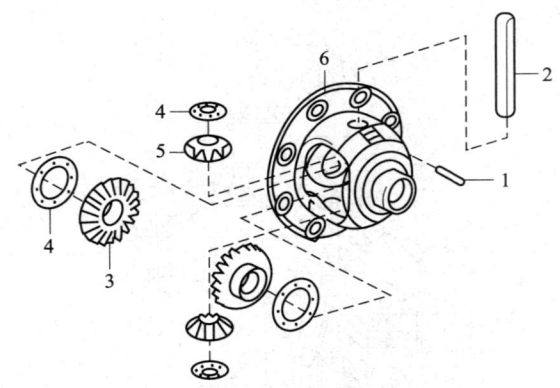

图 4—5　普通差速器的组成

1—行星齿轮轴锁销　2—行星齿轮轴　3—半轴齿轮　4—止推垫片　5—行星齿轮　6—差速器壳

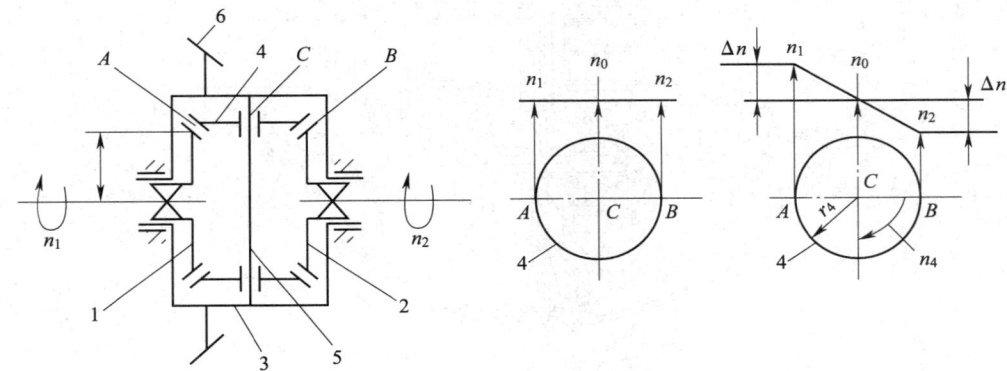

图 4—6　差速器工作原理

1、2—半轴齿轮　3—差速器壳　4—行星齿轮　5—行星齿轮轴　6—主减速器从动齿轮

差速器工作情况：

（1）直行不差速时，如图 4—7 所示。汽车直线行驶时，两侧驱动车轮所受到的地面阻力相同，并经半轴、半轴齿轮反作用于行星齿轮两啮合点 A 和 B（见

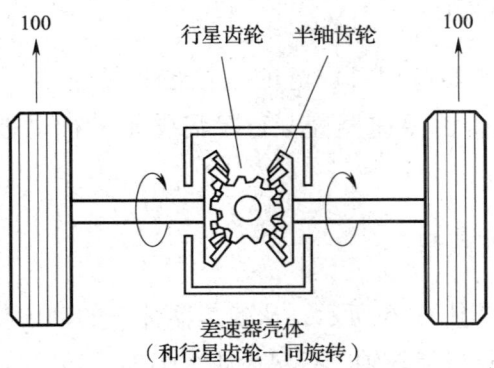

图 4—7　汽车直行不差速时差速器工作情况

图4—6)。这时行星齿轮相当于等臂杠杆，即行星齿轮不自转，只随差速器壳和行星齿轮轴一起公转，两半轴无转速差，即：$n_1 = n_2 = n_0$；$n_1 + n_2 = 2n_0$。

(2) 转弯差速时，如图4—8所示。汽车转向行驶时，两侧驱动车轮所受到的地面阻力不同，使行星齿轮除了随差速器壳公转外还顺时针自转。左半轴齿轮的转速增加，右半轴齿轮的转速降低，且左半轴齿轮增加的转速 Δn 等于右半轴齿轮降低的转速。即汽车右转时，左侧（外侧）车轮转得快，右侧（内侧）车轮转得慢，实现纯滚动。此时依然是 $n_1 + n_2 = 2n_0$。

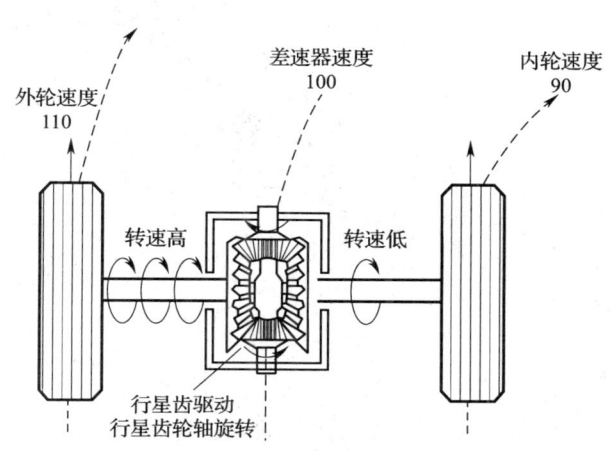

图4—8 汽车转弯差速时差速器工作情况

(3) 普通齿轮差速器的转矩分配：

不差速时，主减速器传动差速器壳体上的转矩 M_1 等分给两半轴齿轮（半轴），即：$M_1 = M_2 = M_0/2$。当左、右驱动车轮存在转速差时，则 $M_1 = M_2 = M_0/2$。普通锥齿轮差速器转矩等量分配的特性对于汽车在好路面上行驶是有利的，但汽车在坏路面上行驶时却会严重影响其通过能力。这是因为附着力小的路面只能对驱动车轮作用一个很小的反作用力矩，而驱动转矩也只能等于这一很小的反作用力矩。由于差速器等量分配转矩的特性，附着力好的驱动轮也只能分配到同样小的转矩，以致总的牵引力不足以克服行驶阻力，汽车便不能前进。

为了提高汽车在坏路面上的通行能力，可采用防滑差速器。防滑差速器可以在左、右驱动轮地面附着条件不同时，设法使大部分转矩甚至全部转矩分配给附着条件相对比较好的一侧驱动轮，从而改善了汽车的通过性、牵引性和行驶安全性。

四、半轴与桥壳

半轴用来将差速器半轴齿轮的输出转矩传到驱动轮或轮边减速器上。半轴是一根在差速器与驱动轮之间传递动力的实心圆轴,内端用花键与半轴齿轮连接,外端与轮毂连接。半轴支撑型式:①全浮式;②半浮式。在断开式驱动桥处,往往采用万向传动装置给驱动轮传递动力;在转向驱动桥内,半轴一般分为内半轴和外半轴两段,中间用等角速万向节相连接。

驱动桥壳分为整体式和分段式两类,如图4—9、图4—10所示。

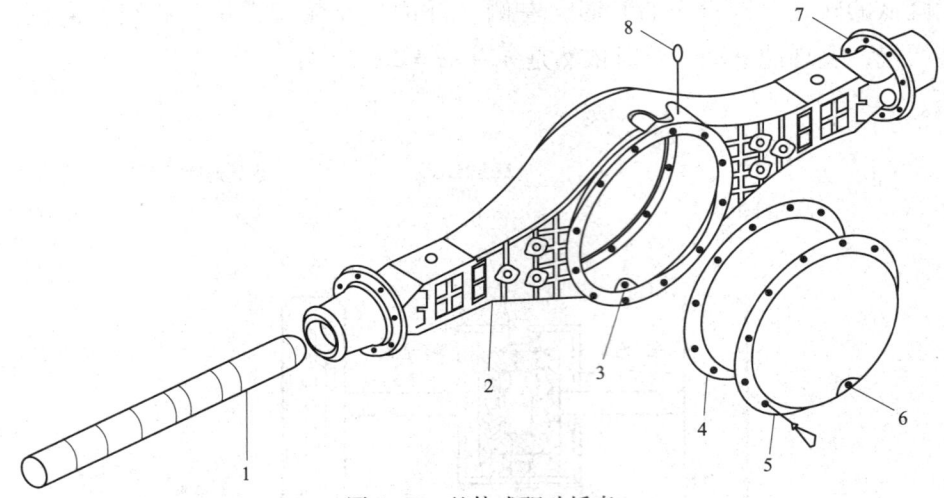

图4—9 整体式驱动桥壳

1—半轴套管 2—后桥壳 3—放油孔 4—后桥壳垫片
5—后盖 6—油面孔 7—凸缘盘 8—通气塞

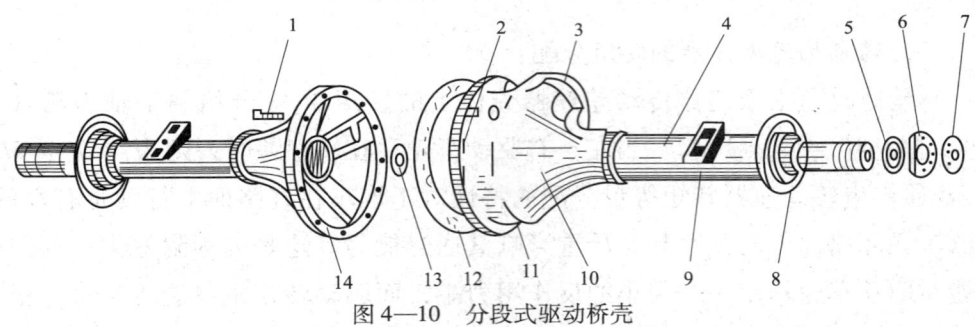

图4—10 分段式驱动桥壳

1—螺栓 2—注油孔 3—主减速器壳颈部 4—半轴套管 5—调整螺母 6—止动垫片 7—锁紧螺母
8—凸缘盘 9—弹簧座 10—主减速器壳 11—放油孔 12—垫片 13—油封 14—盖

任务准备

1. 雅力士(2NZ–FE)轿车底盘部分《维修手册》;

2. 《汽车底盘构造与维修》学材（工作页）；
3. 驱动桥总成类型：普通差速器（一字轴）；
4. 拉器、铜棒；
5. 拆装作业台；
6. 专用工具一套；
7. 货架式工具车及常规工具；
8. 游标卡尺、百分表；
9. 零件小车；
10. 砂布、钢丝刷、棉纱等。

任务实施

一、差速器总成拆卸

步骤1：在差速器轴承盖与轴承座上做好标记，拆卸时差速器两侧的组件不能互换，如图4—11所示。

步骤2：拆下差速器支撑轴承调整螺母锁片的固定螺栓，取下锁片，如图4—12所示。

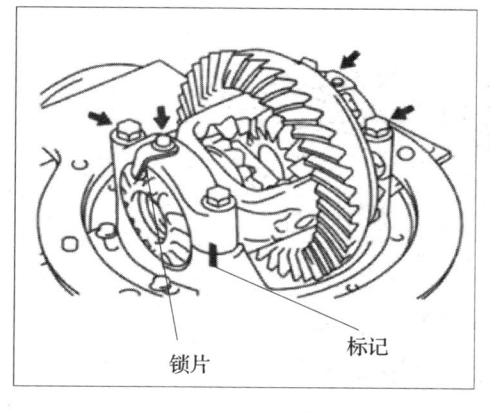

图4—11

图4—12

步骤3：取下差速器支撑轴承调整螺母、支撑轴承外座圈、轴承盖、取下差速器总成，如图4—13所示。

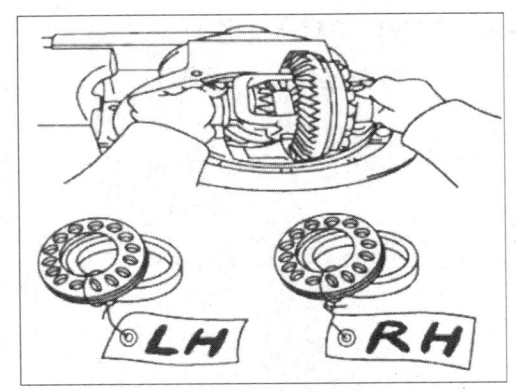

图 4—13

步骤 4：在从动齿轮和差速器壳上标配合记号，如图 4—14 所示。

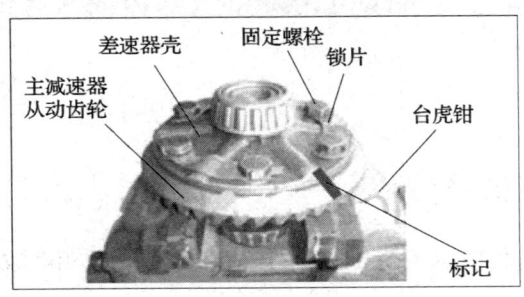

图 4—14

步骤 5：将差速器固定在台虎钳上，撬开差速器壳上的主减速器从动齿轮锁片，如图 4—15 所示。

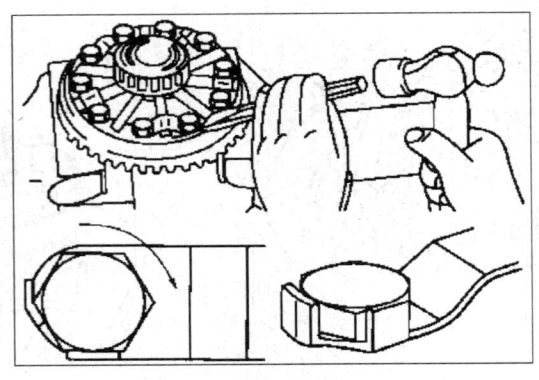

图 4—15

步骤 6：拆卸螺栓时，应按照对角线顺序，依次均匀松开、拆卸每个螺栓，如图 4—16 所示。

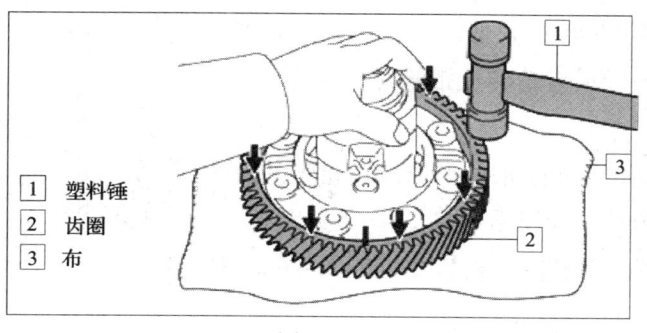

图 4—16

① 塑料锤
② 齿圈
③ 布

步骤 7：取下主减速器从动齿轮。

二、差速器分解

步骤 1：将差速器总成装在拆装架或台虎钳上，用拉器拉出两侧支撑轴承，如图 4—17 所示。

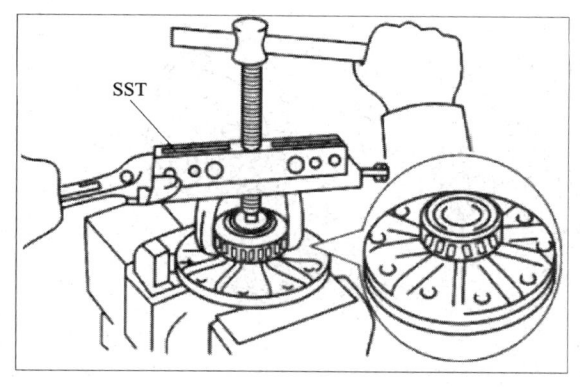

图 4—17

步骤 2：用冲子将行星齿轮轴锁销冲出，并取出行星齿轮轴，如图 4—18 所示。

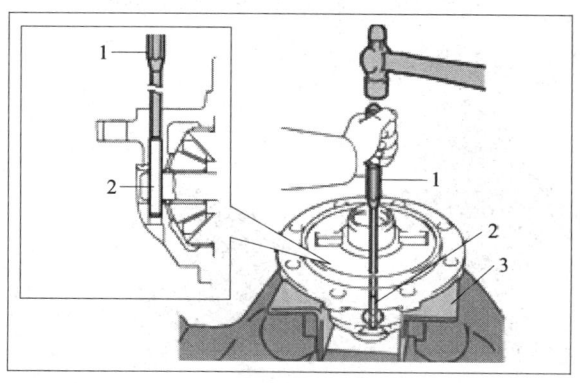

图 4—18

1—销冲 2—锁销 3—铝板

步骤3：旋转半轴齿轮使行星齿轮转至差速器壳窗口处，取出行星齿轮和止推垫片，如图4—19所示。

步骤4：取出半轴齿轮、半轴齿轮止垫片及半轴内油封，如图4—20所示。

步骤5：将各个零件摆放整齐，如图4—21所示。

三、主减速器、差速器检查

步骤1：检查主减速器从动齿轮是否有划伤、破裂、断齿或其他异常现象，如图4—22所示。

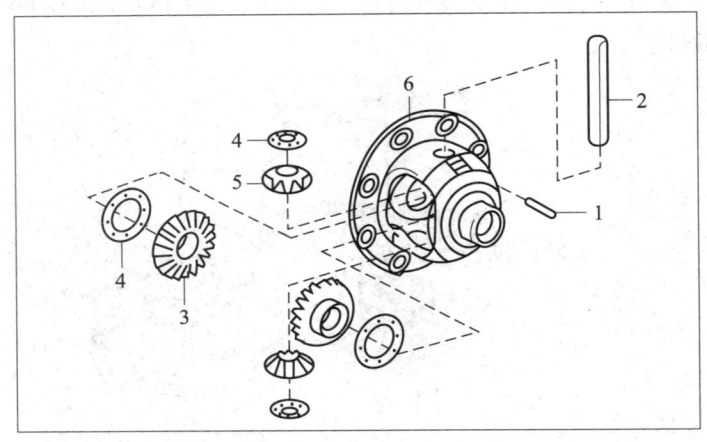

图4—19

图4—20

1—行星齿轮轴锁销　2—行星齿轮轴　3—半轴齿轮
4—止推垫片　5—行星齿轮　6—差速器壳

图4—21　　　　　图4—22

步骤2：检查两侧支撑轴承的滚子、轴承架是否有异常损坏现象。

步骤3：检查止推垫片厚度、行星齿轮轴外径，如图4—23所示。填写表4—1。

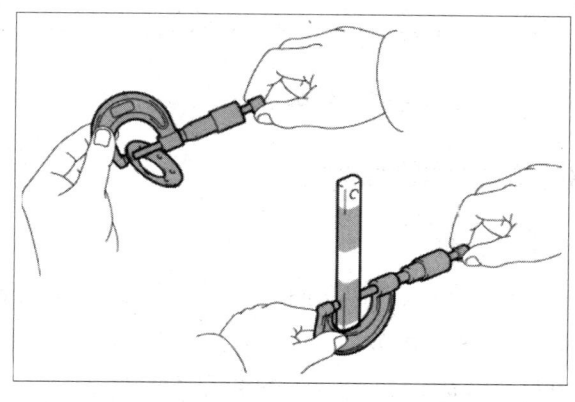

图4—23

表4—1　　　　　　　　　　检测记录表

测量项目	测量工具	测量数值	标准数值（参考）	维修建议
止推垫片厚度				
行星齿轮轴外径			行星齿轮轴孔与行星齿轮轴的配合间隙不得大于0.1~0.15 mm	

步骤4：测量主、从动齿轮的啮合齿隙，半轴齿轮与行星齿轮啮合间隙，如图4—24、图4—25所示。完成表4—2。

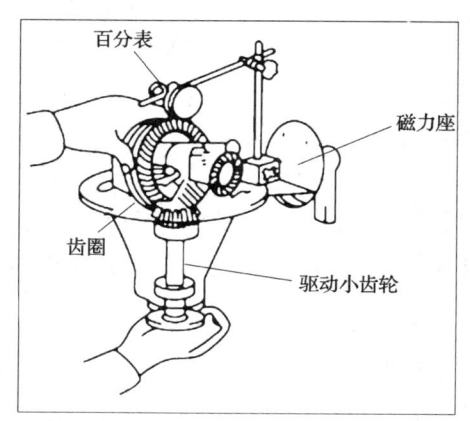

图4—24

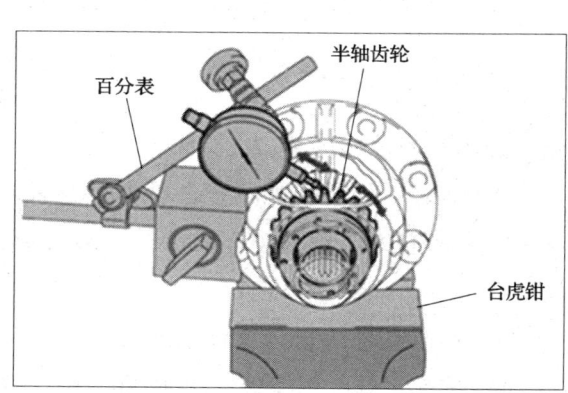

图4—25

表4—2　　　　　　　　　检测记录表

测量项目	测量工具	测量数值	标准数值（参考）
主、从动齿轮的啮合齿隙			0.12～0.18 mm
半轴齿轮与行星齿轮啮合间隙			0.05～0.15 mm

步骤5：对检查不合格部件进行更换。

四、主减速器、差速器装复

步骤1：清洗所有零部件。

步骤2：组装差速器，装上从动双曲线齿轮，装上从动齿轮轴承盖并调整从动齿轮轴承预紧力，如图4—26所示。

步骤3：将主动双曲线齿轮和油封座安装在锥齿轮轴承座上，并通过垫片调节主动齿轮轴承预紧力。

步骤4：安装主动双曲线齿轮，通过调整主动锥齿轮轴承座与主减速器壳体之间垫片，旋动从动锥齿轮两侧螺母，调整主、从动锥齿轮的啮合间隙和啮合印痕，如图4—27所示。

图4—26

图4—27

提示：安装注意事项

- 确认半轴齿轮齿隙符合要求。如果测量的啮合间隙值过大，选择另一个厚度较大的垫片，调整啮合间隙，如果测量的啮合间隙值过小，选择另一个厚度较小的垫片，调整啮合间隙。
- 组装从动锥齿、支撑轴承时要注意对齐装合标记。
- 装配差速器销轴时，应使用铜棒将锁销轻敲到位。
- 检查、调整支撑轴承的预紧度。

● 紧固主减速器从动锥齿轮的固定螺栓应分2～3次对角拧紧，拧紧力矩为70 N·m。

知识拓展

正确使用及保养驱动桥

驱动桥一般由主减速器、差速器、车轮传动装置和驱动桥壳等组成。它的作用是将万向传动装置传来的动力折过90°角，改变力的传递方向，并由主减速器降低转速，增大转矩后，经差速器分配给左右半轴和驱动轮。下面介绍驱动桥常见的使用方法及保养措施：

1. 经常检查驱动桥各部件紧固螺栓、螺母是否松动或脱落。

2. 定期更换主减速器的润滑油和轮毂的润滑脂。如果主减速器均为双曲线齿轮，必须按规定加注双曲线齿轮油，否则，将导致双曲线齿轮磨损加速。夏季用28号双曲线齿轮油，冬季用22号双曲线齿轮油。

3. 由于半轴凸缘传递的扭矩很大，并且承受冲击负荷，因此，必须经常检查半轴螺栓的紧固情况，防止半轴螺栓因松动而断裂。

4. 新车行驶1 500～3 000 km时，拆下主减速器总成，清洗减速器桥壳内腔，且更换润滑油，以后每年冬、夏各更换一次。

5. 当车辆行驶3 500～4 500 km、进行三级保养时，解体后桥各部零件，并清洗干净。装配时，各轴承、齿轮和各轴颈配合表面应涂以润滑脂。后桥总成装复后，必须加注新的润滑油，并且在车辆重新行驶10 km中，应检查减速器总成和轮毂轴承的温升，如有过热现象，应增加垫片的厚度。

6. 车辆行驶6 000～8 000 km时，应进行二级保养。保养时应将轮毂拆下，清洗轮毂内腔及轮毂轴承，在轴承内圈滚子和保持架之间的空间加满润滑脂，然后装复，按规定调整轮毂轴承。装配时注意检查半轴套管和轴承螺母螺纹是否损坏。如果严重磕碰或配合间隙过大，就必须更换。检查并补充后桥内的润滑油，检查通气塞，使之保持清洁、畅通。

任务五　转向系统的检修

任务描述

　　一辆雅力士1.4 L轿车进厂，车主向维修接待反映：车子在一次长途旅行之后，现在转动转向盘时要比以前费劲，服务顾问接车后初步判断了故障，承诺交车时间。作为维修人员按要求在规定时间内检修转向系统的故障。

任务分析

一、学习目标

完成本学习任务后,你应当:

1. 能够遵守安全操作规范，按章操作，并注重环保意识的养成。
2. 能够描述转向系统的组成、作用和工作原理。
3. 能够识别转向系统的主要零部件和不同结构的转向器。
4. 能够通过观察实物或图片判断转向系统的类型。
5. 能够对转向系统的主要零部件进行检查、修复或更换。
6. 能够正确地使用工具、量具和检测维修设备。

二、工作过程与学习活动

1. 相关资讯（转向系相关知识）
2. 任务准备（维修手册、学材、工具）
3. 任务实施（转向盘自由行程、转向力的检查；齿轮齿条式方向机的拆解；齿轮齿条式方向机的装复）
4. 知识拓展（电动助力转向系统 EPS）

相关资讯

转向系统相关知识

一、转向系统的功用及类型

1. 转向系统的功用

由驾驶员通过操纵转向系统来改变转向轮（一般是前轮）的偏转角度实现汽车转向；克服由于路面侧向干扰力使车轮自行产生的转向，恢复汽车原来的行驶方向。

2. 转向系统的类型

传统转向系统可按转向能源的不同分为机械转向系统、动力转向系统、电子控制转向系统。

（1）机械转向系统。机械转向系统以驾驶员的体力作为转向能源，又称人力转向系统。机械转向系统各零部件名称如图5—1所示。

（2）动力转向系统。动力转向系统是兼用驾驶员体力和发动机动力为转向能源的转向系统。动力转向系统又可分为液压助力转向系统、电动助力转向系统和

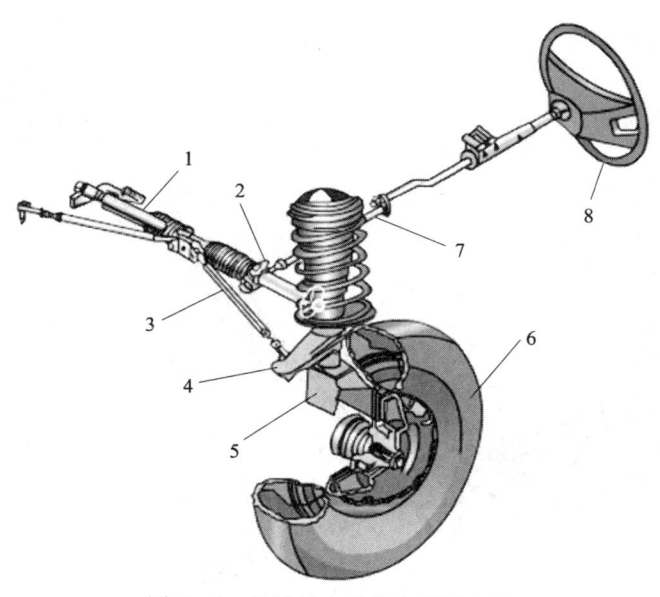

图 5—1 机械转向系统各零件名称
1—转向减振器 2—机械转向器 3—转向横拉杆 4—转向节臂
5—转向节 6—转向轮 7—安全转向轴 8—转向盘

气压助力转向系统。到目前为止,气压助力转向系统已被淘汰,最广泛应用的是液压助力转向系统和逐渐推广应用的电动助力转向系统。

1)液压助力转向系统。它的结构主要包括齿轮齿条转向结构和液压系统(液压助力泵、液压缸、活塞等)两部分。工作原理是通过液压泵(由发动机皮带带动)提供油压推动活塞,进而产生辅助力推动转向拉杆(横拉杆),辅助车轮转向,如图 5—2 所示。

2)电动助力转向系统。电动助力转向系统的英文缩写是"EPS"(Electrical Power Steering),它利用电动机产生的动力协助驾驶员进行转向。电动助力转向系统主要由发动机、扭矩传感器、控制单元(ECU)和助力电动机组成,没有了液压助力系统的液压泵、液压管路、转向柱等结构,结构简单,如图 5—3、图 5—4 所示。

(3)电子控制转向系统。电子控制转向系统包括电子控制动力转向系统和电子控制四轮转向系统。电子式液压助力的结构原理与机械式液压助力大体相同,最大的区别在于提供油压的油泵的驱动方式不同。机械式液压助力的液压泵直接是通过发动机皮带驱动的,而电子式液压助力采用的是由电力驱动的电子液压泵,如图 5—5 所示。电子液压助力的电子液压泵,不用消耗发动机本身的动力,而且电子液压泵是由电子系统控制的,不需要转向时,电子液压泵关闭,进一步

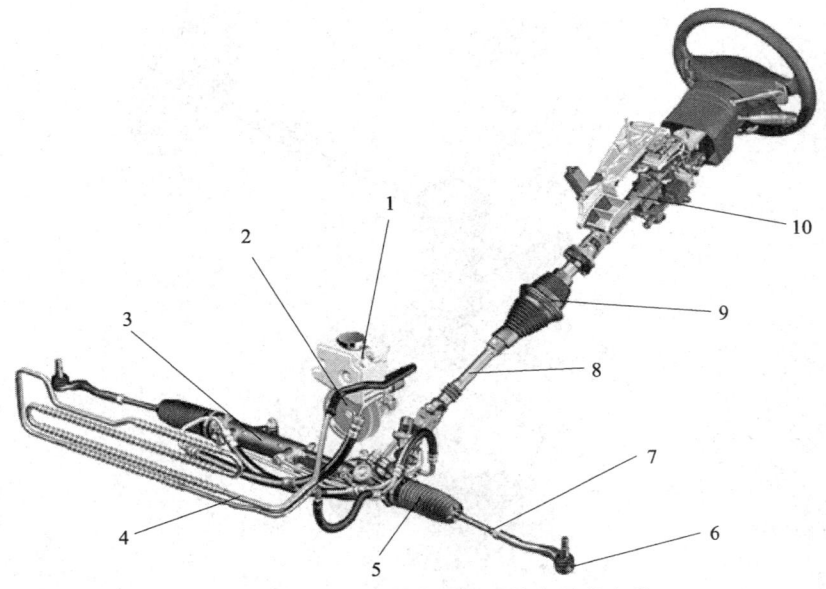

图5—2 液压助力转向系统各零件名称

1—储油罐 2—转向助力泵 3—动力缸 4—回油管 5—护罩
6—球头 7—横拉杆 8—转向传动轴 9—护罩 10—转向柱

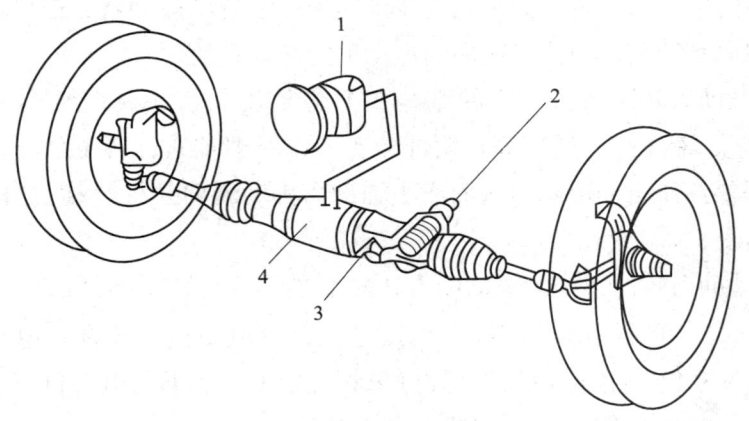

图5—3 电动助力转向系统的组成

1—发动机 2—扭矩传感器 3—ECU 4—助力电动机

减少能耗。电子液压助力转向系统的电子控制单元,利用对车速传感器、转向角度传感器等传感器的信息处理,可以通过改变电子液压泵的流量来改变转向助力的力度大小。

电子控制转向系统的优点:

1) 转向能力大。

2) 转向响应快。

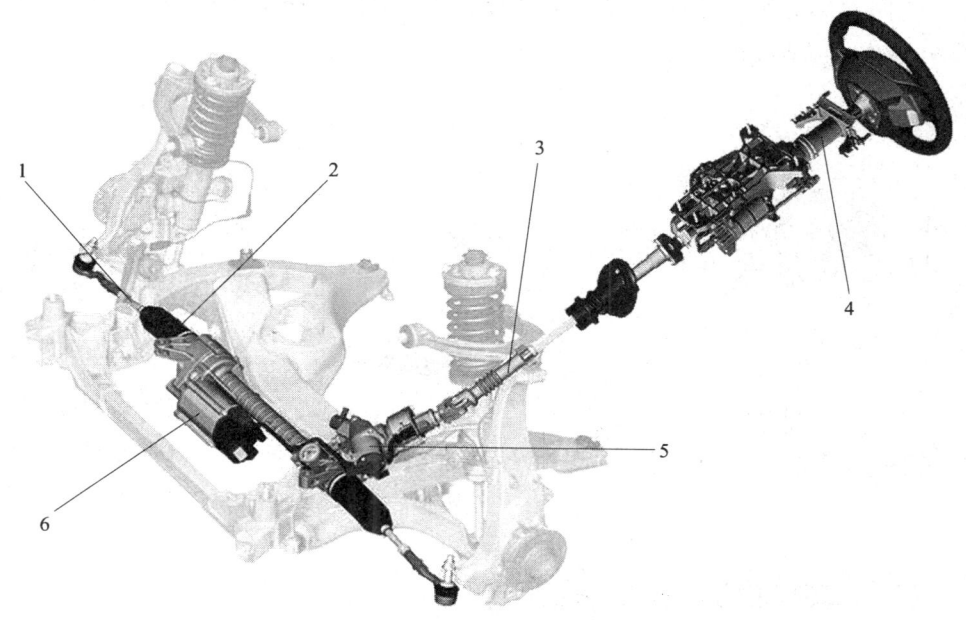

图 5—4 电动助力转向系统各零件名称

1—转向拉杆 2—护罩 3—转向传动轴 4—转向柱 5—转向机 6—助力电动机

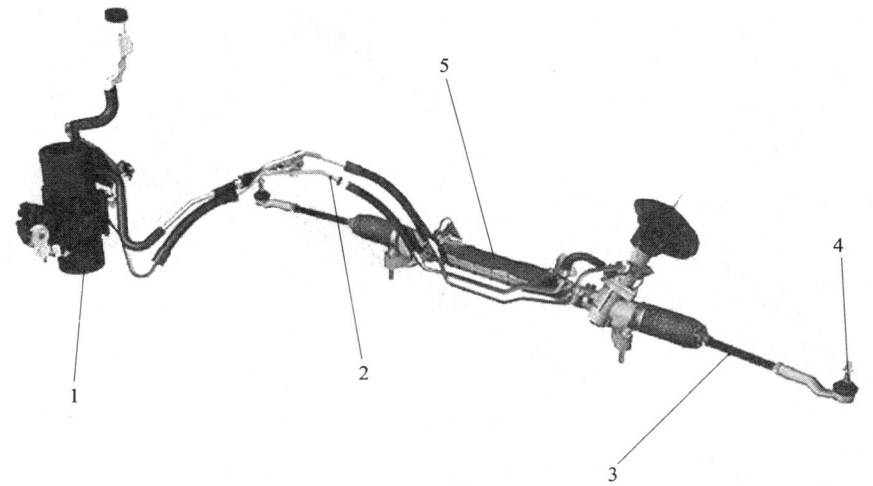

图 5—5 电子式液压转向系统

1—电子助力泵 2—助力油管 3—横拉杆 4—球头 5—转向执行机构

3）直线行驶稳定性好。

4）低速机动性好。

二、转向器的作用与类型

转向器的作用：将驾驶员作用在转向盘上的力矩放大，传给转向传动机构。

转向器的类型：循环球式、齿轮齿条式和蜗杆曲柄指销式等，如图5—6、图5—7、图5—8所示。

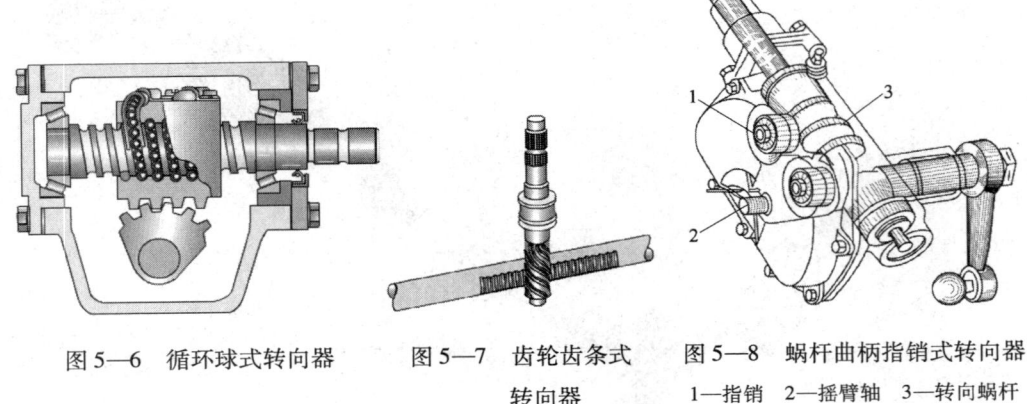

图5—6 循环球式转向器　　图5—7 齿轮齿条式转向器　　图5—8 蜗杆曲柄指销式转向器
1—指销　2—摇臂轴　3—转向蜗杆

三、转向操纵机构的组成

汽车转向操纵机构主要由转向盘、转向盘柱等组成，如图5—9所示。

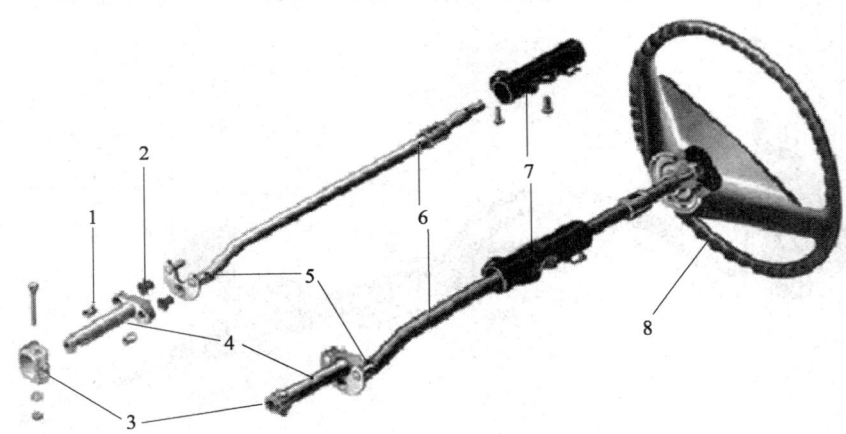

图5—9 转向操纵机构
1—塑料衬套　2—减振橡胶套　3—夹子　4—下转向轴
5—柱销　6—上转向轴　7—转向柱管　8—转向盘

1. 转向盘

转向盘也叫方向盘，如图5—10所示，是在驾驶室内供驾驶员操纵使用的五大操纵件之一，也是直接影响驾驶安全的两大安全操纵件（制动踏板和转向盘）之一。转向盘一般通过花键与转向轴相连。通过驾驶员的正确操纵，能够使汽车按照驾驶员指定的方向行驶。转向盘在驾驶员与车轮之间引入的齿轮系统操作灵活，很好地隔绝了来自道路的剧烈振动。不仅如此，好的转向系统还能为驾驶者带来一种与道路亲密无间的感受。

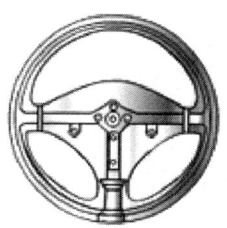  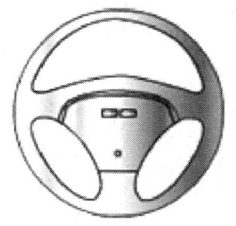

图 5—10　转向盘（方向盘）

转向盘自由行程：在转向盘转动过程的开始阶段，驾驶员对转向盘所施加的力矩（转动力矩）很小，只是用来克服转向系统内部的摩擦，消除各传动件间隙，即转向盘空转阶段。

2．转向盘柱

转向盘柱将驾驶员作用于转向盘的转向操纵力传给转向器。它由转向轴和转向柱管组成。转向柱是转向系统连接转向盘和转向器的元件。通过转向柱，驾驶员把扭矩传递给转向器，带动转向器实现转向。常见的转向柱有液压助力转向柱、电控液压助力转向柱和电动助力转向柱。

四、转向传动机构的功用

转向传动机构的功用是将转向器输出的力矩放大到转向桥两侧的转向节，使两侧转向轮按一定关系偏转，以保证汽车转向时车轮与地面的相对滑动尽可能小。

1．与非独立悬架配用的转向传动机构

其结构组成如图 5—11 所示。

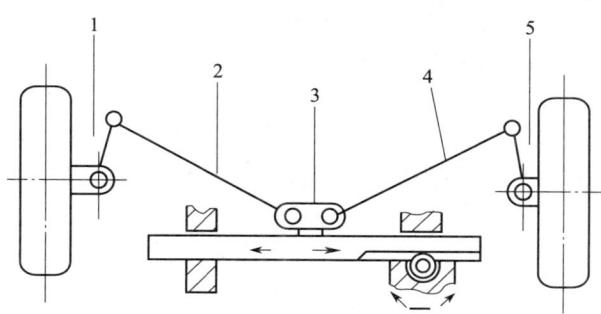

图 5—11　与非独立悬架配用的转向传动机构

1—左梯形臂　2—左转向横拉杆　3—齿轮齿条转向器　4—右转向横拉杆　5—右梯形臂

2. 与独立悬架配用的转向传动机构

其结构组成如图5—12所示。

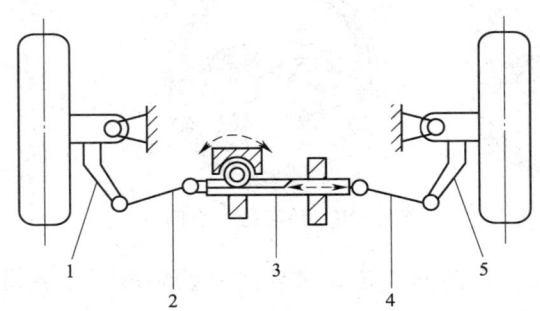

图5—12 与独立悬架配用的转向传动机构

1—左梯形臂 2—左转向横拉杆 3—齿轮齿条转向器 4—右转向横拉杆 5—右梯形臂

五、动力转向系统的简单介绍

1. 组成

动力转向系统由机械转向器、转向动力缸和转向动力阀三部分组成，如图5—13所示。

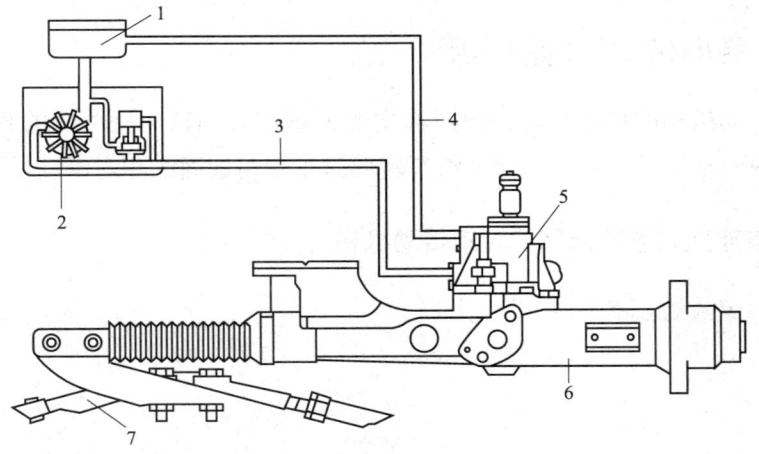

图5—13 桑塔纳2000轿车动力转向系统结构

1—储油罐 2—油泵 3—高压油管 4—低压油管 5—转阀 6—转向器 7—转向横拉杆总成

2. 分类

（1）按传递力矩的介质分

气压式：用于采用气压制动系统的货车和客车。

液压式：应用广泛。

（2）按液压系统压力状态分

常压式：液压系统中总是保持高压，常压式液压动力转向装置结构如图5—14所示。

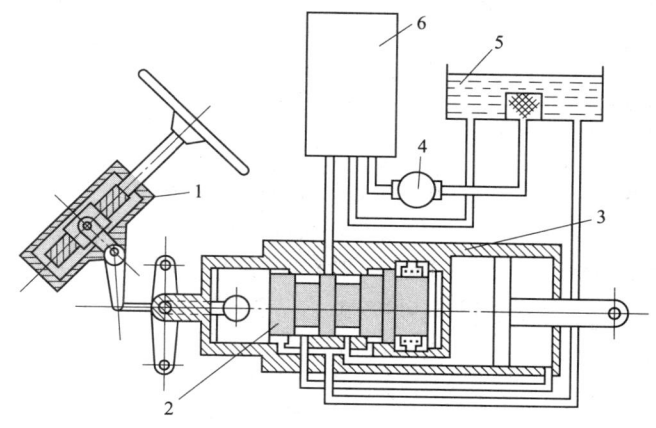

图5—14　常压式液压动力转向装置

1—机械转向器　2—转向控制阀　3—转向动力缸　4—转向油泵　5—转向油罐　6—储能器

常流式：只有转向时，液压系统才有压力，常流式液压动力转向装置结构如图5—15所示。

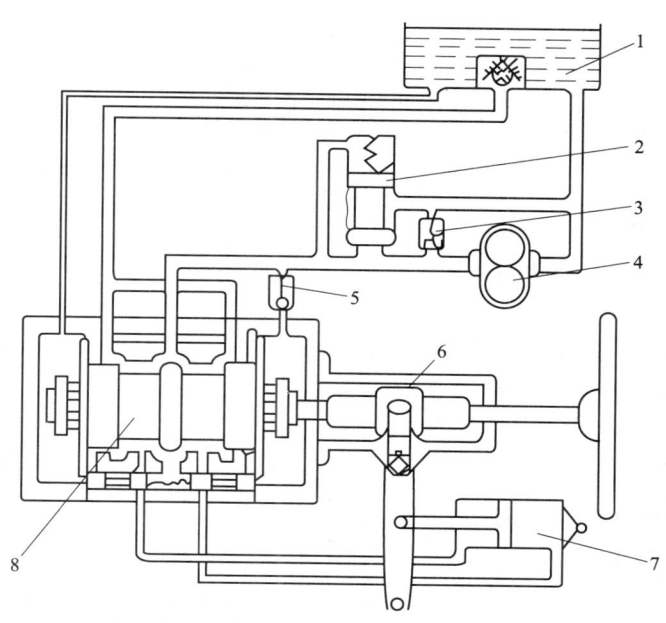

图5—15　常流式液压动力转向装置

1—转向油罐　2—流量控制阀　3—安全阀　4—转向油泵
5—单向阀　6—机械转向器　7—转向动力缸　8—转向控制阀

六、转向系统故障症状表

常见的转向系统故障症状见表5—1，表中的"怀疑部位及故障原因"列中按可能性的大小顺序列出了症状的可能起因。在检查症状时，应按表中所列的顺序来检查各怀疑部位，根据需要更换零部件。

表 5—1　　　　　　　　　　转向系统故障症状表

症状	怀疑部位及故障原因
转向困难	前轮胎（充气不当或磨损不均匀） 前轮定位（不正确） 前悬架（下球节） 转向中间轴 转向柱总成 转向机总成 动力转向 ECU
回位表现不佳	前轮胎（充气不当或磨损不均匀） 前轮定位（不正确） 转向柱总成 转向机总成 动力转向 ECU
没有自由行程或自由行程过大	转向中间轴 转向机总成
如果转动转向盘，动力转向机构在运行过程中会发出敲击声（或沉闷的撞击声）	转向中间轴 前悬架（下球节） 前桥轮毂（轮毂轴承） 转向机总成
低速行驶时，在转动转向盘时发出摩擦声	动力转向马达 转向柱总成
车辆停止期间，在缓慢转动转向盘时，发出尖锐的声音（吱吱声）	动力转向马达
车辆停止期间，在转动转向盘时，转向盘振动或发出噪声	动力转向马达 转向柱总成

任务准备

1. 雅力士（2NZ-FE）轿车底盘部分《维修手册》；
2. 《汽车底盘构造与维修》学材（工作页）；
3. 底盘实训台架、实训整车，车型：雅力士（2NZ-FE）；
4. 拉器、铜棒；
5. 拆装作业台；
6. 专用工具一套；
7. 货架式工具车及常规工具；
8. 游标卡尺、百分表；
9. 零件小车；
10. 砂布、钢丝刷、棉纱等。

任务实施

一、转向盘自由行程、转向力的检查

步骤1：停止车辆并使轮胎朝向正前方。

步骤2：用手轻微向左和向右转动转向盘并检查转向盘自由行程，如图5—16所示。

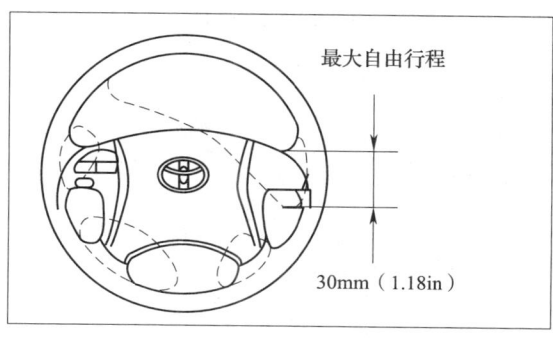

图 5—16

最大自由行程：30 mm

建议：如果自由行程超过了最大值，检查转向柱、转向中间轴、转向滑叉或转向机构。

步骤3：检查转向力，如图5—17所示。

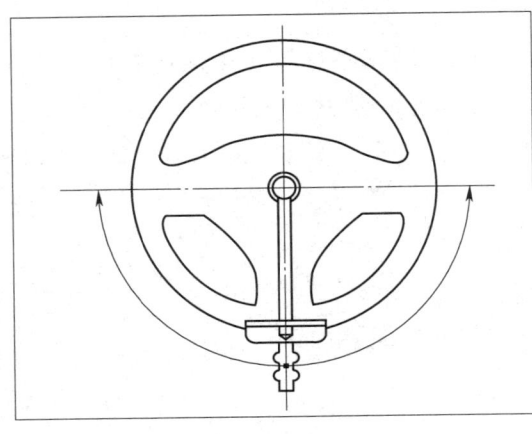

图5—17

（1）使转向盘对中。
（2）拆下转向盘衬垫。
（3）起动发动机并使其怠速运转。
（4）在顺时针和逆时针方向测量转向力。转向力：5.5 N·m（参考）

提示：
在进行诊断前检查轮胎类型、压力和接触面。

（5）拧紧转向盘的定位螺母。扭矩：50 N·m
（6）安装转向盘衬垫。

二、齿轮齿条式方向机的拆解

步骤1：用保护带固定动力转向机连杆总成，如图5—18所示。

步骤2：拆卸转向机左转压力管，如图5—19所示。

步骤3：拆卸转向机右转压力管，如图5—20所示。

步骤4：拆卸横拉杆总成LH，如图5—21所示。

步骤5：拆卸横拉杆总成RH。

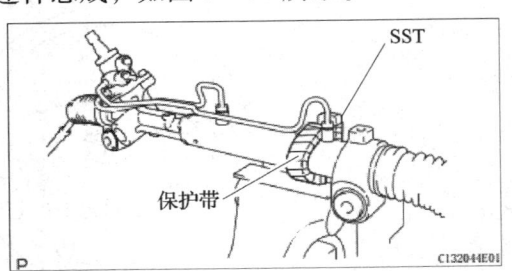

图5—18

步骤6：拆卸转向齿条卡扣。

步骤7：拆卸2号转向齿条护套箍，如图5—22所示。

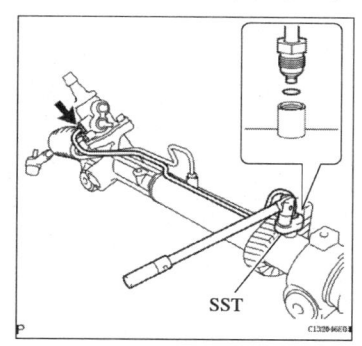

图5—19

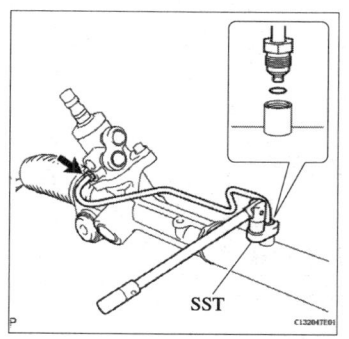

图5—20

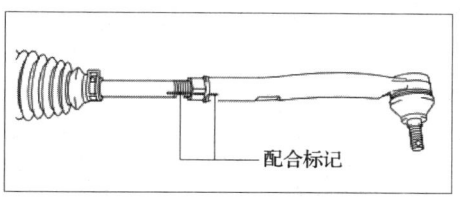

图5—21

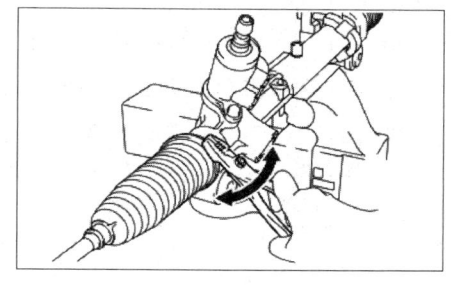

图5—22

步骤8：拆卸2号转向齿条护套。

步骤9：拆下转向齿条尾端分总成，如图5—23所示。

步骤10：拆卸齿条导向，如图5—24所示。

步骤11：拆卸防尘罩。

步骤12：拆卸动力转向控制阀总成。

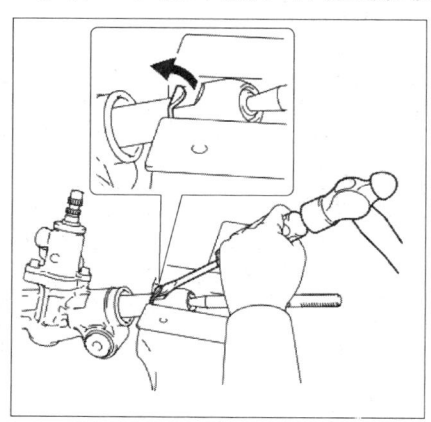

图5—23

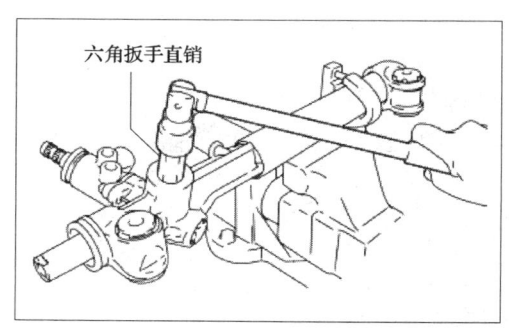

图5—24

步骤13：拆卸动力转向控制阀分总成，如图5—25所示。
步骤14：拆卸动力转向控制阀下油封，如图5—26所示。

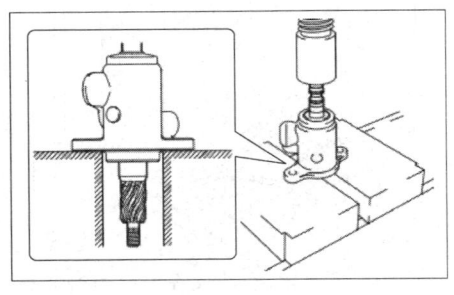

图5—25　　　　　　　　　　图5—26

步骤15：拆卸动力转向控制阀隔片，如图5—27所示。
步骤16：拆卸动力转向控制阀上油封，如图5—28所示。
步骤17：拆卸气缸端限位挡圈孔卡环。
步骤18：拆卸动力转向齿条分总成。

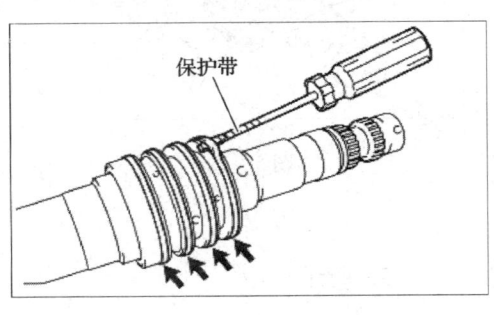 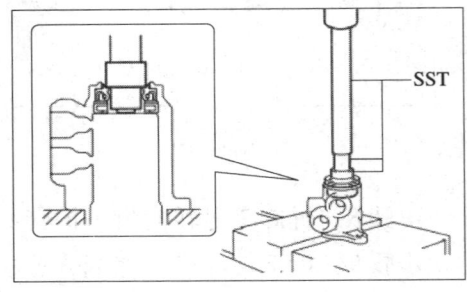

图5—27　　　　　　　　　　图5—28

步骤19：拆卸气缸端限位挡圈，如图5—29所示。
步骤20：拆卸动力转向齿条衬套，如图5—30所示。

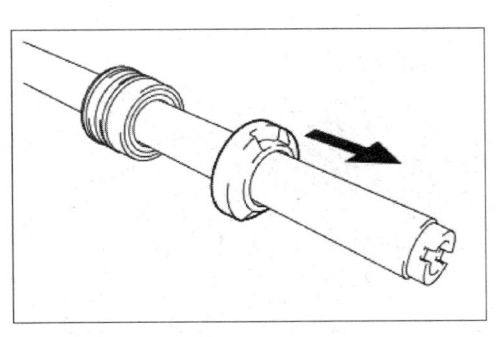 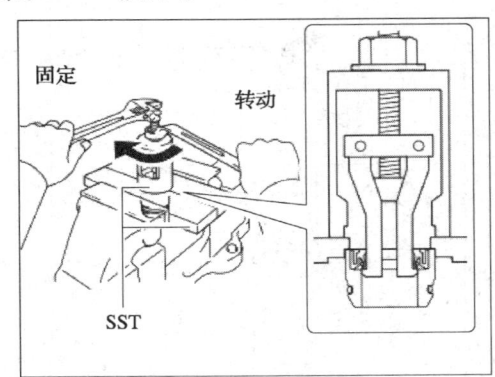

图5—29　　　　　　　　　　图5—30

步骤21：去除动力转向油压缸管道油封，如图5—31所示。

步骤22：拆卸动力活塞油封，如图5—32所示。

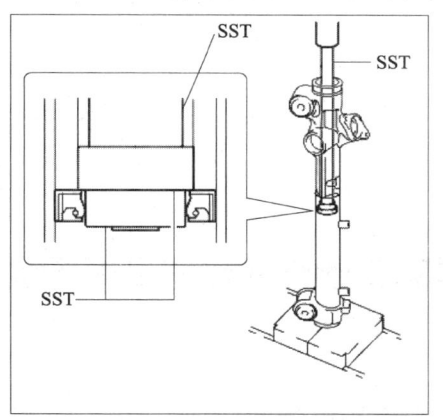

图5—31

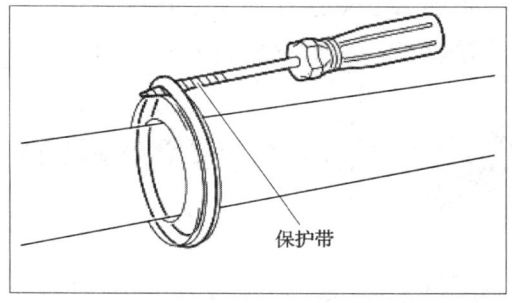

图5—32

三、 齿轮齿条式方向机的装复

安装零件时，须在相应零件上涂抹动力转向油、锂基二硫化钼润滑脂、MP润滑脂或硅润滑脂。

步骤1：安装动力活塞油封。

步骤2：安装动力转向油压缸管道油封。

步骤3：安装动力转向齿条分总成。

步骤4：安装动力转向齿条衬套。

步骤5：安装气缸端限位挡圈。

步骤6：安装气缸端限位挡圈孔卡环。

步骤7：气密性测试。

步骤8：安装动力转向控制阀上油封。

步骤9：安装动力转向控制阀上轴承。

步骤10：安装动力转向控制阀隔片。

步骤11：安装动力转向控制阀分总成。

步骤12：安装动力转向控制阀下油封。

步骤13：安装齿条导向。

步骤14：检查总预紧力。

步骤15：安装防尘罩。

步骤16：安装转向齿条尾端分总成。

步骤17：安装2号转向齿条护套。

步骤 18：安装 2 号转向齿条护套箍。
步骤 19：安装转向齿条卡扣。
步骤 20：安装横拉杆总成 LH。
步骤 21：安装横拉杆总成 RH。
步骤 22：安装转向机右转压力管。
步骤 23：安装转向机左转压力管。

 **知识拓展**

常见的助力转向有机械液压助力、电子液压助力、电动助力三种。EPS 就是英文 Electric Power Steering 的缩写，即电动助力转向系统。该系统由电动助力机直接提供转向助力，省去了液压动力转向系统所必需的动力转向油泵、软管、液压油、传送带和装于发动机上的皮带轮，是一种直接依靠电动机提供辅助扭矩的动力转向系统，与传统的液压助力转向系统 HPS（Hydraulic Power Steering）相比，EPS 系统具有节省能量、保护环境、调整简单、装配灵活以及在多种状况下都能提供转向助力等众多优点，因此，电动助力转向系统是汽车转向系统的发展方向。EPS 主要由转矩传感器、车速传感器、电动机、减速机构和电子控制单元（ECU）等组成，如图 5—33 所示。

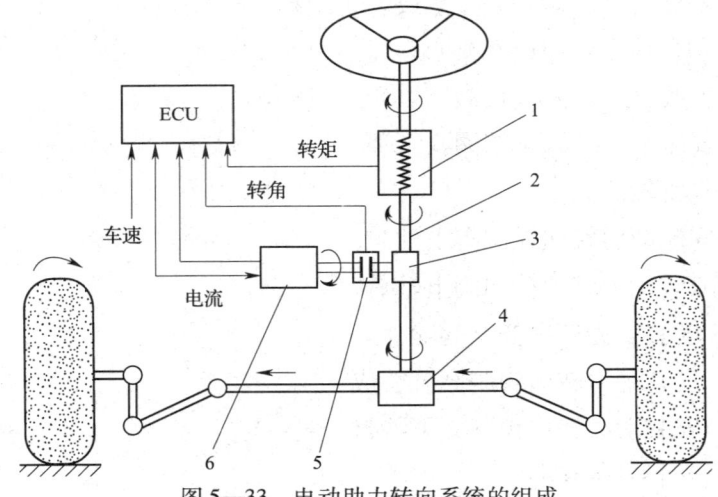

图 5—33 电动助力转向系统的组成

1—转矩传感器　2—转向轴　3—减速机构　4—齿轮齿条转向器　5—离合器　6—电动机

1. 电动助力转向系统的工作原理

首先，转矩传感器测出驾驶员施加在转向盘上的操纵力矩，车速传感器测出车辆当前的行驶速度，然后将这两个信号传递给 ECU；ECU 根据内置的控制策略，计算出理想的目标助力力矩，转化为电流指令给电动机；然后，电动机产生的助力力矩经减速机构放大作用在机械式转向系统上，和驾驶员的操纵力矩一起克服转向阻力矩，实现车辆的转向。

2. 与传统的液压助力转向相比，EPS 系统具有一系列的优点。

（1）节约了能源消耗。没有转向油泵，且电动机只是在需要转向时才接通电源，所以动力消耗和燃油消耗均可降到最低。

（2）对环境无污染。该系统应用电力作为能源，消除了由于转向油泵带来的噪声污染，也不存在液压助力转向系统中液压油的泄漏与更换而造成的污染。同时该系统由于没有使用不可回收的聚合物组成的油管、油泵和密封件等配件，从而避免了污染。

（3）增强了转向跟随性。在电动助力转向系统中，电动机与助力机构直接相连，可以使其能量直接用于车轮的转向。该系统利用惯性减振器的作用，使车轮的反转和转向前轮摆振大大减小。因此，转向系统的抗扰动能力大大增强。与液压助力转向系统相比，旋转力矩产生于电动机，没有液压助力系统的转向迟滞效应，增强了转向车轮对转向盘的跟随性能。

（4）改善了回正特性。由于采用了微电子技术，利用软件控制电动机动作，在最大限度内调整设计参数以获得最佳的回正特性。从最低车速到最高车速，可得到一簇回正特性曲线，通过编程实现电动机在不同车速及不同车况下的转矩特性，这些转矩特性使得该系统能显著提高转向能力，提供了与车辆动态性能相匹配的转向回正特性，而传统的液压助力转向系统无法做到这一点。

（5）提高了操纵稳定性。当驾驶员转动转向盘一角度，然后松开时，EPS 系统能够自动调整使车轮回正。同时还可利用软件在最大限度内调整设计参数以获得最佳的回正特性。而在传统的液压控制系统中，要改善这种特性必须改造底盘的机械结构，实现起来很困难。

（6）系统结构简单，占用空间小，布置方便。由于该系统具有良好的模块化设计，所以不需要对不同的系统重新进行设计、试验、加工等，不仅节省了费用，也为设计不同的系统提供了极大的灵活性，而且更易于生产线装配。相对于液压助力转向系统，EPS 没有油泵、油管和发动机上的带轮，使得设计该系统时有更大的余地，而且该系统的控制模块可以和齿轮齿条设计在一起或单独设计，发动机部件的空间利用率极高。

任务六 制动系统的检修

任务描述

一位车主开着自己的车来到某品牌 4S 店,据车主介绍:他开着车去乡下办事,在经过一段较长的坡路时,感觉车速过快就踩刹车,没想到踩下刹车后,车速一点也没有下降。幸好当时路面上只有他一辆车,在拉起手刹之后,车子才停了下来。服务顾问接车后初步判断了故障,承诺交车时间。作为维修技术员要求在规定时间内检修制动失效的故障。

任务分析

一、学习目标

1. 能够遵守安全操作规范,按章操作,并注重环保意识的养成。

2. 能够描述制动系统的组成、作用和工作原理。

3. 能够识别制动系统的主要零部件和不同结构的制动器。

4. 能够通过观察实物或图片判断制动系统的类型。

5. 能够对制动系统的主要零部件进行检查、修复或更换。

6. 能够正确地使用工量具和检测维修设备。

二、工作过程与学习活动

1. 相关资讯（制动系统相关知识）

2. 任务准备（维修手册、学材、工具）

3. 任务实施（制动液就车检查；制动助力器就车检查；前制动器的拆卸、拆解、检查与装复；后制动器的拆卸、拆解、检查与装复）

4. 知识拓展（防抱死制动系统 ABS）

相关资讯

制动系统相关知识

一、制动系统的功用及类型

制动系统是汽车上用以使外界（主要是路面）在汽车某些部分（主要是车轮）施加一定的力，从而对其进行一定程度的强制制动的一系列专门装置。制动系统的作用是：使行驶中的汽车按照驾驶员的要求进行强制减速甚至停车；使已停驶的汽车在各种道路条件下（包括在坡道上）稳定驻车；使下坡行驶的汽车速度保持稳定。对汽车起制动作用的只能是作用在汽车上且方向与汽车行驶方向相反的外力，而这些外力的大小都是随机的、不可控制的，因此，汽车上必须装设一系列专门装置以实现上述功能。

1. 制动系统的功用

为了保证汽车安全行驶，提高汽车的平均行驶速度，以提高运输生产效率，在各种汽车上都设有专用制动机构。这样的一系列专门装置即称为制动系统。

（1）保证汽车行驶中能按驾驶员要求减速或停车。

（2）保证车辆可靠停放。

2. 制动系统的类型

(1) 按功用分：行车制动系统、驻车制动系统、第二制动系统、辅助制动系统。

1) 行车制动系统——是由驾驶员用脚来操纵的，故又称脚制动系统。它的功用是使正在行驶中的汽车减速或在最短的距离内停车。

2) 驻车制动系统——是由驾驶员用手来操纵的，故又称手制动系统。它的功用是使已经停在各种路面上的汽车驻留原地不动。

3) 第二制动系统——在行车制动系统失效的情况下，保证汽车仍能实现减速或停车的一套装置。在许多国家的制动法规中规定，第二制动系统也是汽车必须具备的。

4) 辅助制动系统——经常在山区行驶的汽车以及某些特殊用途的汽车，为了提高行车的安全性和减轻行车制动系统性能的衰退及制动器的磨损，用以在下坡时稳定车速。

(2) 按制动能量传输分：机械式、液压式、气压式、电磁式、组合式。

(3) 按回路多少分：单回路制动系统、双回路制动系统，如图6—1、图6—2所示。

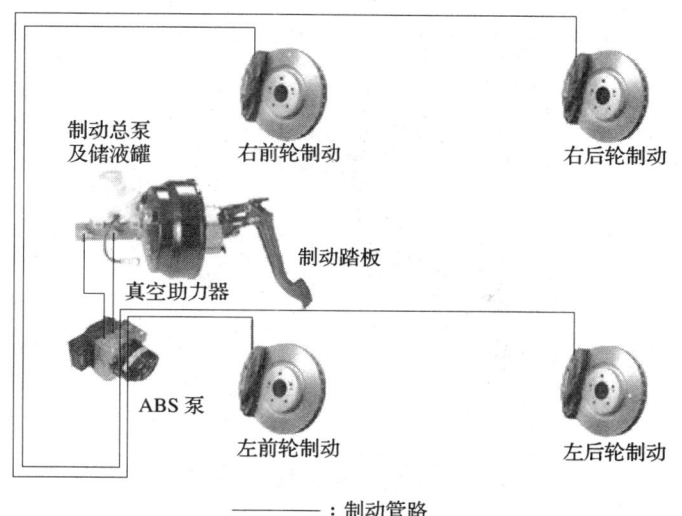

图6—1 单回路制动系统

(4) 按能源分：人力制动系统、动力制动系统、伺服制动系统。

1) 人力制动系统——以驾驶员的肢体作为唯一的制动能源的制动系统。

2) 动力制动系统——完全靠由发动机的动力转化而成的气压或液压形式的势能进行制动的制动系统。

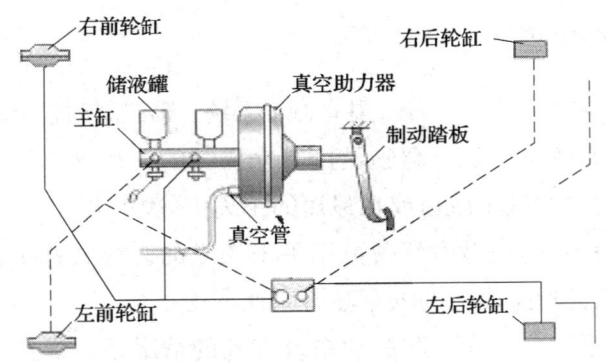

图 6—2 对角线布置的双回路液压制动系统

3）伺服制动系统——兼用人力和发动机动力进行制动的制动系统。

二、制动系统的结构组成

汽车制动系统一般包括两套独立的制动装置。一套为行车制动装置，另一套为驻车制动装置。每套制动装置都由制动操纵机构和产生制动作用的制动器组成，如图 6—3 所示。

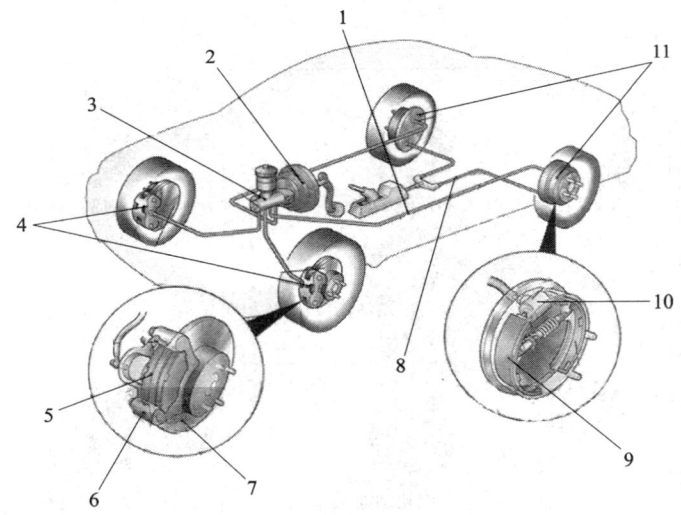

图 6—3 制动系统结构示意图

1—制动油管　2—真空助力器　3—制动总泵　4—盘式制动器　5—制动片　6—制动分泵
7—制动盘　8—手刹线　9—制动蹄片　10—制动分泵　11—鼓式制动器

1. 制动操纵机构

即产生制动动作、控制制动效果并将制动能量传输到制动器的各个部件的机构。属于液压制动传动机构的部件有：制动踏板、推杆、制动主缸、制动轮缸和管路等。属于气压制动传动机构的部件有：制动踏板、推杆、制动总阀、空气干燥器、四回路保护阀、制动气室和管路等。

2. 制动器

即产生阻碍车辆的运动或运动趋势的力（制动力）的部件。属于制动器的部件有：前轮制动器、后轮制动器、驻车制动器。较完善的制动系统还具有制动力调节装置、报警装置、压力保护装置等附加装置，如图6—4所示。

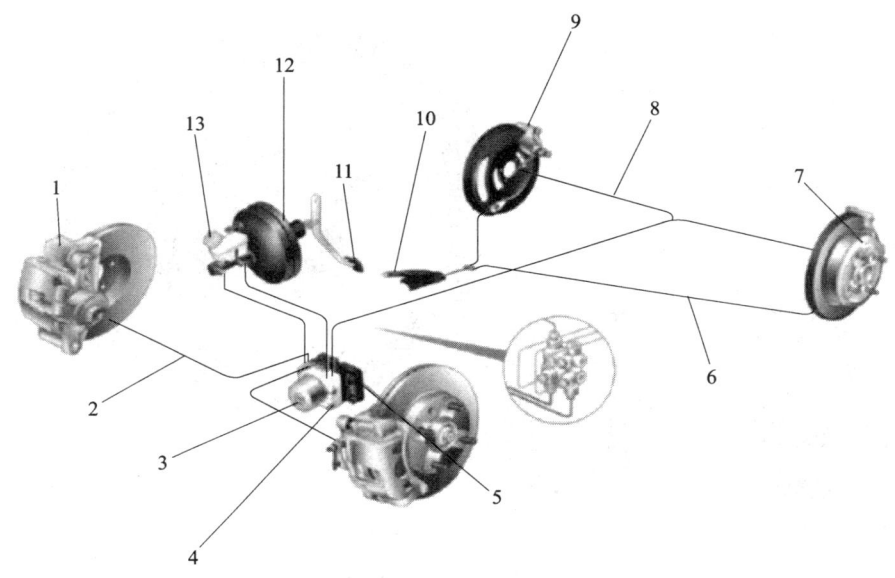

图6—4 汽车制动系统结构图

1—前轮制动器（盘式） 2—前轮制动管路 3—液压泵电动机 4—制动压力调节阀 5—ABS控制单元 6—驻车制动拉索 7—驻车制动器（鼓式） 8—后轮制动管路 9—后轮制动器（盘式） 10—驻车制动杆 11—制动踏板 12—真空助力器 13—储液罐

三、制动系统的一般工作原理

制动系统的一般工作原理是，利用与车身（或车架）相连的非旋转元件和与车轮（或传动轴）相连的旋转元件之间的相互摩擦来阻止车轮的转动或转动的趋势。

1. 鼓式制动器的结构组成与工作原理

典型鼓式制动器的主要部件如图6—5、图6—6所示，包括制动底板、轮缸、制动蹄、制动鼓。

鼓式制动器的工作原理如图6—7所示。一个以内圆面为工作表面的金属制动鼓固定在车轮轮毂上，随车轮一同旋转。在固定不动的制动底板上，有两个支撑销，支撑着两个弧形制动蹄的下端。制动蹄的外圆面上装有摩擦片。制动底板上还装有液压制动轮缸，用油管与装在车架上的液压制动主缸相连通。主缸中的活塞可由驾驶员通过制动踏板机构来操纵。踩下制动踏板，通过推杆和主缸活塞，使主缸内的油液产生一定压力后流入轮缸，继而推动轮缸活塞往外推移，使两制动蹄绕支撑销转动，上端向两边张开而使其摩擦片压紧在制动鼓的内圆面上。不旋转的制动蹄就对旋转的制动鼓产生一个摩擦力矩，其方向与车轮旋转方向相反，使制动鼓减小转动速度，或保持不动。

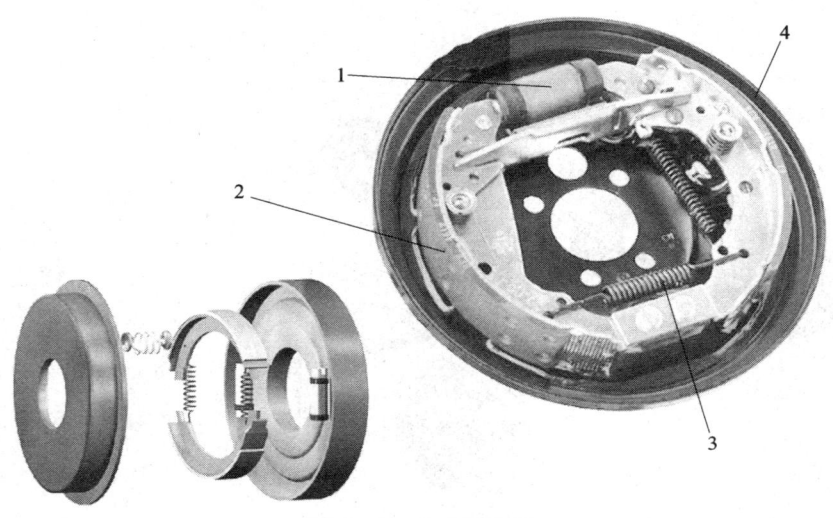

图6—5 鼓式制动器

1—制动轮缸 2—摩擦片 3—回位弹簧 4—制动鼓

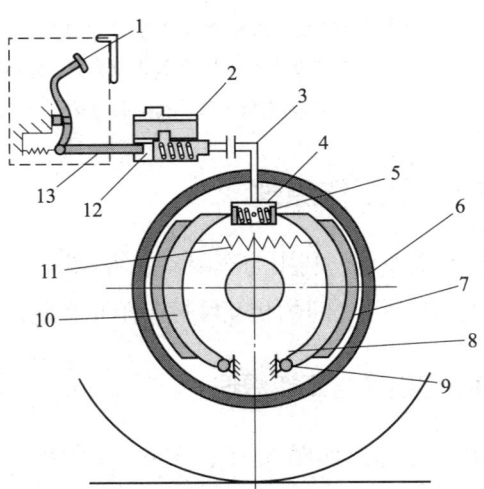

图6—6 鼓式制动器结构示意图

1—制动踏板 2—制动主缸 3—油管 4—制动轮缸 5—轮缸活塞 6—制动鼓 7—摩擦片 8—制动底板
9—偏心支撑销 10—制动蹄 11—制动蹄回位弹簧 12—主缸活塞 13—推杆

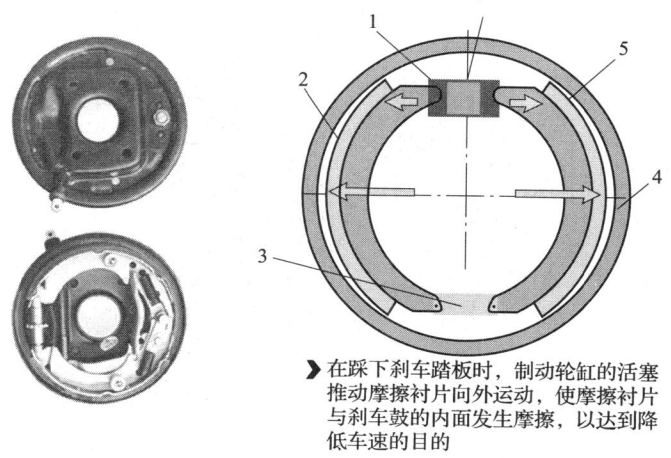

▶ 在踩下刹车踏板时，制动轮缸的活塞推动摩擦衬片向外运动，使摩擦衬片与刹车鼓的内面发生摩擦，以达到降低车速的目的

图6—7 鼓式制动器的工作原理

1—活塞 2—摩擦衬片 3—顶杆 4—制动鼓 5—制动蹄

2. 盘式制动器的结构组成与工作原理

盘式制动器也叫碟式制动器，主要由制动盘、制动钳、摩擦片、分泵、油管等部分构成，如图6—8、图6—9所示。盘式制动器通过液压系统把压力施加到制动钳上，使制动摩擦片与随车轮转动的制动盘发生摩擦，从而达到制动的目的，如图6—10所示。

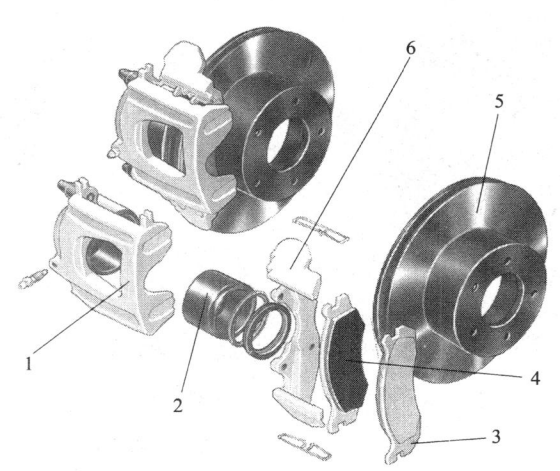

图6—8 盘式制动器

1—制动钳 2—制动钳活塞 3—制动衬块 4—摩擦片 5—制动盘 6—制动钳安装支架

盘式制动器的制动钳有两种类型：移动式（浮钳盘式制动器）和固定式（定钳盘式制动器）。浮钳盘式制动器的制动钳通过导向销与桥壳相连，它可以相对于制动盘轴线方向移动。定钳盘式制动器的制动钳是固定安装在桥壳上，既不能旋转，也不能沿制动盘轴线方向移动。

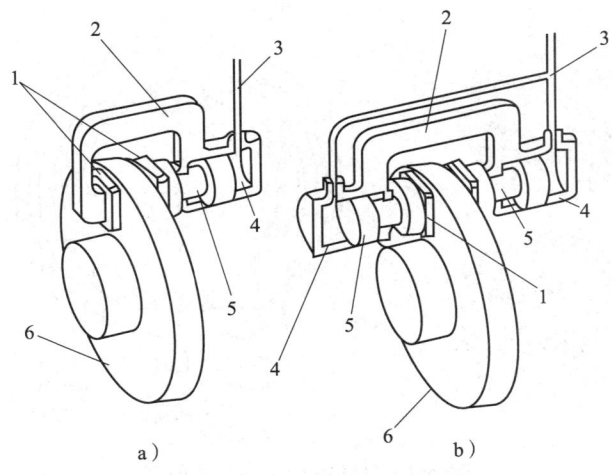

图6—9 盘式制动器结构示意图
1—制动摩擦块 2—制动钳 3—进油管 4—制动缸体 5—活塞 6—制动盘
a) 浮式制动钳 b) 定式制动钳

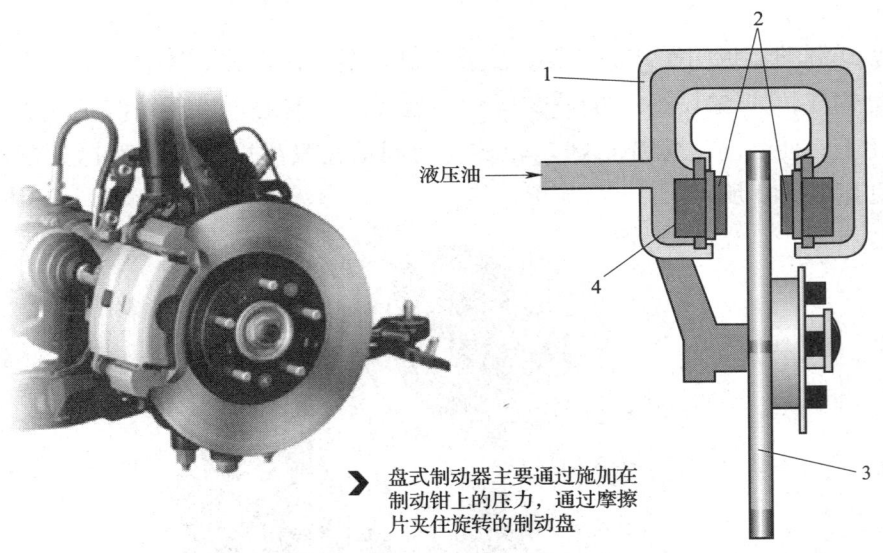

> 盘式制动器主要通过施加在制动钳上的压力，通过摩擦片夹住旋转的制动盘

图6—10 盘式制动器的工作原理
1—刹车钳 2—制动摩擦片 3—制动盘 4—活塞

浮钳盘式制动器制动时，液压油通过进油口进入制动油缸，推动活塞及其上的摩擦块向右移动，并压到制动盘上，并使得油缸连同制动钳体整体沿销钉向左移动，直到制动盘右侧的摩擦块也压到制动盘上夹住制动盘并使其制动，如图6—11所示。

定钳盘式制动器制动时，制动油液由制动总泵（制动主缸）经进油口进入钳体中两个相通的液压腔中，将两侧的制动块压向与车轮固定连接的制动盘，从而产生制动，如图6—12所示。

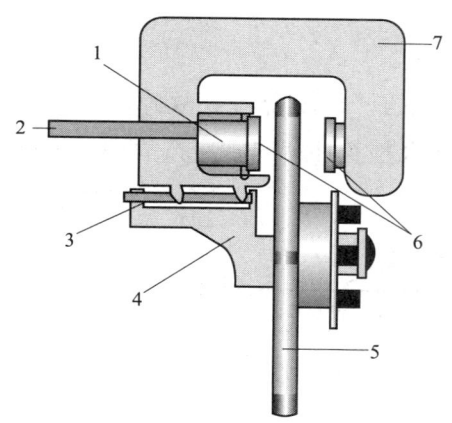
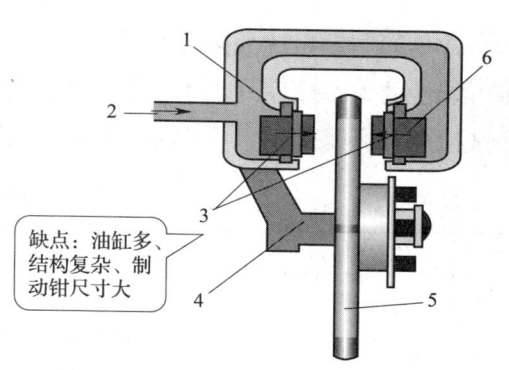

图6—11 浮钳盘式制动器制动原理图
1—活塞 2—进油口 3—导向销 4—车桥
5—制动盘 6—制动块 7—制动钳

图6—12 定钳盘式制动器制动原理图
1—制动钳体 2—进油口 3—制动块
4—车桥 5—制动盘 6—活塞

缺点：油缸多、结构复杂、制动钳尺寸大

与封闭式的鼓式制动器不同的是，盘式制动器是敞开式的。制动过程中产生的热量可以很快散去，拥有很好的制动效能，现在已广泛应用于轿车上。制动过程实际上是摩擦力将动能转化为热能的过程，如制动器的热量不能及时散出，将会影响其制动效果。为了进一步提升制动效能，通风制动盘应运而生。

通风刹车盘内部是中空的或在制动盘上打有很多小孔，冷空气可以从中间穿过进行降温，如图6—13所示。从外表看，通风盘式制动器在圆周上有许多通向圆心的孔，它利用汽车在行驶中产生的离心力能使空气对流，达到散热的目的，因此比普通实心盘式制动器散热效果要好许多。

图6—13 通风盘式制动器散热示意图

四、制动系统故障症状表

常见的制动系统故障症状见表6—1，表中的"怀疑部位及故障原因"栏中按可能性的大小顺序列出了症状的可能起因。在检查症状时，应按表中所列的顺序来检查各怀疑部位，根据需要更换零部件。

表6—1　　　　　　　　　　　制动系统故障症状表

症状	怀疑部位及故障原因
踏板位置太低或踏板绵软	制动系统制动液泄漏 制动系统中有空气 活塞密封件（磨损或损坏）（前盘式制动器） 制动分泵帽（损坏）（后鼓式制动器） 制动总泵（故障） 制动助力器推杆（需要调整）
制动拖滞	制动踏板自由行程（最小） 驻车制动杆行程（不能调整） 后鼓式制动器制动蹄间隙（不能调整）（后鼓式制动器） 衬块（破裂或变形）（前盘式制动器） 制动蹄（破裂或变形）（后鼓式制动器） 前盘式制动器活塞（卡滞）（前盘式制动器） 活塞（卡滞）（后鼓式制动器） 前盘式制动器活塞（冻结）（前盘式制动器） 活塞（冻结）（后鼓式制动器） 张紧弹簧或回位弹簧（故障）（后鼓式制动器） 助力器系统（真空泄漏） 制动总泵（故障） 制动助力器推杆（需要调整）
制动跑偏	前盘式制动器活塞（卡滞）（前盘式制动器） 活塞（卡滞）（后鼓式制动器） 衬块（油渍）（前盘式制动器） 制动蹄（油渍）（后鼓式制动器） 前盘式制动器活塞（冻结）（前盘式制动器） 活塞（冻结）（后鼓式制动器） 前制动盘（划伤）（前盘式制动器） 后制动鼓（划伤）（后鼓式制动器） 衬块（破裂或变形）（前盘式制动器） 制动蹄（破裂或变形）（后鼓式制动器）

续表

症状	怀疑部位及故障原因
踏板僵硬且制动不足	制动系统制动液泄漏—制动系统中有空气 前盘式制动器活塞（卡滞）（前盘式制动器） 活塞（卡滞）（后鼓式制动器） 衬块（破裂或变形）（前盘式制动器） 制动蹄（破裂或变形）（后鼓式制动器） 衬块（油渍）（前盘式制动器） 制动蹄（油渍）（后鼓式制动器） 衬块（磨光）（前盘式制动器） 制动蹄（磨光）（后鼓式制动器） 前制动盘（划伤）（前盘式制动器） 后制动鼓（划伤）（后鼓式制动器） 助力器系统（真空泄漏）
制动器有噪声	衬块（破裂或变形）（前盘式制动器） 制动蹄（破裂或变形）（后鼓式制动器） 安装螺栓（松动）（前盘式制动器） 前制动盘（划伤）（前盘式制动器） 后制动鼓（划伤）（后鼓式制动器） 衬块支撑片（松动）（前盘式制动器） 滑销（磨损）（前盘式制动器） 衬块（脏污）（前盘式制动器） 制动蹄（脏污）（后鼓式制动器） 衬块（磨光）（前盘式制动器） 制动蹄（磨光）（后鼓式制动器） 张紧弹簧或回位弹簧（故障）（后鼓式制动器） 消音垫片（损坏）（前盘式制动器） 制动蹄压紧弹簧（损坏）（后鼓式制动器）

 **任务准备**

1. 雅力士（2NZ-FE）轿车底盘部分《维修手册》；
2. 《汽车底盘构造与维修》学材（工作页）；

3. 底盘实训台架、实训整车，车型：雅力士（2NZ-FE）；
4. 拉器、铜棒；
5. 拆装作业台；
6. 专用工具一套；
7. 货架式工具车及常规工具；
8. 游标卡尺、直尺、百分表、制动鼓测量规等；
9. 零件小车；
10. 砂布、钢丝刷、棉纱等。

任务实施

一、制动液就车检查

步骤1：制动液品质检查

（1）目视检查。制动液的外观应清澈透明或呈琥珀色、无杂质、无沉淀和悬浮物。如果制动液变黑、混浊或有沉淀物等现象时，在征得顾客同意后应及时更换。

（2）用仪器检查。使用检测仪器，可直接测出制动液是否变质。

步骤2：制动液量检查，如图6—14所示。

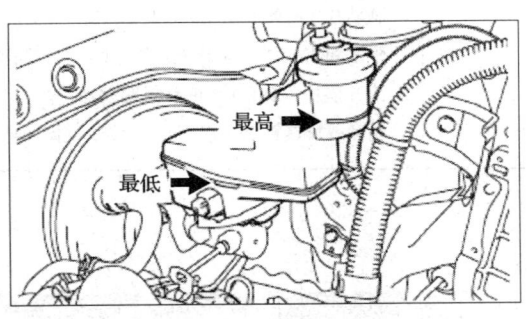

图6—14

提示：

若制动液液位低，则检查是否泄漏并检查盘式制动摩擦片。必要时，在修理和更换后，向储液罐重新加注制动液。

步骤3：检查制动软管与主缸连接处有无渗漏。

步骤4：检查制动软管与轮缸连接处有无渗漏。

步骤5：检查制动软管有无老化、渗漏或龟裂。

二、制动助力器就车检查

步骤1：检查气密性。

（1）起动发动机，并在1 min或2 min后停机。慢慢踩下制动踏板数次，如图6—15所示。

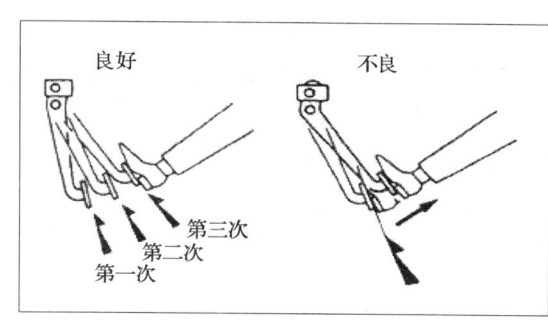

图6—15

提示：

● 如果第一次可以将踏板踩到底，但第二次和第三次不能踩到底，则表示助力器气密性良好。如果不是这样，检查真空单向阀。

● 如果真空单向阀正常，则更换制动助力器总成。

（2）在发动机运转时踩下制动踏板，停止发动机。

提示：

● 踩住踏板30 s，如果踏板行程余量没有变化，则表示助力器气密性良好。如果不是这样，检查真空单向阀。

● 如果真空单向阀正常，则更换制动助力器总成。

步骤2：检查工作情况。

（1）在发动机停机时踩下制动踏板数次，然后检查并确认踏板行程余量没有变化。

（2）踩下制动踏板，并起动发动机，如图6—16所示。

提示：

● 如果踏板稍微下移，则说明工作情况正常。如果不是这样，检查真空单向阀。

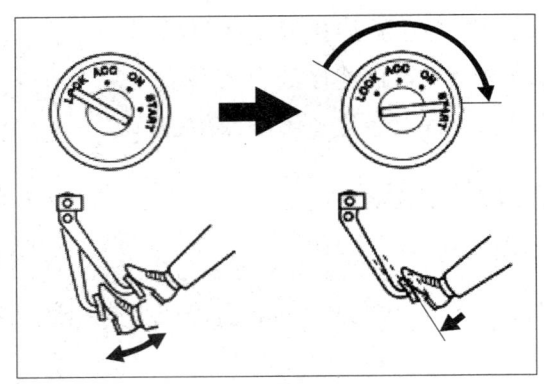

图 6—16

- 如果真空单向阀正常，则更换制动助力器总成。

三、前制动器（盘式制动器）的拆卸、拆解、检查与装复

步骤 1：拆卸前制动器（盘式制动器）。

（1）拆卸前轮。

（2）排出制动液。

提示：

如果制动液接触到任何漆面，应立即将其冲洗掉。

（3）断开前挠性软管，如图 6—17 所示。

拆下管接螺栓和垫片，然后从盘式制动器制动缸上拆下挠性软管。

（4）拆卸盘式制动器制动缸总成，如图 6—18 所示。

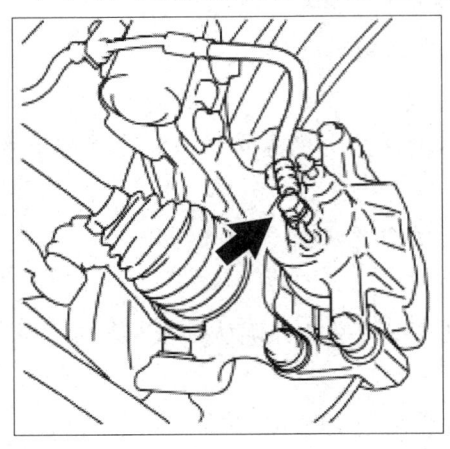

图 6—17　　　　　　　　　　图 6—18

用扳手固定滑销，拆下 2 个螺栓，然后拆下盘式制动器制动缸。

（5）拆卸前盘式制动衬块，如图 6—19 所示。

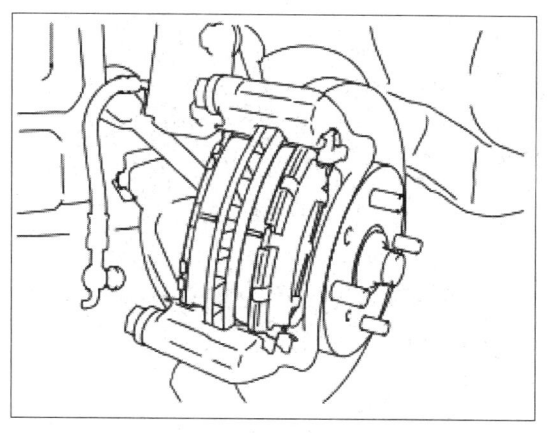

图 6—19

从盘式制动器制动缸支架上拆下 2 个盘式制动衬块。

（6）拆卸前消音垫片

1）从每个制动衬块上拆下 1 号消音垫片和 2 号消音垫片。

2）从每个制动衬块上拆下制动衬块磨损指示板。

（7）拆卸前盘式制动衬块支撑片，如图 6—20 所示。

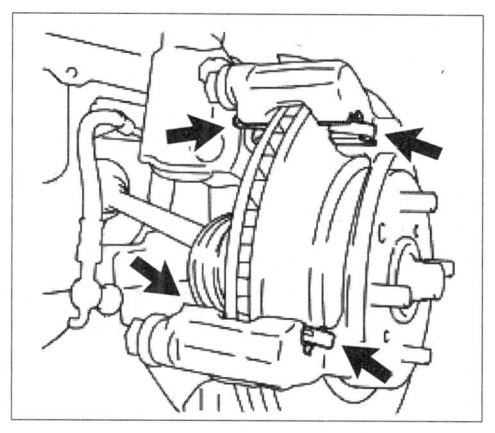

图 6—20

从盘式制动器制动缸支架上拆下 4 个盘式制动衬块支撑片。

（8）拆卸前盘式制动器制动缸滑销，如图 6—21 所示。

从盘式制动器制动缸支架上拆下滑销（上部和下部）。

（9）拆卸前盘式制动器制动缸滑动衬套，如图 6—22 所示。

用一把刀头用保护带包住的旋具，从滑销（下部）上拆下滑动衬套。

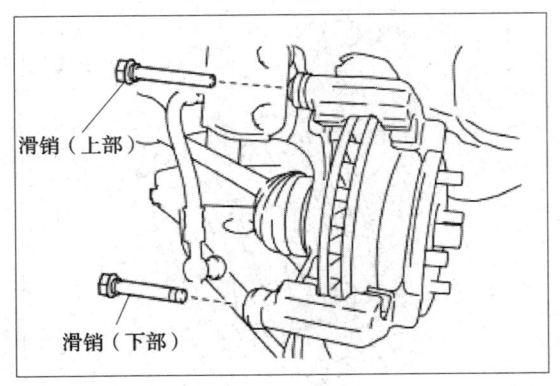

图 6—21

（10）拆卸前盘式制动器衬套防尘套，如图 6—23 所示。

从盘式制动器制动缸支架上拆下 2 个防尘套。

（11）拆卸前盘式制动器制动缸支架，如图 6—24 所示。

拆下 2 个螺栓，然后从转向节上拆下盘式制动器制动缸支架。

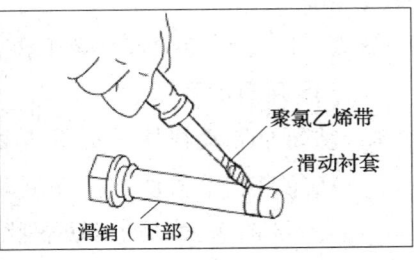

图 6—22

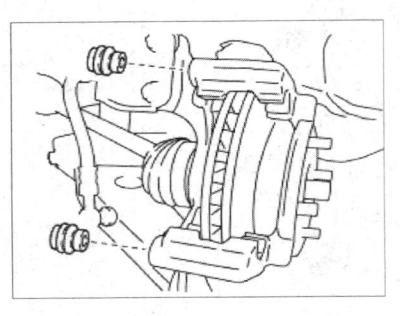

图 6—23

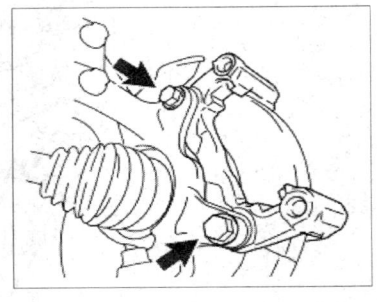

图 6—24

（12）拆卸前制动盘，如图 6—25 所示。

在制动盘和车桥轮毂上做配合标记，并拆下制动盘。

步骤 2：拆解前制动器（盘式制动器），如图 6—26 所示。

（1）拆卸制动缸护尘套。用一把刀头用保护带包住的旋具，从盘式制动器制动缸上拆下固定环和制动缸护尘套。

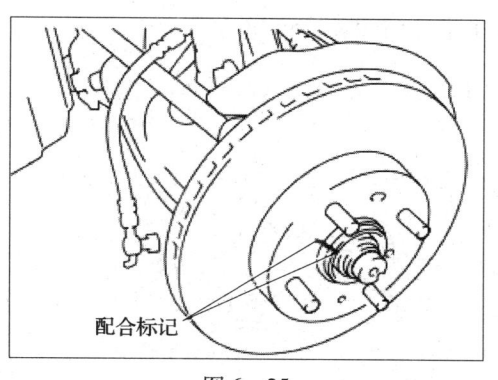

图 6—25

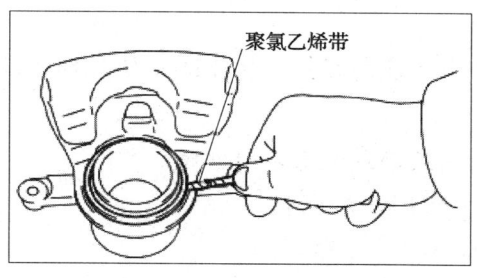

图 6—26

（2）拆卸前盘式制动器活塞。

1）将一块布放在活塞和盘式制动器制动缸之间，如图 6—27 所示。

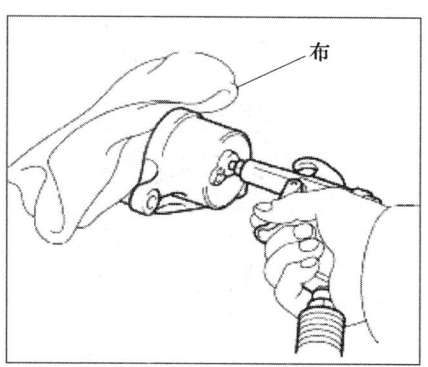

图 6—27

2）吹入压缩空气，从盘式制动器制动缸上拆下活塞。

注意事项：

吹入压缩空气时不要将手指放在活塞的前面。

提示：

不要溅出制动液。

(3) 拆卸活塞密封件，如图 6—28 所示。

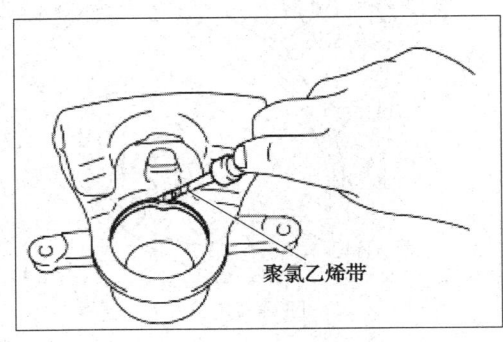

图 6—28

用一把刀头用保护带包住的旋具，从盘式制动器制动缸上拆下活塞密封件。

提示：

不要损坏制动缸的内表面或活塞密封件槽。

(4) 拆卸前盘式制动器放气塞帽。

(5) 拆卸前盘式制动器放气塞。

步骤 3：检查前制动器（盘式制动器）。

(1) 检查制动缸和活塞。检查缸孔和活塞有无锈蚀和擦伤。必要时，更换盘式制动器制动缸和活塞。

(2) 检查衬块衬层厚度，如图 6—29 所示。

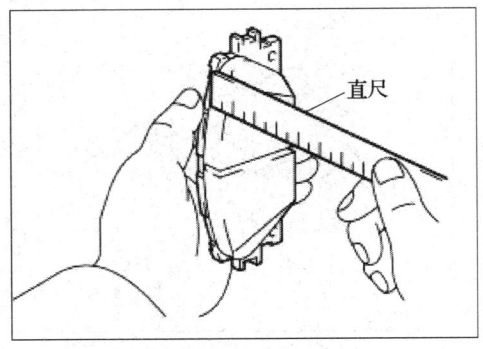

图 6—29

用直尺测量衬块衬层厚度。

标准厚度：12.0 mm

最小厚度：1.0 mm

如果衬块衬层厚度小于等于最小值，则更换盘式制动衬块组件。

（3）检查前盘式制动衬块支撑片。确保盘式制动衬块支撑片具有充足的回弹力，没有变形、裂纹或磨损，并且已经去除所有的锈蚀和污垢。

如有必要，更换盘式制动衬块支撑片。

（4）检查制动盘厚度，如图6—30所示。

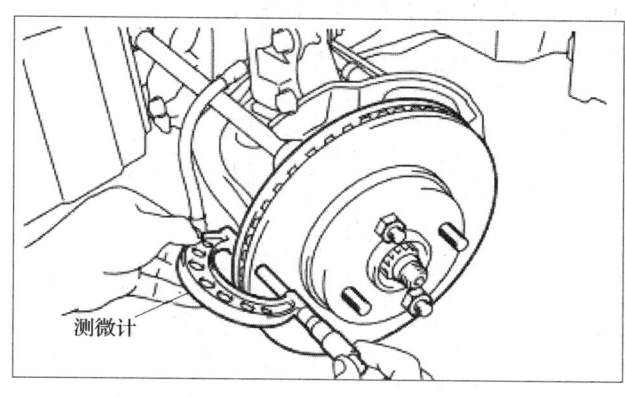

图6—30

用测微计测量制动盘厚度。

标准厚度：22.0 mm

最小厚度：19.0 mm

如果制动盘厚度小于最小值，则更换前制动盘。

（5）检查制动盘跳动，如图6—31所示。

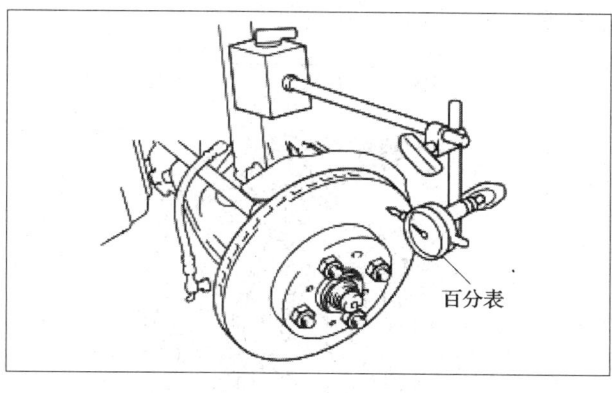

图6—31

1）检查轴向的轴承间隙，并检查车桥轮毂跳动。

2）暂时用4个轮毂螺母拧紧前制动盘。

扭矩：103 N·m

3）用百分表在距离前制动盘外侧边缘10 mm的地方测量制动盘跳动。

最大制动盘跳动：0.05 mm

如果制动盘跳动超过最大值，则改变制动盘和车桥安装位置，以使制动盘跳动最小。如果即使改变安装位置，制动盘跳动仍超过最大值，则研磨制动盘。

如果制动盘厚度小于最小值，则更换前制动盘。

步骤4：前制动器（盘式制动器）的装复。

（1）安装前制动盘，如图6—32所示。

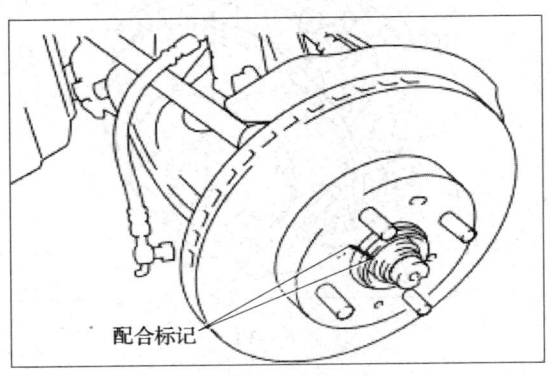

图6—32

对准制动盘和车桥轮毂上的配合标记，并安装制动盘。

提示：

当更换制动盘时，选择制动盘跳动最小的位置进行安装。

（2）安装前盘式制动器制动缸支架，用两个螺栓将盘式制动器制动缸支架安装到转向节上，如图6—33所示。

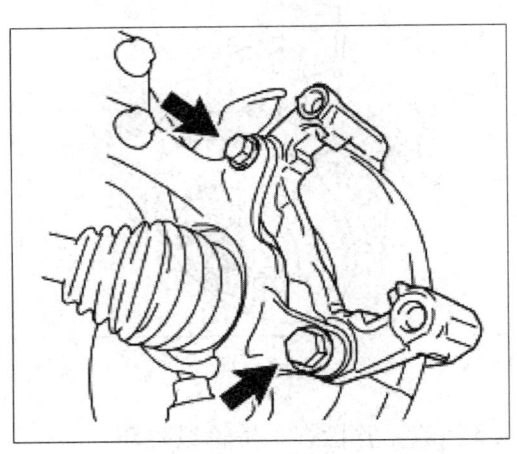

图6—33

扭矩：107 N·m

（3）安装前盘式制动器衬套防尘套，如图6—34所示。

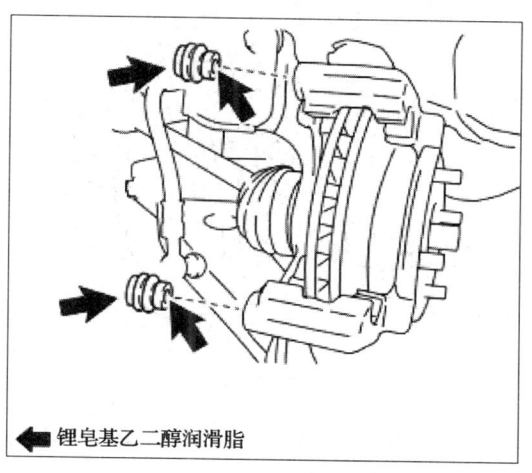

图 6—34

1) 在 2 个新防尘套上施涂锂皂基乙二醇润滑脂。
2) 将 2 个防尘套安装到盘式制动器制动缸支架上。

(4) 安装前盘式制动器制动缸滑动衬套,如图 6—35 所示。

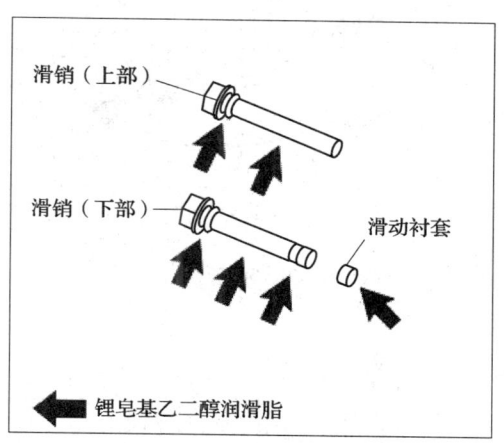

图 6—35

1) 如图所示,在滑销和新的滑动衬套上施涂锂皂基乙二醇润滑脂。
2) 将滑动衬套安装到滑销(下部)上。

(5) 安装前盘式制动器制动缸滑销,如图 6—36 所示。

将滑销(上部)和滑销(下部)安装到制动缸支架上。

(6) 安装前盘式制动衬块支撑片,如图 6—37 所示。

将 4 个盘式制动衬块支撑片安装到盘式制动器制动缸支架上。

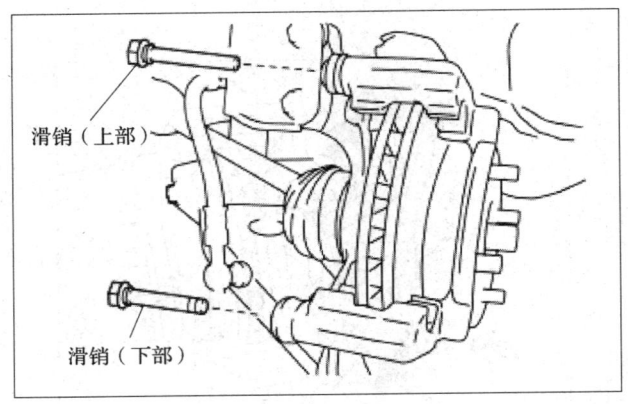

图 6—36

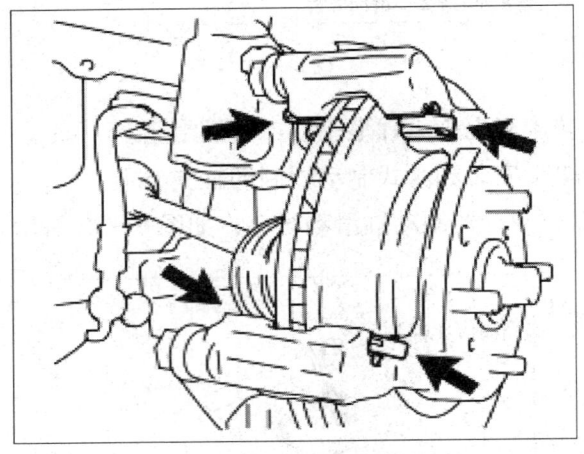

图 6—37

（7）安装前消音垫片，如图 6—38 所示。

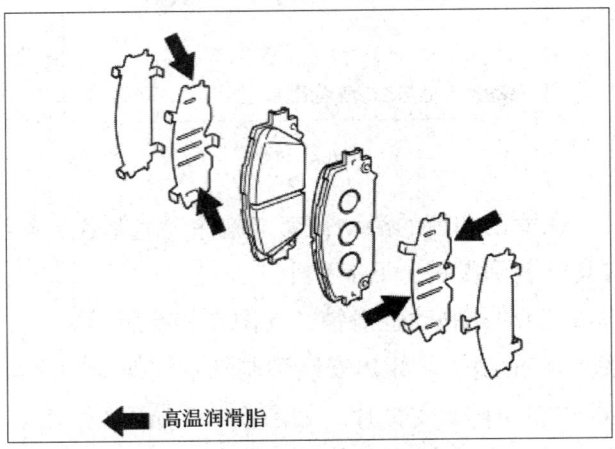

图 6—38

1）将制动衬块磨损指示板安装到制动衬块上侧。
2）在每个 1 号消音垫片的两侧施涂盘式制动器润滑脂。
3）将消音垫片安装到每个制动衬块上。
（8）安装前盘式制动衬块，如图 6—39 所示。

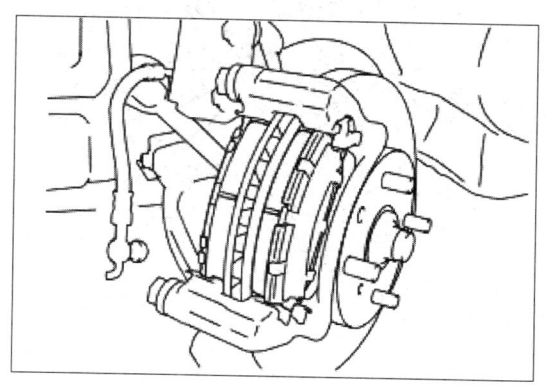

图 6—39

将 2 个盘式制动衬块安装到盘式制动器制动缸支架上。
提示：
盘式制动衬块或前制动盘的摩擦表面不应黏附油液或润滑脂。
（9）安装盘式制动器制动缸总成，如图 6—40 所示。

图 6—40

用 2 个螺栓将盘式制动器制动缸安装到盘式制动器制动缸支架上。
扭矩：34 N·m
（10）连接前挠性软管，如图 6—41 所示。
用管接螺栓和新垫片连接挠性软管。

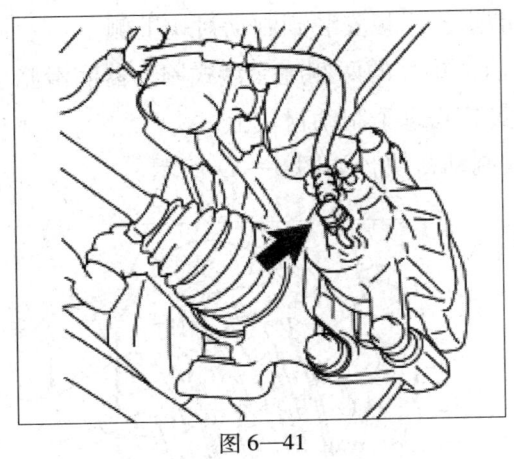

图 6—41

扭矩：30 N·m

提示：

将挠性软管锁牢固地安装到盘式制动器制动缸的锁孔内。

(11) 向储液罐加注制动液，如图 6—42 所示。

(12) 排出制动总泵内的空气，如图 6—43 所示。

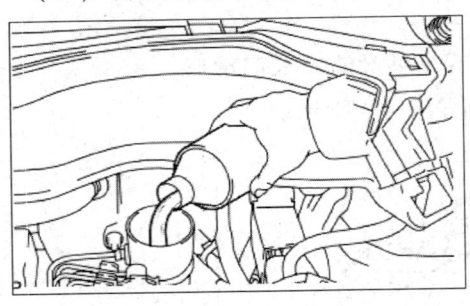

图 6—42

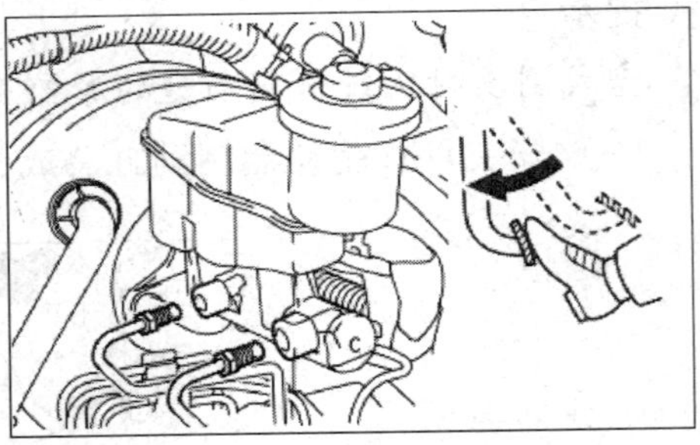

图 6—43

(13) 排出制动管路内的空气，如图 6—44 所示。

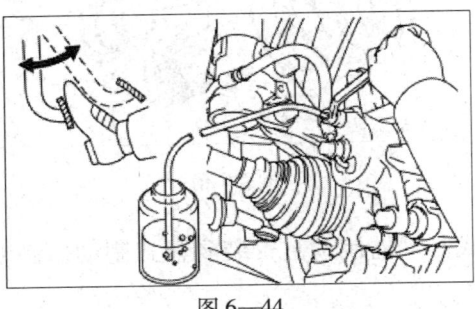

图 6—44

(14) 检查储液罐液位。

(15) 检查制动液是否泄漏。

（16）安装前轮。

扭矩：103 N·m

四、后制动器（鼓式制动器）的拆卸、拆解、检查与装复

步骤1：拆卸后制动器（鼓式制动器）。

（1）拆卸后轮。

（2）排出制动液。

提示：

如果制动液接触到任何漆面，应立即将其冲洗掉。

（3）拆卸后制动鼓。

1）解除驻车制动，并拆下后制动鼓。

如果不容易拆下后制动鼓，执行以下步骤。

2）拆下孔塞，将旋具穿过孔插入背板，并使自动调整杆与调节器保持距离，如图6—45所示。

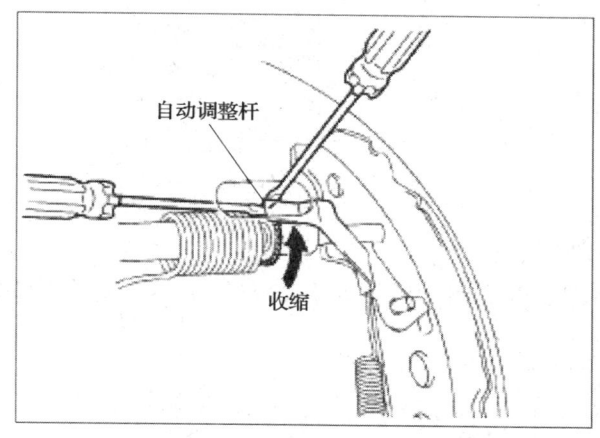

图6—45

3）用另一把旋具，通过转动调整螺栓使制动蹄收缩。

步骤2：拆解后制动器（鼓式制动器）

（1）拆卸后制动蹄组件。

1）用SST从前制动蹄上分离制动蹄回位弹簧，如图6—46所示。

提示：

不要损坏制动分泵护套。

2）用SST拆下制动蹄压紧弹簧座、制动蹄压紧弹簧、销和前制动蹄，如图6—47所示。

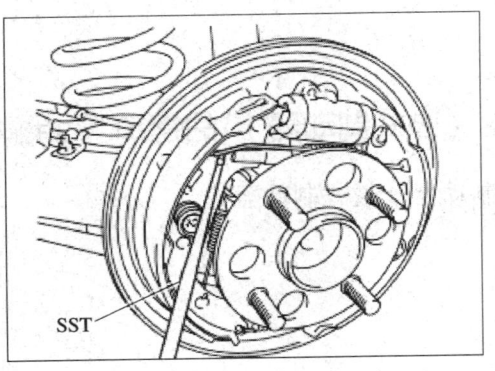

图 6—46

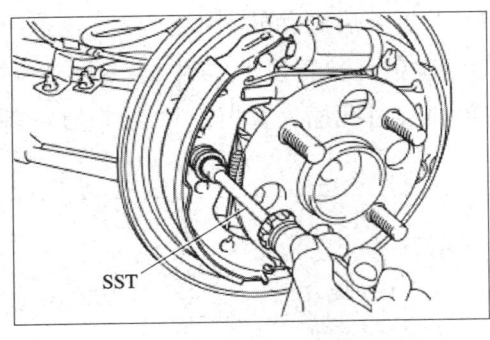

图 6—47

3）拆下张紧弹簧。

4）从后制动蹄上拆下制动蹄回位弹簧，然后拆下驻车制动蹄撑杆组件，如图 6—48 所示。

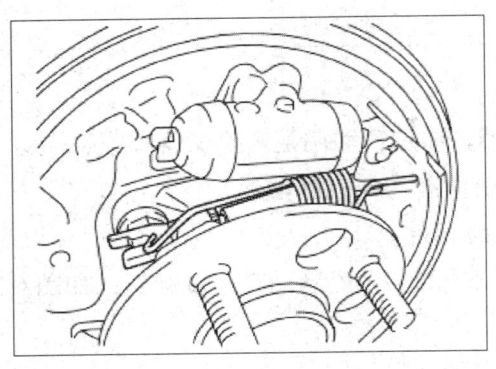

图 6—48

5）用 SST 拆下制动蹄压紧弹簧座、制动蹄压紧弹簧、销和后制动蹄，如图 6—49 所示。

6）用尖嘴钳分离驻车制动拉索，如图6—50所示。

（2）拆卸后制动器自动调整杆，如图6—51所示。

拆下自动调整杆张紧弹簧，然后拆下自动调整杆。

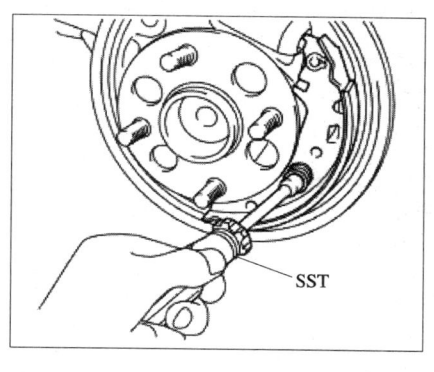

图6—49

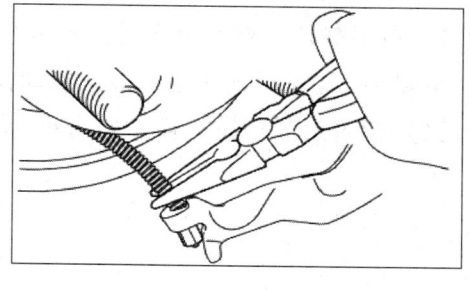

图6—50

（3）拆卸后制动器驻车制动蹄拉杆分总成，如图6—52所示。

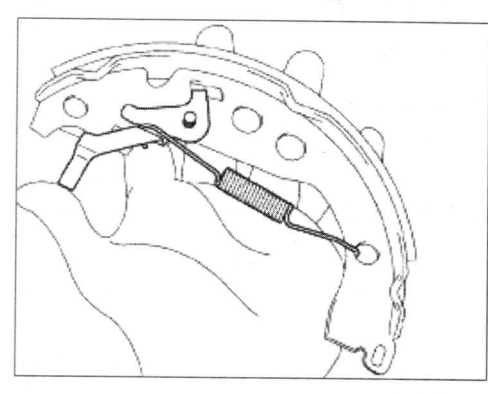

图6—51

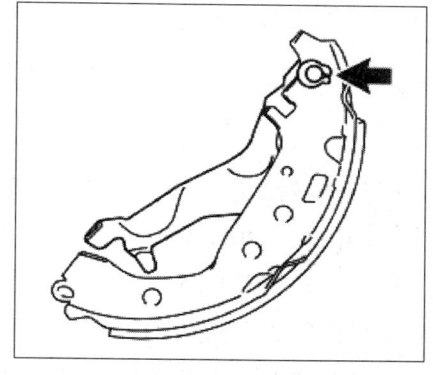

图6—52

用旋具拆下C型垫圈，然后拆下驻车制动蹄拉杆。

（4）拆卸后制动分泵总成，如图6—53所示。

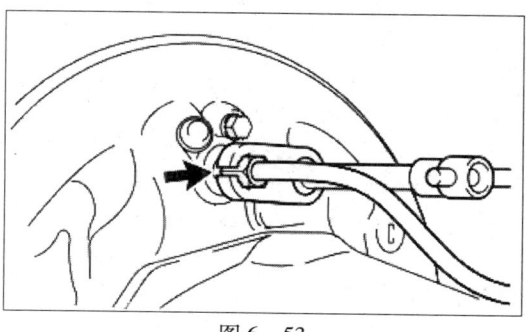

图6—53

1）用管接螺母扳手，从后制动分泵上分离制动管路。

提示：

用容器接取制动液。

2）拆下放气塞帽。

3）拆下放气塞。

4）拆下螺栓，然后拆下后制动分泵。

步骤3：检查后制动器（鼓式制动器）。

（1）检查后制动鼓内径，如图6—54所示。

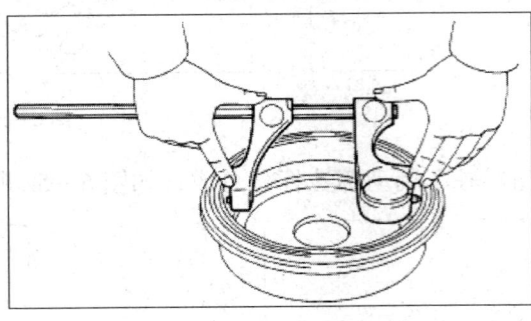

图6—54

用制动鼓测量规或同类工具，测量制动鼓内径。

标准内径：200 mm

最大内径：201 mm

如果内径大于最大值，则更换制动鼓。

（2）检查后制动蹄衬层厚度，如图6—55所示。

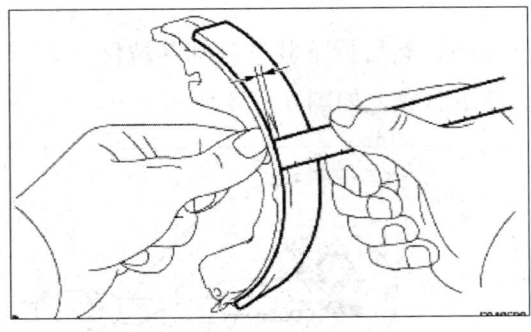

图6—55

用直尺测量制动蹄衬层厚度。

标准厚度：4.0 mm

最小厚度：1.0 mm

如果衬层厚度小于等于最小值，或者有严重的或不均匀的磨损，则更换制动蹄。

提示：

如果需要更换制动蹄，必须更换整套组件。

（3）检查后制动鼓和后制动蹄衬层是否正确接触，如图6—56所示。

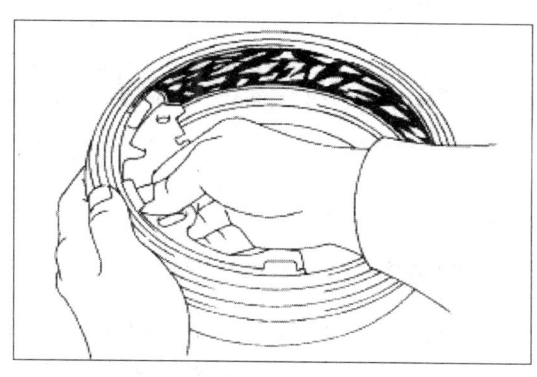

图6—56

在制动鼓内侧施涂白垩，然后研磨制动蹄衬层使其更好地接触。

如果制动鼓与制动蹄衬层贴合不良，应使用制动蹄磨削装置修磨或者更换制动蹄总成。

（4）检查制动分泵。检查缸孔和活塞有无锈蚀和擦伤。

 **知识拓展**

汽车制动时，如果车轮抱死滑移，车轮与路面间的侧向附着力将完全消失。如果只是前轮（转向轮）制动到抱死滑移而后轮还在滚动，汽车将失去转向能力。如图6—57所示，当车辆前方遇到障碍物紧急制动时，没有ABS装置的车辆因前轮完全抱死失去转向能力而无法避开障碍物，而装有ABS的汽车则可以绕开障碍物从而避免碰撞发生。如果只是后轮制动到抱死滑移而前轮还在滚动，即使受到不大的侧向干扰力，汽车也将产生侧滑（甩尾）现象。这些都极易造成严重的交通事故。因此，汽车在制动时不希望车轮制动到抱死滑移，而是希望车轮制动到边滚边滑的状态。

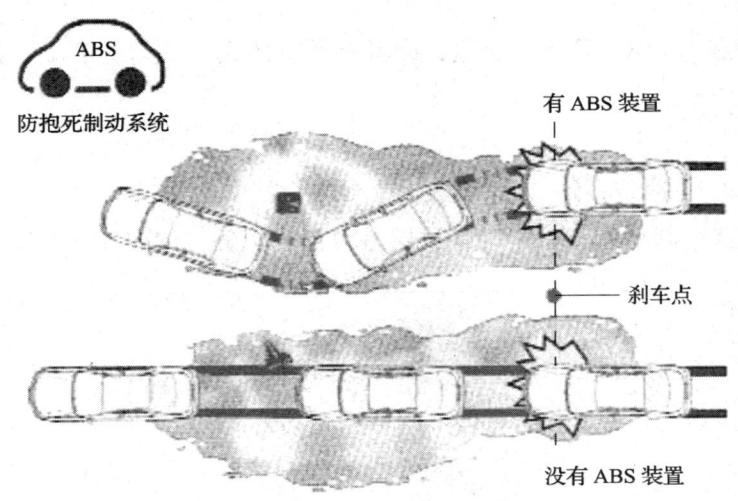

图 6—57 防抱死制动系统（Antilock Brake System）的作用

由试验得知，汽车车轮的滑动率在 15% ~ 20% 时，轮胎与路面间有最大的附着系数。所以为了充分发挥轮胎与路面间的这种潜在的附着能力，目前在大多数车辆上都装备了防抱死制动系统（Antilock Brake System，ABS）。

ABS 是在普通制动系统的基础上加装车轮速度传感器、ABS 电控单元、制动压力调节装置及制动控制电路等组成的。制动过程中，ABS 电控单元（ECU）不断地从传感器获取车轮速度信号，并加以处理，分析是否有车轮即将抱死拖滑。如果没有车轮即将抱死拖滑，制动压力调节装置不参与工作，制动主缸和各制动轮缸相通，制动轮缸中的压力继续增大，此即 ABS 制动过程中的增压状态。如果电控单元判断出某个车轮（假设为左前轮）即将抱死拖滑，它即向制动压力调节装置发出命令，关闭制动主缸与左前制动轮缸的通道，使左前制动轮缸的压力不再增大，此即 ABS 制动过程中的保压状态。若电控单元判断出左前轮仍趋于抱死拖滑状态，它即向制动压力调节装置发出命令，打开左前制动轮缸与储液室或储能器的通道，使左前制动轮缸中的油压降低，此即 ABS 制动过程中的减压状态。

如图 6—58 所示，在 ABS 中，每个车轮上各安置一个转速传感器，将关于各车轮转速的信号输入电子控制装置。电子控制装置根据各车轮转速传感器输入的信号对各个车轮的运动状态进行监测和判定并形成相应的控制指令。各处液压电磁阀均不通电而处于关闭状态，电动泵也不通电运转，制动主缸至各制动轮缸的制动管路均处于沟通状态，而各制动轮缸至储液器的制动管路均处于封闭状态，各制动轮缸的制动压力将随制动主缸的输出压力而变化，此时的制动过程与常规制动系统的制动过程完全相同。

➤ 制动过程中，ECU通过转速传感器判断车轮是否被抱死。

➤ 如车轮即将抱死，ECU发出命令，通过制动调节装置，减少制动力，防止车轮抱死。

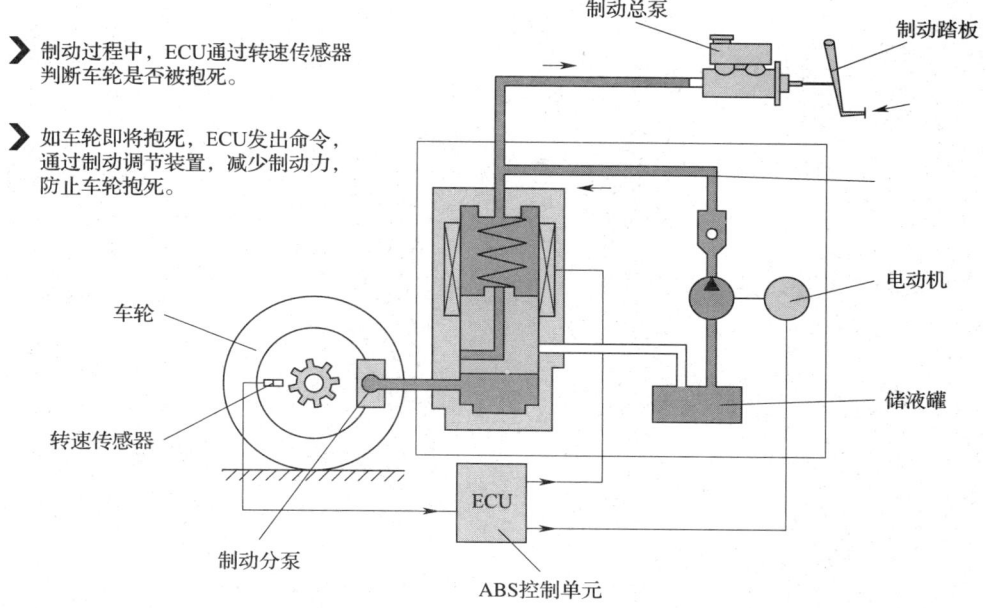

图6—58 制动防抱死系统工作过程示意图

任务七　行驶系统的检修

任务描述

一位车主开着自己的车来到某品牌4S店，据车主介绍：该车在行驶过程中，一直都需要用手握紧转向盘，一旦松手，车子立即出现向左偏离的情况。服务顾问接车后初步判断了故障，承诺交车时间。作为维修技术员要求在规定时间内检修行驶跑偏的故障。

任务分析

一、学习目标

1. 能够遵守安全操作规范，按章操作，并注重环保意识的养成。

2. 能够描述行驶系统的组成、作用和工作原理。

3. 能够识别行驶系统的主要零部件和不同结构的悬架。

4. 能够通过观察实物或图片判断轮胎的类型。

5. 能够对行驶系统的主要零部件进行检查、修复或更换。

6. 能够正确地使用工量具和检测维修设备。

二、工作过程与学习活动

1. 相关资讯（行驶系统相关知识）

2. 任务准备（维修手册、学材、工具）

3. 任务实施（检查轮胎和车轮系统；前轮定位；检测悬架系统主要零部件；前桥的拆卸与装复）

4. 知识拓展（车身电子稳定系统 ESP）

相关资讯

行驶系统相关知识

一、行驶系统的功用及组成

行驶系统的功用是接受由发动机经传动系统传来的转矩并转化为驱动力；传递并承受路面作用于车轮上的各反力及其力矩；缓和不平路面对车身造成的冲击和振动，保证行驶平顺性；与转向系统配合工作，实现汽车行驶方向的正确控制，保证汽车的操纵稳定性。

汽车行驶系统由车架、车桥、悬架、车轮及轮胎四部分组成，如图7—1、图7—2所示。车轮支撑着车桥，车桥又通过弹性悬架与车架相连接。车架是整个汽车的基体，它将汽车的各个相关总成连接成一个整体，构成汽车的装配基础。其作用是将汽车构成一个整体，支撑汽车的总质量；将传动系统传来的转矩转化为汽车行驶的驱动力；承受并传递路面对车轮的各种反力及力矩；减振缓冲，保证汽车平顺行驶；与转向系统配合，正确控制汽车的行驶方向。

二、车架的认知

就像人的身体由骨架来支持一样，汽车也必须有一幅骨架，这就是车架。车架的作用是承受载荷，包括汽车自身零部件的重量和行驶时所受的冲击、扭曲、惯性力等。现有的车架种类有大梁式、承载式、钢管式及特殊材料一体成型式等。按车架结构分类，可分为：边梁式车架（应用最广泛）、中梁式车架（脊梁式车架）和综合式车架（边梁式车架＋中梁式车架），如图7—3所示。

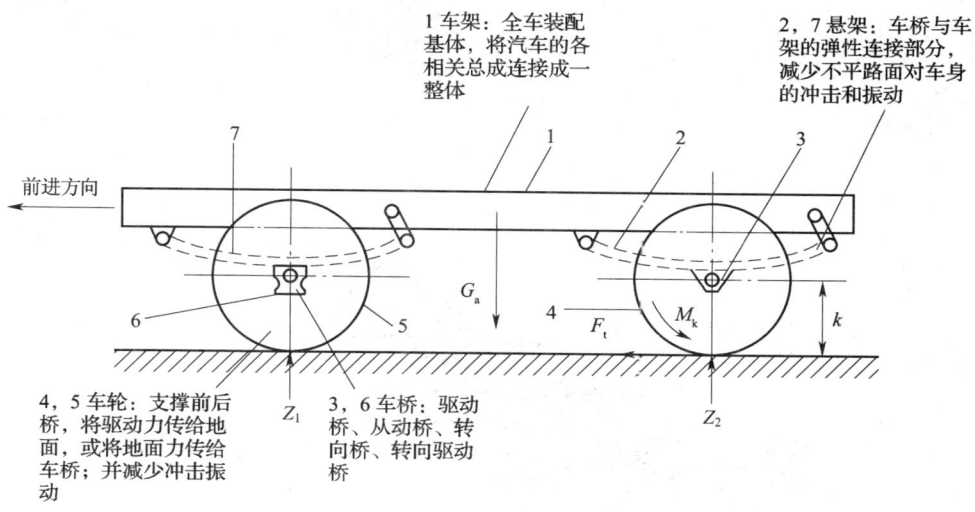

图7—1　行驶系统结构组成

1—车架　2—后悬架　3—驱动桥　4—后轮　5—前轮　6—从动桥　7—前悬架

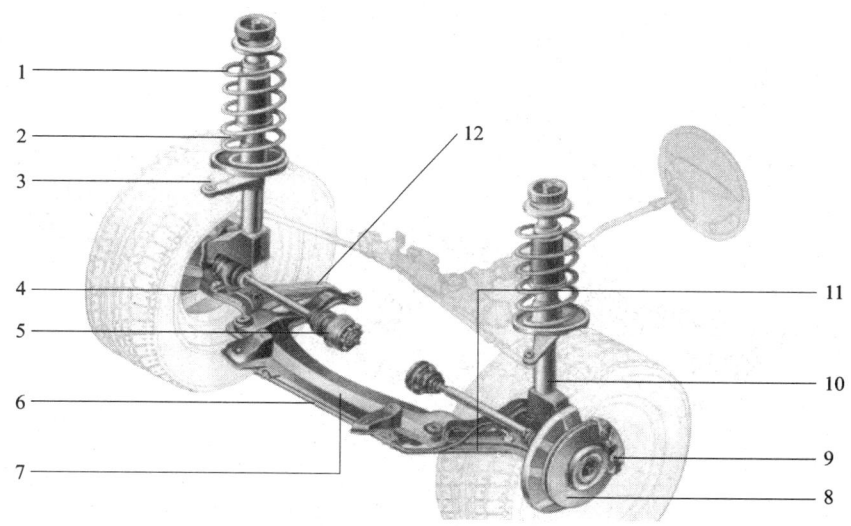

图7—2　麦弗逊悬架结构组成

1—螺旋弹簧　2—筒式减振器　3—转向臂　4—传动轴　5—等速万向节　6—横向稳定杆
7—副车架　8—制动盘　9—制动钳　10—前悬架部件　11—摇臂　12—叉形摆臂

近代轿车车架的设计从保证汽车有良好的整车性能出发，采用了边梁式车架，如图7—4所示。边梁式车架的特点：

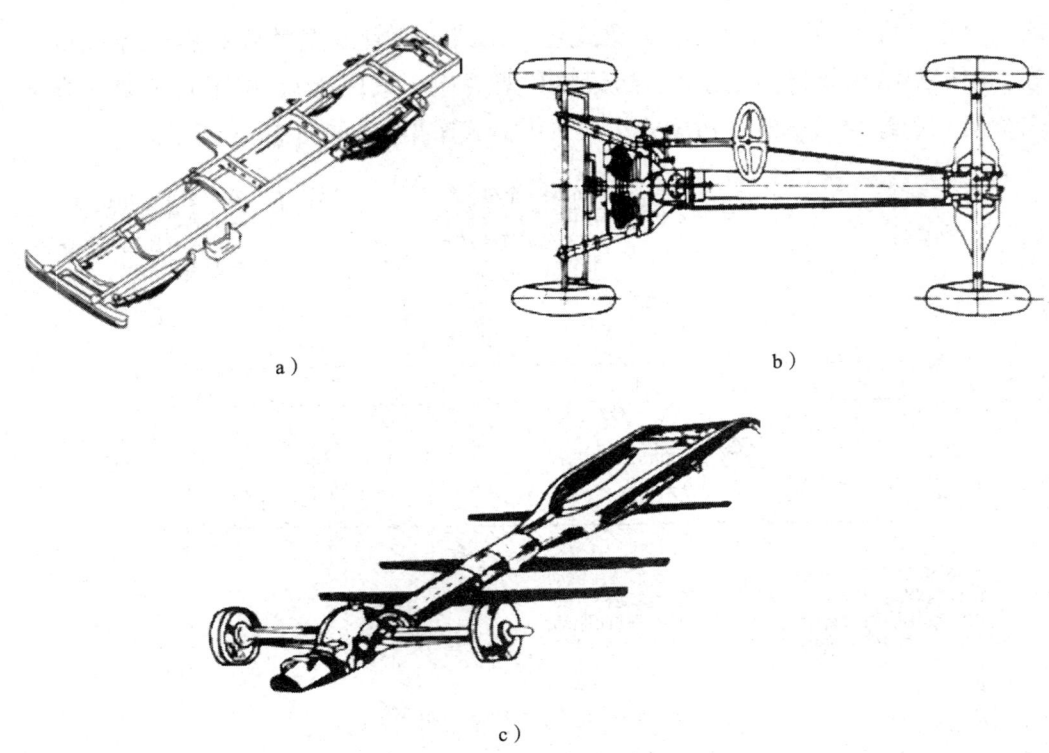

图 7—3 车架的分类

a) 边梁式车架　b) 中梁式车架　c) 综合式车架

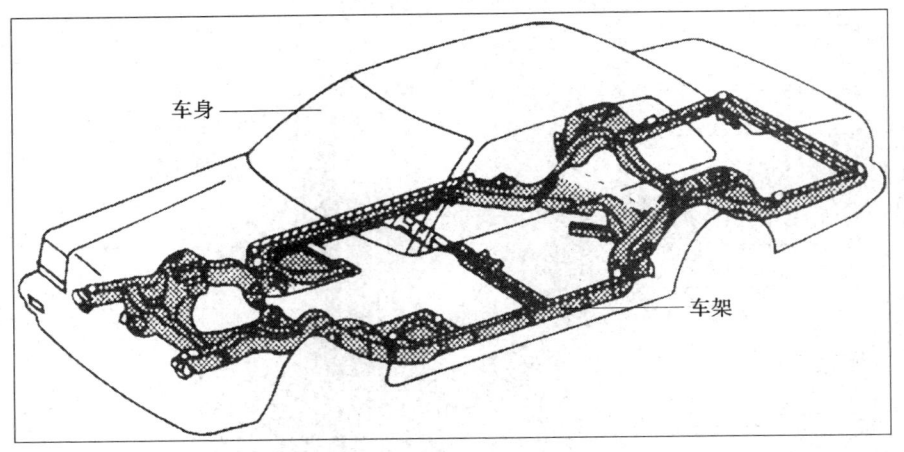

图 7—4 边梁式车架

（1）车架的中部较平低，以降低汽车的重心，满足了高速轿车行驶稳定性和乘坐舒适的要求。

（2）车架前端做得较窄，以允许转向轮有较大的偏转角度。

（3）车架后端向上弯曲，保证了悬架变形时车轮的跳动空间。

部分轿车和一些大客车取消了车架，而以车身兼起车架的作用，即将所有部件固定在车身上，所有的力也由车身来承受，这种兼顾车架作用的车身称为承载式车身，也称整体式车架，如图7—5所示。整体式车架的优点：减轻整车重量，可使地板高度降低，使上、下车方便。整体式车架的缺点：传动系统悬架的振动和噪声会直接传入车内，应采取隔声和防振措施。

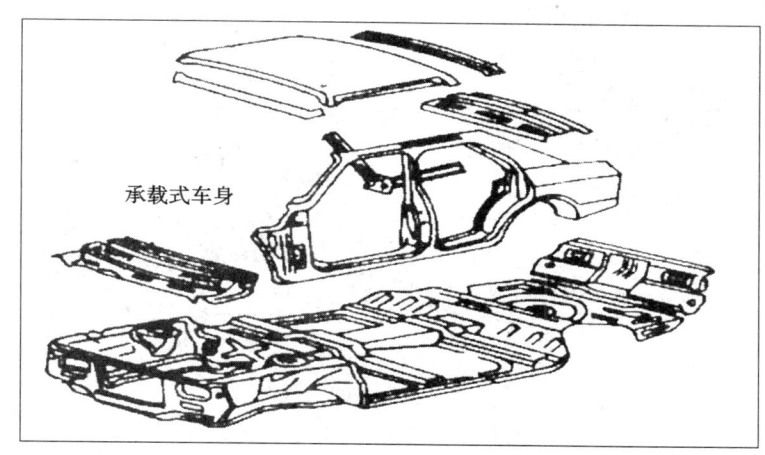

图7—5 整体式车架

三、悬架与车桥

典型的悬架结构由弹性元件、导向机构以及减振器等组成，个别结构还有缓冲块、横向稳定杆等。弹性元件又有钢板弹簧、空气弹簧、螺旋弹簧以及扭杆弹簧等形式，现代轿车悬架多采用螺旋弹簧和扭杆弹簧，个别高级轿车则使用空气弹簧。悬架是汽车中的一个重要总成，它把车架与车轮弹性地联系起来，关系到汽车的多种使用性能。悬架分为非独立悬架和独立悬架两类。

独立悬架左右两个车轮间没有硬轴进行刚性连接，一侧车轮的悬挂部件全部都只与车身相连，如图7—6所示。

而非独立悬挂两个车轮间不是相互独立的，之间有硬轴进行刚性连接。非独立悬架的结构特点是两侧车轮由一根整体式车桥相连，车轮连同车桥一起通过弹性悬架悬挂在车架或车身的下面。非独立悬架具有结构简单、成本低、强度高、保养容易、行车中前轮定位变化小的优点，但由于其舒适性及操纵稳定性都较差，在现代轿车中基本上已不再使用，多用在货车和大客车上，如图7—7所示。

车桥通过悬架与车架连接，支撑着汽车大部分重量，并将车轮的牵引力或制动力,以及侧向力经悬架传给车架。为了便于与不同悬架相配合,汽车的车桥分为整体式和断开式两种。如图7—8所示。

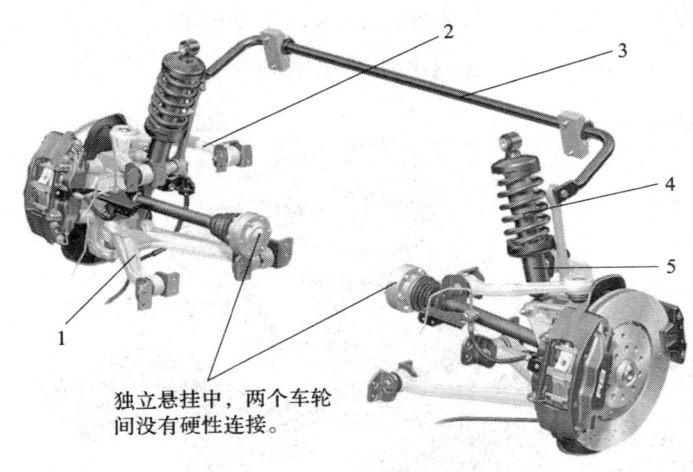

独立悬挂中,两个车轮间没有硬性连接。

图7—6 独立悬架结构图
1—下摆臂 2—上摆臂 3—稳定杆 4—螺旋弹簧 5—减振器

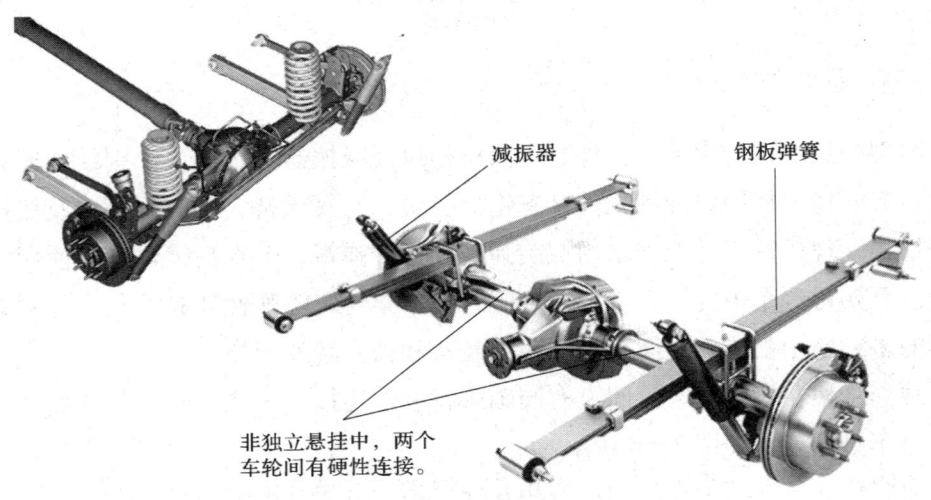

非独立悬挂中,两个车轮间有硬性连接。

图7—7 非独立悬架结构图

按使用功能划分,车桥又可分为转向桥、转向驱动桥、驱动桥和从动桥。

四、转向桥

安装转向轮的车桥叫转向桥。现代汽车一般都是前桥转向,也有少数是多桥转向的。转向桥主要由前梁(前轴)、转向节、主销和轮毂四部分组成。

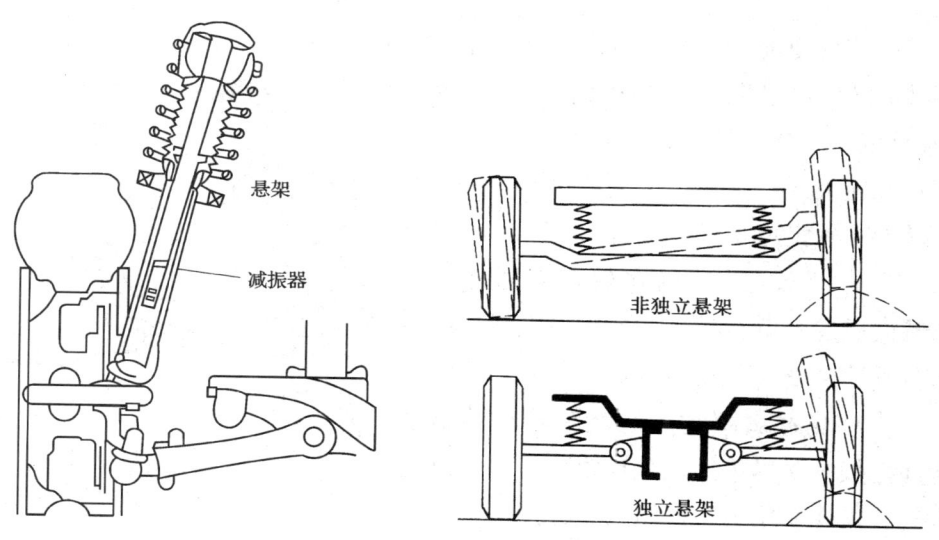

图 7—8 悬架的组成及种类

1. 与非独立悬架匹配的转向车桥（图 7—9）

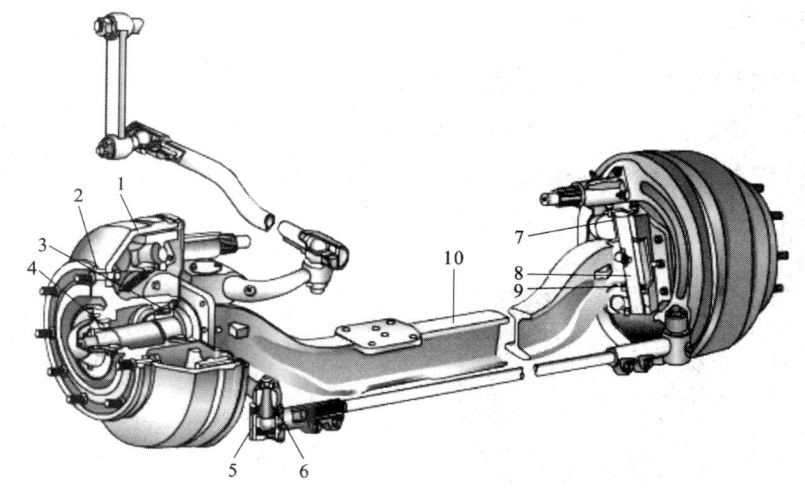

图 7—9 与非独立悬架匹配的转向车桥

1—制动鼓　2—轮毂　3、4—轮毂轴承　5—转向节臂　6—油封
7—衬套　8—主销　9—滚子止推轴承　10—前轴

2. 与独立悬架匹配的转向桥

如图 7—10 所示，断开式转向桥的作用与非断开式转向桥一样，所不同的是断开式转向桥与独立悬架匹配。

3. 转向车轮定位

为了使转向轻便和行驶稳定，减少轮胎和机件的磨损，应使主销和转向轮保持一定的安装角度，称为转向轮定位（即前轮定位）。

转向轮定位参数有：主销后倾；主销内倾（自动回正）；前轮外倾；前轮前束；后轮的外倾角和前束。

转向车轮定位功能：

（1）自动回正。当转向轮在偶遇外力作用或转向后发生偏转时，在外力消失后，应能立即自动回到直线行驶的位置。

（2）使轮胎磨损均匀。使车轮轮胎尽量与地面接触，并尽量保证车轮轮胎与地面发生纯滚动，这样使轮胎磨损均匀。

（3）减轻轮毂外轴承的负荷。

（4）转向轻便。

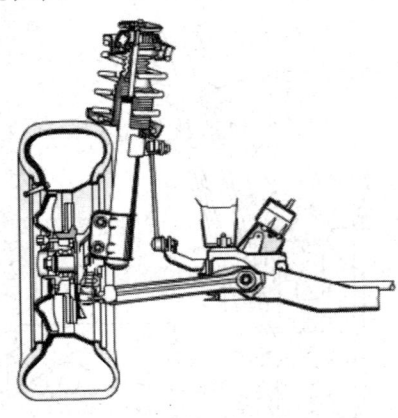

图 7—10　与独立悬架匹配的转向桥

4. 主销后倾

如图 7—11 所示，在纵向垂直平面内，主销装在前轴上，其上端向后倾斜，这种现象叫主销后倾。垂线与主销轴线之间的夹角 γ 叫主销后倾角。主销后倾的作用：保持汽车直线行驶的稳定性；使汽车转向后，前轮有自动回正的作用。

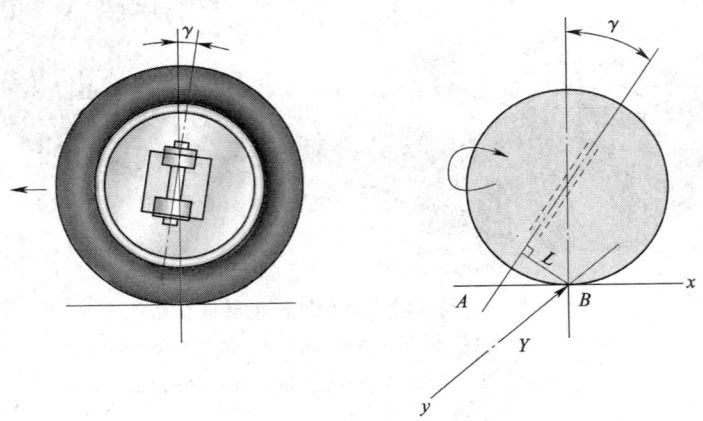

图 7—11　主销后倾

现代汽车 γ 角一般不超过 3°。高速车由于路面的侧向反力 Y 较大，并且常使用超低压子午线扁平轮胎，轮胎弹性也大，行驶时轮胎与路面接地点后移，稳定力矩的力臂 L 增加，因此，后倾角可以减小甚至为负值。主销后倾角的获得一般是前轴、钢板弹簧和车架三者装配在一起时，由于钢板前高后低，使前轴向后倾而形成。由此可知，车架变形、钢板弹簧疲劳、转向节松旷、车桥扭转变形等原因，都将使主销后倾角发生变化。

5. 主销内倾

如图 7—12 所示，在横向平面内，主销在前轴上安装时，其上端略向内倾斜，这种现象称为主销内倾。主销轴线与垂线之间的夹角 β 称为主销内倾角。主销内倾作用：保持汽车直线行驶的稳定性；转向操纵轻便。β 的范围 $\leqslant 8°$，由于力臂 C 为负值，就产生了一个抗偏力矩：$M = F_B \times (-C)$。当然，过大的内倾会使转向沉重。但由于转向助力器的广泛使用，β 角仍可适当增大。（C 一般为 $40 \sim 60$ mm）。主销内倾角是由前轴在制造时其主销孔轴线的上端向内倾斜而获得的。前轴弯曲变形及主销与销孔磨损变形都能引起主销内倾角改变。

自动回正——主销后倾和主销内倾都使汽车转向时自动回正，保持直线行驶的稳定。所不同的是，主销后倾的回正作用与车速有关，而主销内倾的回正作用与车速无关。这样，在不同的车速时，各自发挥其稳定作用。

6. 前轮外倾

前轮安装在车桥上时，其旋转平面上方略向外倾斜，这种现象称为前轮外倾。在横向平面内，车轮轴线与水平线之间所夹的锐角 α 叫前轮外倾角。前轮外倾作用：减少轮胎的偏磨损，使磨损均匀；减少轮毂外轴承的负荷。设计转向节时使其轴径线与水平面成一角度 α，即前轮外倾角，一般为 $1°$ 左右。

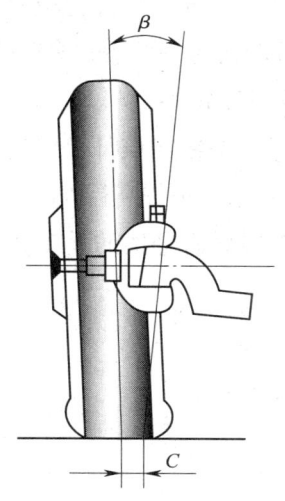

图 7—12 主销内倾

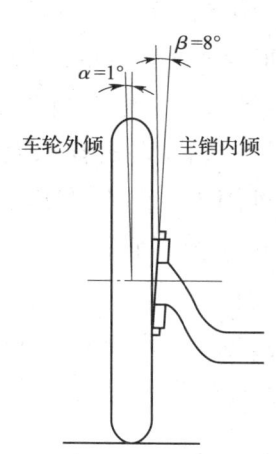

图 7—13 前轮外倾与主销内倾

7. 前轮前束

如图 7—14 所示，前轮安装时，同一轴上两端车轮的旋转平面不平行，前端略向内束，这种现象称为前轮前束。左右轮后方距离 A 与前方距离 B 之差（$A-B$）称为前束值。当 $A-B>0$ 时，前束值为正，反之则为负。前轮前束作用：减少轮胎的偏磨损。简单地说，前轴左右车轮的前后距离差即为前轮前束值，此值须符合规定要求，一般小于 $0\sim12$ mm。前轮前束可通过改变横拉杆的长度来调整。

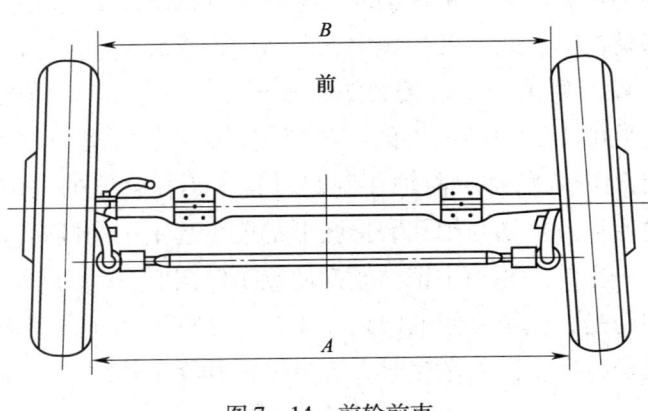

图 7—14　前轮前束

8. 后轮的外倾角和前束

随着道路条件的改善，现代轿车的行驶速度越来越高，对前轮驱动汽车和独立后悬架汽车，如果后轮定位不当，即使前轮定位良好，仍然会有不良的操纵性和轮胎早期磨损。为了防止高速行驶时汽车出现的"激转"及自动转向现象，在结构设计上应确保汽车具有不足转向特性。汽车后轮具有一定程度的外倾角和前束可使后轮获得合适的侧偏角，提高高速行驶的操纵稳定性。

为了防止高速行车出现"激转"及自动转向现象，在结构设计上应确保汽车具有不足转向特性。汽车后轮具有一定程度的外倾角和前束，可提高行驶的稳定性。

（1）后轮外倾角。为了对载荷进行补偿，采用独立后悬架的大多数车辆常带有一个较小的正后轮外倾角。

（2）后轮前束

前驱汽车：前驱动轮宜正前束，后从动轮宜负前束。

后驱汽车：前轮宜负前束，后驱动轮宜正前束。

五、四轮定位检测技术

车辆在出厂时，其悬架系统的定位角度（基本定位角度有 7 个）都是根据设计要求预先设定好的。这些定位角度共同用来保证车辆驾驶的舒适性和安全性。由于车辆在售出并行驶一段时间后，这些定位角度会由于交通事故、道路坑洼不平造成的剧烈颠簸（特别是高速行驶时突然遇到不平路面）、底盘零件磨损、更换底盘零件、更换轮胎等原因而产生变化。一旦定位角度由于任何一种原因产生变化，就可能产生诸如轮胎异常磨损、车辆跑偏、安全性下降、油耗增加、零件磨损加快、转向盘发沉、车辆发飘等不适症状。有些症状使车辆在高速行驶时非常危险。四轮定位维修保养服务的目的，就是通过定位角度测量诊断车辆的上述不适病因并予以治疗。一般新车在驾驶 3 个月后就应做四轮定位，以后每行驶 1 万公里，更换轮胎或减振器，以及发生碰撞后都应及时做四轮定位。车轮正确的定位可以保证转向灵活、乘坐舒适、维持直线行车、延长轮胎寿命、减少路面引起的振动等。

现今对车辆进行四轮定位检测，常用的仪器设备是电脑四轮定位仪，如图 7—15 所示。

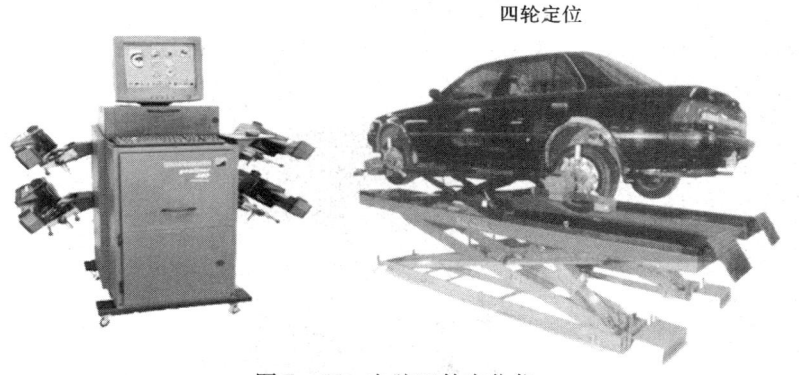

图 7—15 电脑四轮定位仪

六、车轮和轮胎

1. 车轮总成的结构组成，如图 7—16 所示。
2. 轮胎的类型，如图 7—17 所示。

子午线轮胎越来越在现代汽车上得到广泛应用。子午线轮胎的优点：接地面积大，附着性能好，胎面滑移小，对地单位压力也小，因而滚动阻力小，使用寿命长；胎面较厚且有坚硬的带束层，不易刺穿，行驶时变形小，可降低油耗；因为帘布层数少，胎侧薄，径向弹性大，缓冲性能好，负荷能力较大。子午线轮胎缺点：胎侧薄，变形大，胎侧与胎圈受力比普通斜交胎大很多，容易在胎侧和与轮辋接触处发生裂纹，因胎侧变形大，其侧面稳定性较差，成本也较高。

3. 子午线轮胎编号规则，如图 7—18 所示。

例：某轮胎编号：195/60 R 14 85 H

（1）195：轮胎断面宽度（195 mm）。

（2）60：轮胎高宽比，即扁平度（$H/B \approx 0.60$）。

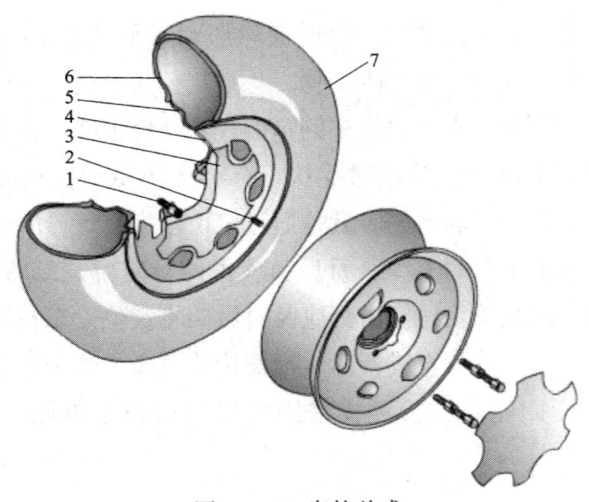

图 7—16 车轮总成

1—车轮螺栓 2—气门嘴 3—车轮饰板 4—轮辐板 5—轮辋 6—子午线轮胎 7—平衡块及夹子

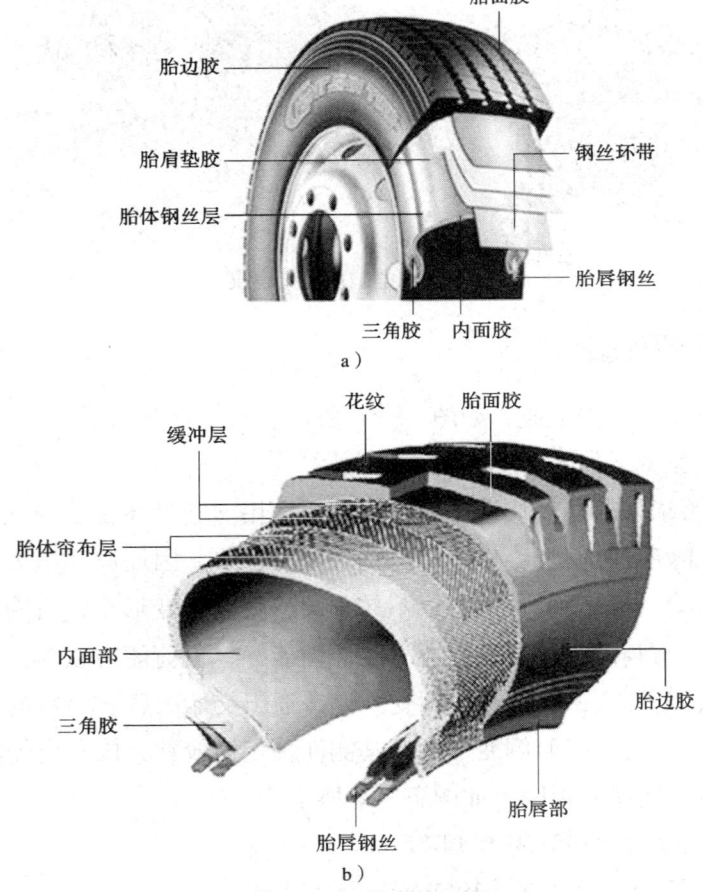

图 7—17 轮胎的类型

a）子午线轮胎 b）斜交线轮胎

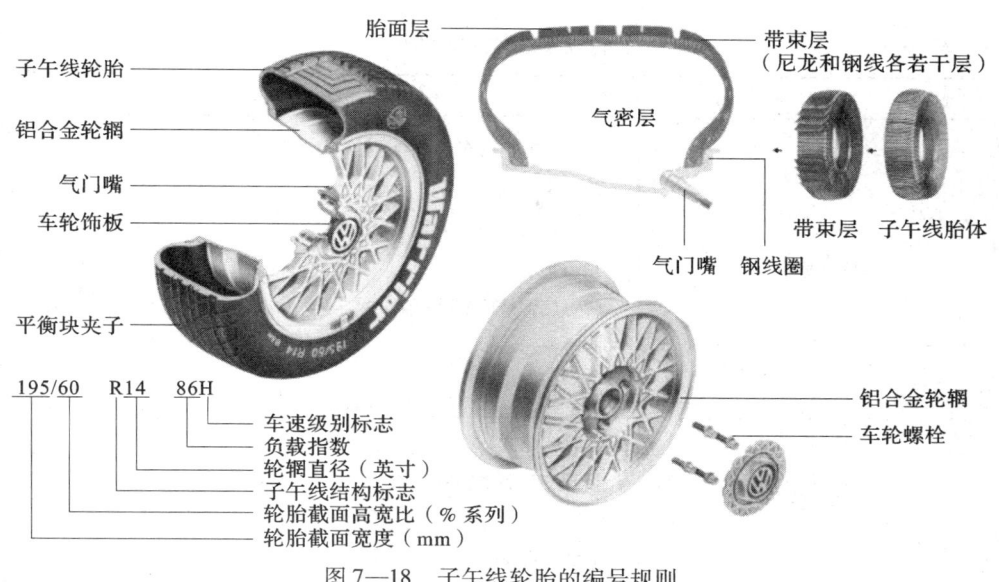

图7—18 子午线轮胎的编号规则

(3) R：子午线轮胎标志。

(4) 14：轮辋名义直径（14 in）。

(5) 85：负荷指数（515 kg）。

(6) H：速度符号（210 km/h）。

子午线轮胎重量代号表及车速代号表分别见表7—1、表7—2。

表7—1　　　　　　　　子午线轮胎重量代号表

重量代号	0	…	85	86	87	88	89	90	…
载重/kg	45	…	515	530	546	560	580	600	…

表7—2　　　　　　　　子午线轮胎车速代号表

车速代号	F	G	J	K	L	M	N	P	Q	R	S	T	U	H
km/h	80	90	100	110	120	130	140	150	160	170	180	190	200	210

七、行驶系统故障症状表

常见的行驶系统故障症状见表7—3，表中的"怀疑部位及故障原因"列中按可能性的大小顺序列出了症状的可能起因。在检查症状时，应按表中所列的顺序来检查各怀疑部位。根据需要更换零部件。

表7—3　　　　　　　　　　　行驶系统故障症状表

症状	怀疑部位及故障原因
车辆不稳定	轮胎（磨损或充气不当） 前轮定位 后轮定位 轮毂轴承 带螺旋弹簧的前减振器 后减振器 后螺旋弹簧
车身下沉	车辆（超载） 带螺旋弹簧的前减振器 后减振器 后螺旋弹簧
摆动／倾斜	轮胎（磨损或充气不当） 前稳定杆 带螺旋弹簧的前减振器 后减振器 后螺旋弹簧
前轮摆振	轮胎（磨损或充气不当） 车轮（不平衡） 前轮定位 前悬架下臂 带螺旋弹簧的前减振器 轮毂轴承
后轮摆振	轮胎（磨损或充气不当） 车轮（不平衡） 后轮定位 后桥梁 后减振器 后螺旋弹簧 轮毂轴承
轮胎异常磨损	轮胎（磨损或充气不当） 车轮（不平衡） 前轮定位 后轮定位

续表

症状	怀疑部位及故障原因
车辆跑偏	轮胎（磨损或充气不当） 前轮定位 后轮定位 离合器（拖延） 转向盘偏离中心位置

任务准备

1. 雅力士（2NZ-FE）轿车底盘部分《维修手册》；
2. 《汽车底盘构造与维修》学材（工作页）；
3. 底盘实训台架、实训整车，车型：雅力士（2NZ-FE）；
4. 拉器、铜棒；
5. 拆装作业台；
6. 专用工具一套；
7. 货架式工具车及常规工具；
8. 游标卡尺、直尺、百分表等；
9. 零件小车；
10. 砂布、钢丝刷、棉纱等。

任务实施

一、检查轮胎和车轮系统

步骤1：检查轮胎。

（1）检查轮胎是否磨损以及轮胎充气压力是否适当，检查结果参考表7—4。

表 7—4　　　　　　　　　　冷态轮胎充气压力

轮胎尺寸	前 kPa (kgf/cm^2, psi)	后 kPa (kgf/cm^2, psi)
185/60R15 84H	220 (2.2, 32)	220 (2.2, 32)

（2）用百分表检查轮胎跳动，如图 7—19 所示。

轮胎跳动：1.4 mm 或更小

步骤 2：轮胎换位，如图 7—20 所示。

（1）如果车辆配备了小型备胎，如图 a）所示轮换轮胎。

（2）如果车辆配备了全尺寸备胎，如图 b）所示轮换轮胎。

步骤 3：检查车轮平衡，如图 7—21 所示。

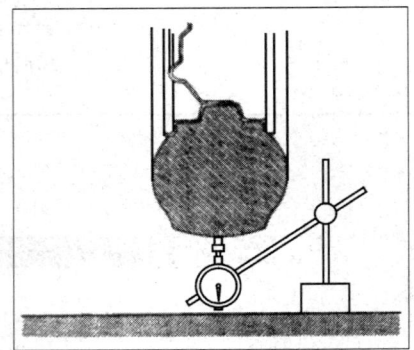

图 7—19

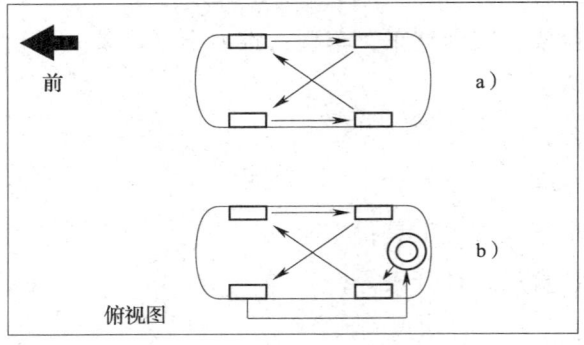

图 7—20

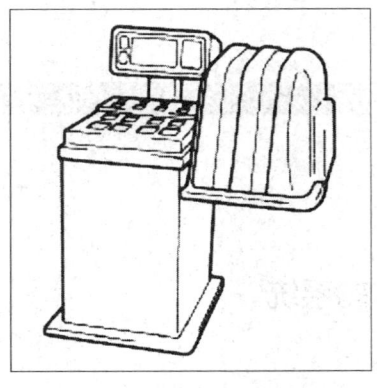

图 7—21

（1）检查并进行离车平衡调整。

（2）如有需要，进行车上平衡调整。调整后的不平衡量：8 g 或更小。

二、前轮定位

步骤1：检查轮胎。

步骤2：测量车辆高度，如图 7—22 所示。

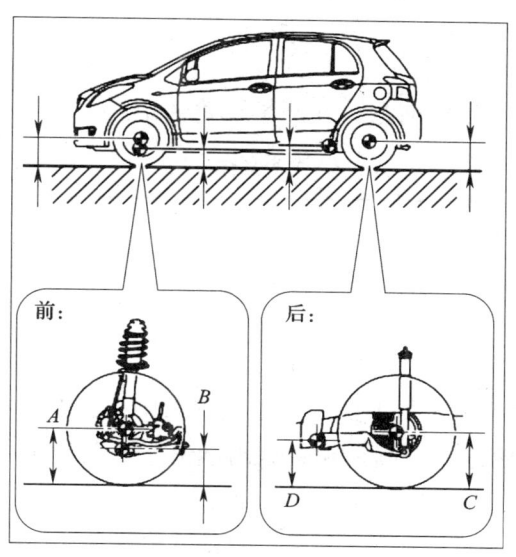

图 7—22

车辆高度

$A - B$	$C - D$
66 mm	− 1 mm
(2.60 in)	(− 0.04 in)

测量点：

A：前轮中心的离地间隙。

B：下臂前定位螺栓中心的离地间隙。

C：后轮中心的离地间隙。

D：车桥梁定位螺栓中心的离地间隙。

提示：

检查车轮定位之前，先检查车辆高度。

检查车辆高度之前，先上下跳振车辆角部来稳定悬架。

步骤3：检查车轮转角，如图7—23所示。

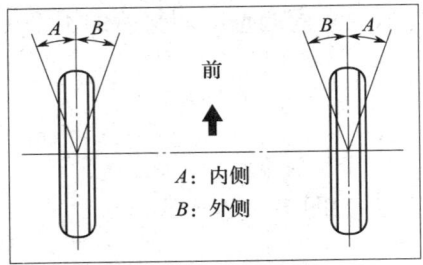

图7—23

向左和向右完全转动转向盘，并测量车轮转角。

车轮转角

轮胎尺寸	内侧车轮	外侧车轮（参考）
185/60R15	40°25′±2° (41.40°±2°)	36°48′ (35.80°)

如果左、右内侧车轮转角不在规定范围内，则检查左、右齿条端部长度。

步骤4：检查外倾角、后倾角和主销内倾角，如图7—24所示。

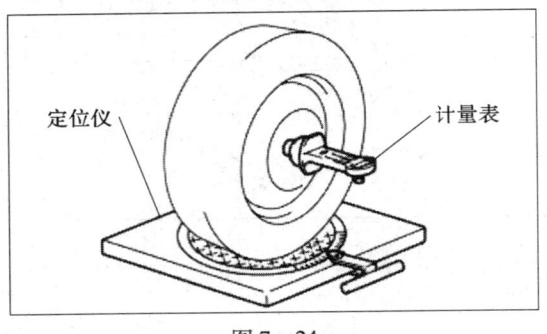

图7—24

（1）将前轮置于定位仪的中央。
（2）拆下车轮轮毂饰件。
（3）外倾角—后倾角—主销内倾角测量仪设定在车桥轮毂或驱动轴的中央。
（4）检查外倾角、后倾角和主销内倾角。

外倾角、后倾角和主销内倾角

轮胎尺寸	外倾角	后倾角	主销内倾角（参考）
185/60R15	0°08′±0°45′ (0.13°±0.75°)	4°25′±0°45′ (4.42°±0.75°)	10°44′ (10.73°)

提示：
- 在车辆空载时进行检查（车上不带备胎或工具）。
- 左右车轮的外倾角和后倾角的容差为 0°30′（0.5°）或更小。

（5）拆下外倾角—后倾角—主销内倾角测量仪和附件。

（6）安装轮毂饰件。

如果对外倾角进行正确调整后，后倾角和主销内倾角不在规定范围内，重新检查悬架零件是否损坏和磨损。

步骤5：调整外倾角

提示：

调整外倾角后检查前束。

（1）拆下前轮。

（2）拆下螺栓，并分离转速传感器和挠性软管，如图7—25所示。

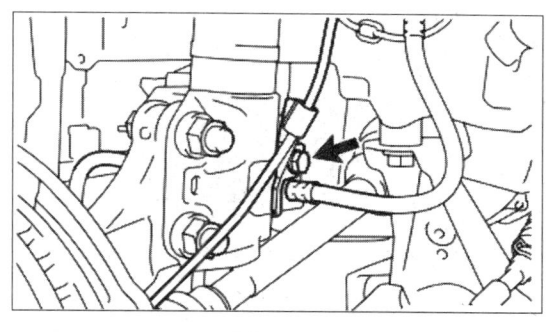

图7—25

（3）拆下减振器下侧的2个螺母，如图7—26所示。

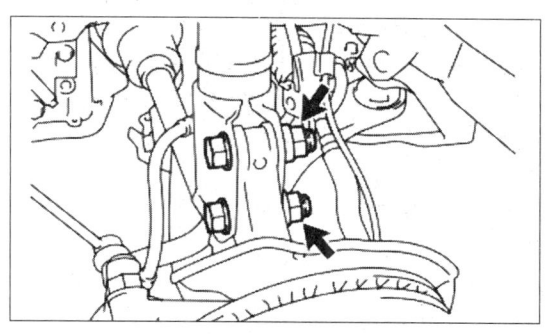

图7—26

提示：

松动并拆下螺母时，防止螺栓旋转。

（4）清洁减振器和转向节的安装表面。

（5）暂时安装 2 个螺母。

（6）在需要调整的方向上充分推或拉车桥轮毂，如图 7—27 所示。

（7）拧紧 2 个螺母，如图 7—28 所示。扭矩：164 N·m

（8）用螺栓安装挠性软管和转速传感器，如图 7—29 所示。扭矩：29 N·m

提示：

安装挠性软管和转速传感器，不要将其扭曲。

（9）安装前轮。扭矩：103 N·m

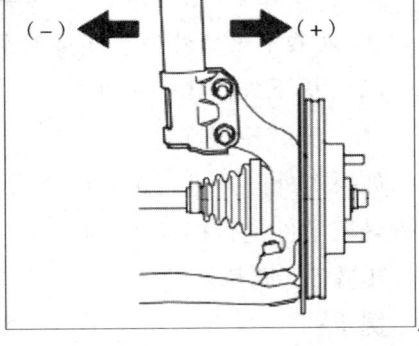

图 7—27

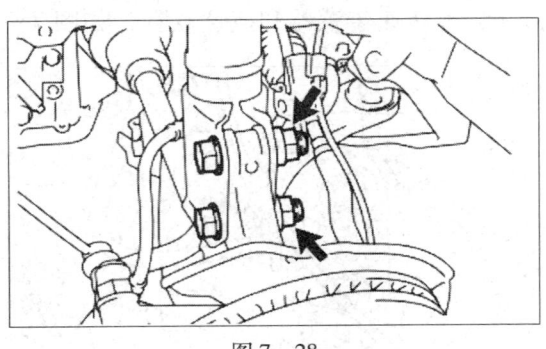

图 7—28

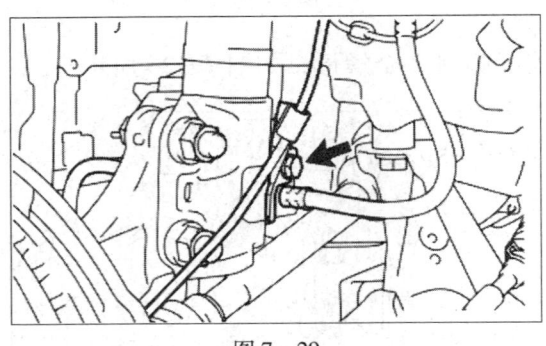

图 7—29

步骤6：检查前束，如图 7—30 所示。

轮胎尺寸	前束
	$B-A$
185/60R15	1.7±2.0 mm (0.07±0.08 in)

步骤7：调整前束。

（1）测量左、右齿条端部的螺纹长度。

标准：螺纹长度的差异为1.5 mm或更小。

（2）拆下齿条护套定位卡扣。

（3）拧松横拉杆端锁止螺母，如图7—31所示。

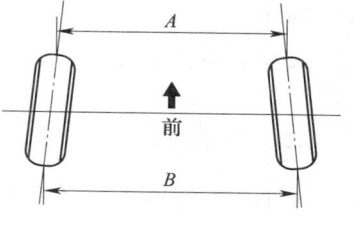

图7—30

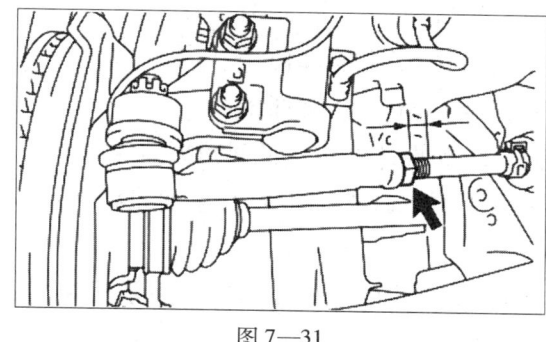

图7—31

（4）如果左、右齿条端部的螺纹长度差异不在规定范围内，则调整齿条端部。

1）如果所测得的前束偏向外侧，则伸展较短的齿条端部。

2）如果所测得的前束偏向内侧，则缩短较长的齿条端部。

（5）将左、右齿条端部转过相等角度，以调整前束。

提示：

尽可能将前束调整到规定范围的中间值。

（6）确保左、右齿条端部的长度相同。

前束

轮胎尺寸	前束
185/60R15	1.7 ± 1.0 mm (0.07 ± 0.04 in)

（7）紧固横拉杆端锁止螺母至规定扭矩。扭矩：75 N·m。

提示：

在固定住转向齿条端部的六角部分的同时暂时拧紧锁止螺母，防止锁止螺母和转向齿条端部一起转动。固定住横拉杆端的扁平部分，并拧紧锁止螺母。

（8）将护套安装在底座上。

（9）用钳子安装卡扣，如图7—32所示。

提示：

确保护套没有扭曲。

三、检测悬架系统主要零部件

步骤1：悬架系统的就车检查。

（1）减振器性能检查

1）手压车身法。当车辆在全负荷时（5人+80 kg 行李），用手在车头前部使用 392~491 N 的力上下晃动，当车头前部的作用力停止后，车起伏2~3次即停止，说明减振器完好。

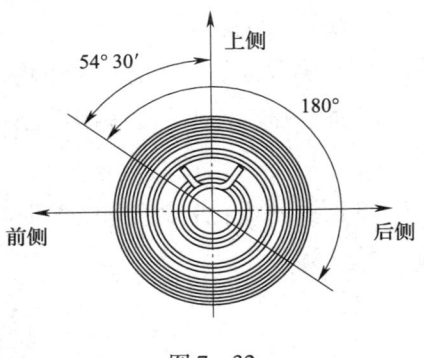

图7—32

2）观察法。从外观上看，减振器不应有渗油或漏油现象，否则说明减振器已接近损坏或损坏。

3）感觉法。汽车经过长时间行驶停车后，用手触摸减振器外壁是否发热，如不热，说明减振器已失效。

（2）检查传动轴内、外万向联轴器防尘罩不应有损坏，否则，应更换。

（3）螺旋弹簧的检查。螺旋弹簧不应有断裂或裂纹，否则，应更换新件。

步骤2：检查减振器。

（1）减振器如有漏油、减振不良，或行驶中有异常声响，则说明减振器已损坏，必须更换。一般情况下，减振器是不进行修理的，如减振器上有很小的漏油，则不必更换。

（2）检查前螺旋弹簧弹力是否符合要求，是否有裂纹、损伤及断裂现象。若发现问题，应予更换。更换时，左、右两边最好一起换，并根据色标及配件号选用同样等级的配件。

（3）减振器螺旋弹簧的检查，如图7—33所示。

1）检查减振器螺旋弹簧有无损坏变形。

2）测量螺旋弹簧的自由长度 A。

技术参数：自由长度 A 比标准长度减少5%，即表示螺旋弹簧产生永久变形，必须更换。更换时必须左右两侧同时更换。

步骤3：前悬架检查。

（1）当前悬架支柱出现挡泥板严重扭曲、变形；制动盘工作表面严重磨损或表面有裂纹；轮毂花键磨损或有较大裂纹；弹簧挡圈变形、失效；轴承损坏或测得轮

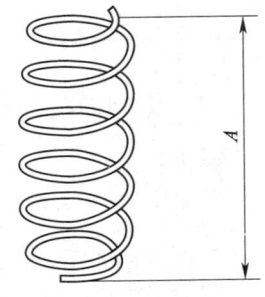

图7—33

毂间隙大于 0.10 mm；前悬架支柱焊接处出现裂纹或严重变形和悬架支撑轴承损坏时，必须更换新件。

（2）检查前悬架、下摆臂和横向稳定杆各部位的衬套不应有松动、凸起或损坏，否则应更换新件。更换新件时，应用专用工具将旧衬套压出，然后用专用工具将新衬套压入，压入前应将衬套涂上润滑剂（如肥皂等）。

（3）检查各焊接部位是否有脱焊或裂纹产生，若有，应更换新件。

（4）检查球接头是否磨损严重。用手摆动球接头要有一定阻力，如果没有阻力或有间隙，应更换部件。

（5）检查锁紧板的螺纹是否有磨损或损坏，如有，应更换。

（6）检查下摆臂有无变形、裂纹，下摆臂支撑孔是否磨损严重，如是，应更换新件。

步骤：4：后悬架检查。

（1）后减振器和弹簧的检查

1）后减振器的维修和前减振器一样，如支撑处有裂纹、筒体外漏油严重或用专门仪器检验达不到要求的，均需整体更换。

2）如弹簧有损伤、裂纹或弹力下降，均需更换新件。更换新件时注意弹簧上的标记（两条蓝色标记）。

3）橡胶件、缓冲块如有损伤、龟裂、老化等，也应更换。

（2）后桥悬架臂支撑套的检查

1）如金属橡胶支撑套松动、裂纹、损伤、破裂，均需要更换新件，不能进行修理。

2）不准对后桥进行焊接和整形修理。

四、前桥的拆卸与装复

步骤1：前桥的拆卸

（1）拆卸前轮。

（2）拆离制动软管，如图7—34所示。

1）从减振器支架上拆下螺栓、制动软管和 ABS 车速传感器线束卡箍。

2）从减振器支架上拆下螺栓和制动软管。

（3）拆下带螺旋弹簧的减振器。

1）拆卸两个螺母和螺栓后，将减振器从转向节上拆下，如图7—35所示。

2）拆下带螺旋弹簧的减振器，拆下安装悬架支架的3个螺栓，如图7—36所示。

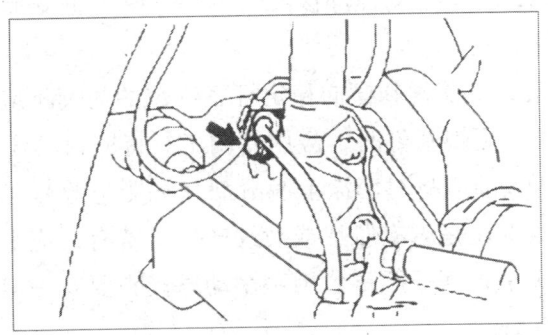

图 7—34

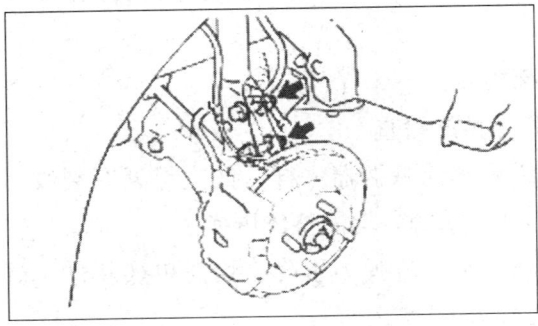

图 7—35

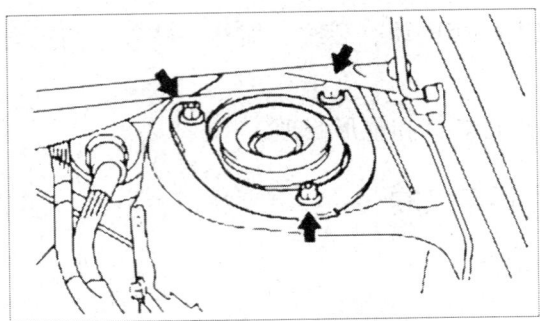

图 7—36

(4) 拆下发动机 1 号盖板分总成。

(5) 拆下发动机罩。

(6) 吊起发动机总成。

(7) 拆下 2 个螺栓和左前悬架加强梁。

(8) 拆下 2 个螺栓和右前悬架加强梁。

(9) 拆下 1 号左前悬架臂分总成。

1）拆下夹子和螺母。

2）用专用工具，从转向节上拆下悬架臂，如图7—37所示。

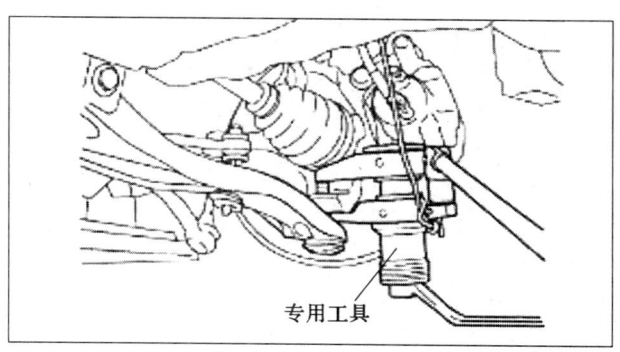

图7—37

（10）拆解前稳定杆。

1）当固定稳定杆螺栓时，拆下螺母、3个护圈和2个衬垫，如图7—38所示。

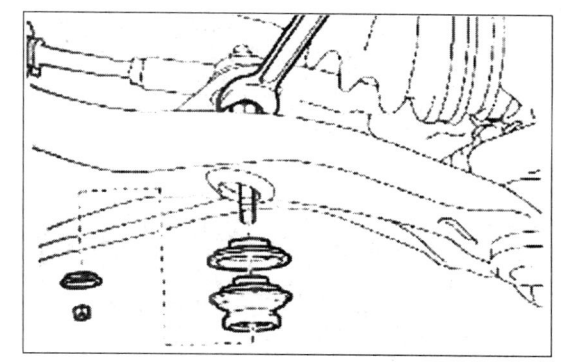

图7—38

2）用上述方法在另一侧进行相同操作。

3）拆下4个螺栓后拆下前稳定杆，如图7—39所示。

（11）分解齿轮齿条动力转向机总成，如图7—40所示。

1）拆下2个螺栓，分解齿轮齿条动力转向机总成。

2）吊起齿轮齿条动力转向机总成。

（12）拆解前悬架横梁分总成，如图7—41所示。

1）拆下螺栓和2个螺母。

2）用千斤顶顶起前悬架分总成。

3）拆下4个螺栓，分解前悬架横梁分总成，如图7—42所示。

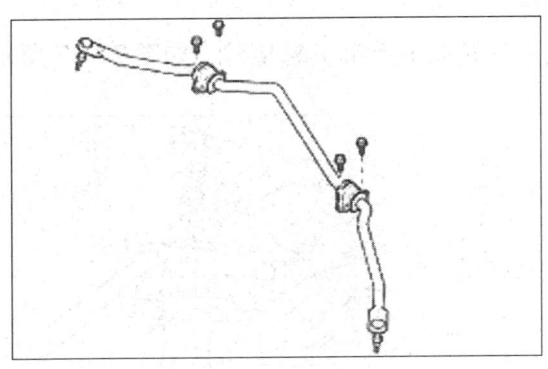

图7—39

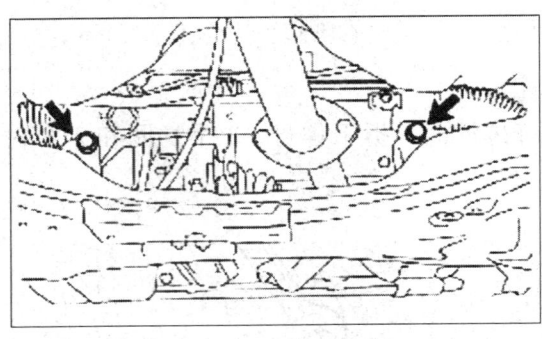

图7—40

图7—41

（13）拆下1号左前悬架臂分总成，如图7—43所示。

拆下2个螺栓和螺母，拆下1号左前悬架臂分总成，不要转动螺母。

步骤2：前桥的装复，如图7—44所示。

1）安装制动软管。

2）用2个螺栓和螺母暂时紧固1号左前悬架臂分总成。

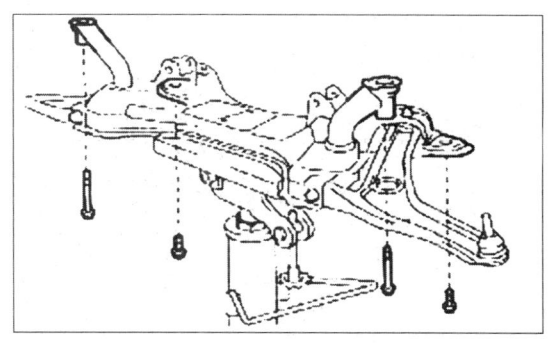

图 7—42

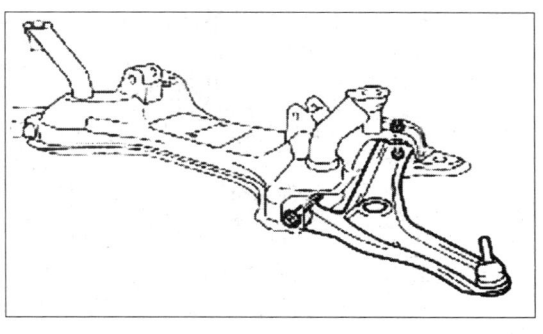

图 7—43

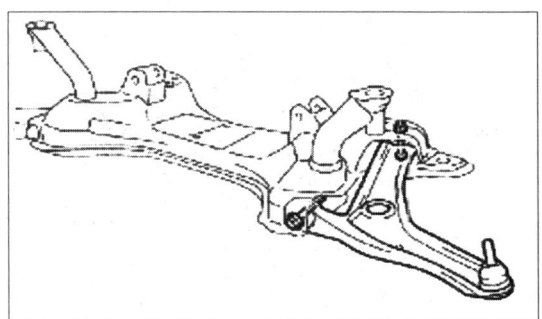

图 7—44

（3）连接前悬架横梁分总成。

1）用 4 个螺栓安装前悬架横梁分总成，如图 7—45 所示。

2）安装螺栓和 2 个螺母，如图 7—46 所示。

（4）安装齿轮齿条转向机总成，如图 7—47 所示。

用 2 个螺栓，安装齿轮齿条动力转向机总成。

（5）安装前稳定杆。

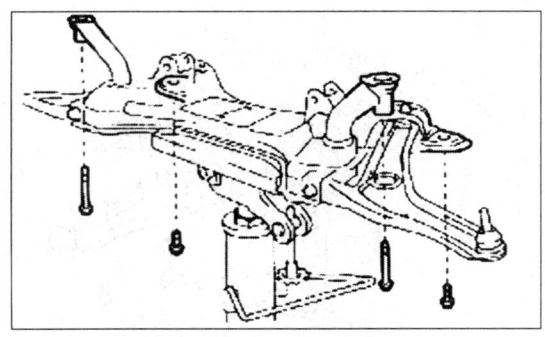

图 7—45

图 7—46

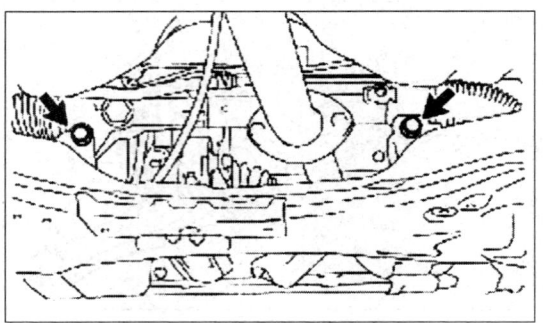

图 7—47

1）用 4 个螺栓安装前稳定杆。

2）在固定稳定杆螺栓时，安装 3 个护圈和 2 个衬垫。

3）照上述方法在另一侧进行操作。

（6）安装 1 号左前悬架臂分总成。

1）用螺母将下悬架臂安装到转向节上。

2）安装一个新的夹子。

（7）安装左前悬架加强梁。

（8）安装右前悬架加强梁。

（9）安装前轮。

（10）稳定悬架。

（11）充分紧固1号左前悬架臂分总成。

（12）安装1号发动机下盖板分总成。

（13）安装发动机罩。

知识拓展

车身电子稳定系统（ESP）是一种可以控制驱动轮，也可以控制从动轮的，包含ABS（防抱死刹车系统）及ASR（防侧滑系统）的汽车防滑装置。

ESP是英文Electronic Stability Program的缩写，中文译成"电子稳定程序"。它通过对从各传感器传来的车辆行驶状态信息进行分析，然后向ABS、ASR发出纠偏指令，来帮助车辆维持动态平衡。ESP可以使车辆在各种状况下保持最佳的稳定性，如图7—48所示，ESP在转向过度或转向不足的情形下效果更加明显。

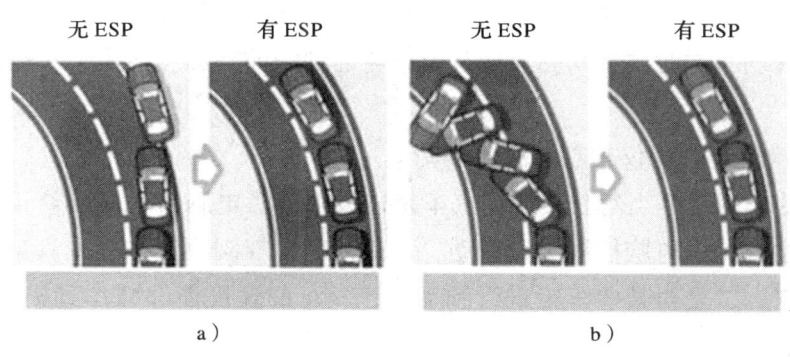

图7—48 车身电子稳定系统（ESP）的功用
a）转向不足的情况 b）转向过度的情况

ESP系统由ESP电子控制单元及车轮传感器（即转速传感器，用于监测各个车轮的速度转动）、转向传感器（即转向盘传感器，用于监测转向盘的转向角度）、侧滑传感器（即摇摆运动传感器，用于监测车体绕垂直轴线转动的状态）、横向加速度传感器（即摇摆运动传感器，监测汽车转弯时的离心力）、发动机 ECU 等组成，如图 7—49 所示。

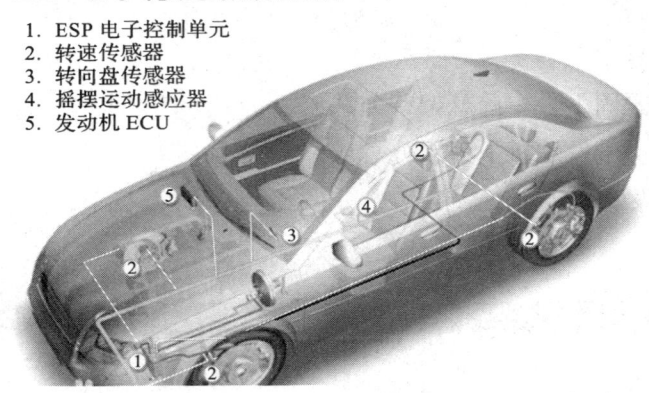

图 7—49 车身电子稳定系统（ESP）组成

（1）传感器。传感器包括转向传感器、车轮传感器、侧滑传感器、横向加速度传感器等。这些传感器负责采集车身状态的数据。

（2）ESP 电脑。将传感器采集到的数据进行计算，算出车身状态，然后跟存储器里面预先设定的数据进行比对。当电脑计算数据超出存储器预存的数值，即车身临近失控或者已经失控的时候则命令执行器工作，以保证车身行驶状态能够尽量满足驾驶员的意图。

（3）执行装置。ESP 的执行器是 4 个车轮的刹车系统，和无 ESP 的车不同的是，装备有 ESP 的车其刹车系统具有蓄压功能。蓄压就是电脑可以根据需要，在驾驶员没踩刹车的时候替驾驶员向某个车轮的制动油管加压使这个车轮产生制动力。

（4）沟通装置。仪表盘上的 ESP 灯。

ESP 的作用就是当驾驶员操纵汽车超过极限值后电脑自动介入修正驾驶。其工作原理主要是由电脑控制车辆运动：一是控制节气阀收油，衰减汽车动力，让速度降下来；二是对某些车轮进行制动，让汽车的速度能够减小到极限值以内。那么电脑怎么知道车辆的运动状况是否接近极限呢？这就需要两套传感器为电脑搜集行车信息。一套是转向盘转向角度传感器；一套是车轮转速传感器（每个车轮上都装有一个）。前者用来收集驾驶者的转向意图，后者是用来监测车辆运动状况。当转向盘转向角度传感器检测到驾驶员的转向角度以后，就会通知 ESP 电脑；与此同时，各个车轮转速传感器测得的车轮转速信息也会传递到 ESP 电脑。电脑可以根据各个车轮的转速计算出车辆的实际运动轨迹。如果实际运动轨迹跟理论运动轨迹有区别，或者检测出某个车轮打滑（丧失抓地力），电脑就会首先通知节气阀，减小开度（收油）。然后通知制动系统对某个车轮进行制动，来修正运动轨迹。当实际运动轨迹与理论运动轨迹（驾驶员意图）相一致时，ESP自动解除控制。